TIYU JIAOXUE

GAIGE CHUANGXIN YU FAZHAN YANJIU

体育教学

改革创新与发展研究

宋海圣　赵庆彬　冯海涛　著

中国水利水电出版社
www.waterpub.com.cn

内 容 提 要

本书以体育教学为对象,通过多方面、全方位的角度对体育教学改革创新与发展进行了详细的研究.涉及体育教学思想、体育教学内容、体育教学方法、体育教学手段、体育教学模式、体育教学设计、体育教学管理、体育教学评价等内容,并对体育教学的基本知识以及改革创新成果进行了阐述,能够对体育教学的改革和发展起到一定的推动作用。

图书在版编目（C I P）数据

体育教学改革创新与发展研究 / 宋海圣，赵庆彬，
冯海涛著. -- 北京 : 中国水利水电出版社，2015.5（2022.9重印）
ISBN 978-7-5170-3225-0

Ⅰ．①体… Ⅱ．①宋… ②赵… ③冯… Ⅲ．①体育教
学－教学改革－教学研究 Ⅳ．①G807.01

中国版本图书馆CIP数据核字(2015)第118612号

策划编辑:杨庆川　责任编辑:陈　洁　封面设计:马静静

书　　名	体育教学改革创新与发展研究		
作　　者	宋海圣　赵庆彬　冯海涛　著		
出版发行	中国水利水电出版社		
	（北京市海淀区玉渊潭南路 1 号 D 座 100038）		
	网址:www. waterpub. com. cn		
	E-mail:mchannel@263. net（万水）		
	sales@ mwr.gov.cn		
	电话:(010)68545888(营销中心)、82562819（万水）		
经　　售	北京科水图书销售有限公司		
	电话:(010)63202643、68545874		
	全国各地新华书店和相关出版物销售网点		
排　　版	北京鑫海胜蓝数码科技有限公司		
印　　刷	天津光之彩印刷有限公司		
规　　格	170mm×240mm　16 开本　15.25 印张　273 千字		
版　　次	2015年8月第1版　2022年9月第2次印刷		
印　　数	3001-4001册		
定　　价	46.00 元		

前　言

　　体育教学是推动体育事业可持续发展的重要和有效途径。随着社会经济的发展、科学技术的创新以及体育全球化趋势的进一步形成,培养符合时代和社会需要的新型优秀体育人才是现阶段体育教学的重要任务之一。新的历史形势下,改革与创新成为体育教学发展的重要课题。基于此,特撰写《体育教学改革创新与发展研究》一书,旨在为新时期推动和促进我国体育教学的改革、创新与发展贡献绵薄之力。

　　本书以体育教学为研究对象,以体育教学的基本知识为基础,以体育教学思想为切入点,重点对体育教学所包括和涉及的诸多要素的改革创新与发展进行了深入地分析和探讨,这些要素分别为体育教学内容、体育教学方法、体育教学手段、体育教学模式、体育教学设计、体育教学管理以及体育教学评价。各类体育教学要素的研究均以理论分析为指导,突出了科学性。此外,本书还对现阶段的体育教学改革创新与发展成果进行了归纳、总结与分析。

　　全书共十章,章节内容选择和结构设计全面完整。其中第一章为体育教学概述,简要阐述了体育教学的概念与性质、特点与功能、原则与规律,并对现代体育教学的发展现状及趋势进行了分析;第二章为体育教学思想的革新与发展,在论述现代体育教学改革的教育思想的基础上,对我国体育教学思想的影响因素进行了分析,为当下体育教学思想的整合及发展指出了方向;第三章为体育教学内容的革新与发展,分别对体育教学内容的基本理论、层次与分类、编排与选择以及发展进行了研究;第四章为体育教学方法的革新与发展,本章从理论、选用、发展三个角度重点对体育教学方法进行了研究;第五章为体育教学手段的革新与发展,内容主要包括体育教学手段的理论阐述、具体运用及创新;第六章为体育教学模式的革新与发展,在分析我国体育教学模式基本理论与典型模式的基础上,对新时期新型体育教学模式的构建与运用、改革与发展进行了分析;第七章为体育教学设计的革新与发展,从基本理论入手,对体育教学设计的评价与策略构想、现状、改革、发展进行了详细地研究;第八章为体育教学管理的革新与发展,详细探究了体育教学管理的基本理论知识、内容与方法、发展与完善;第九章为体育教学评价的革新与发展,以体育教学评价的基本理论为指导,分析了体育教学评价的改革与发展情况,对体育教学评价的规范与落实提出了合理化建议;第十章为体育教学改革创新的成果研究,主要内容涉及体育有效教学、体育正当教学以及体育教学的有效性和正当性,是对现阶段我国体育教学改革所取得的系列成果进行的较为深入地分析。整本书理论性强、逻辑清晰、结构完整,内容丰富,包含了体育教学改革创新与发展的方方面面内容,可以说是一本系统的、时代性较强的科学读本。

本书由石家庄经济学院宋海圣、赵庆彬,河北科技大学冯海涛撰写完成,并由三人共同统稿。具体分工如下。

第二章,第三章,第五章,第九章:宋海圣;

第一章,第四章,第七章:赵庆彬;

第六章,第八章,第十章:冯海涛。

本书在撰写过程中,参考和采用了大量专家学者的观点和资料,在此衷心表示感谢。由于水平有限,本书难免存在错误和不足之处,敬请广大读者批评指正。

作者

2015 年 3 月

目　录

第一章　体育教学概述

现阶段,针对体育教学的研究具有重要的理论和现实意义,体育教学的科学化操作和实施是促进学生健康成长、提高国民身体素质的重要和有效途径。本章主要就体育教学的基本知识进行详细地阐述和分析,主要包括体育教学的概念与性质、特点与功能、原则与规律以及体育教学的发展状况,旨在为全面认识体育教学、理解体育教学的重要性、切实推进体育教学的研究和科学化实施奠定基础。

第一节　体育教学的概念与性质

一、体育教学的概念

体育教学是众多学科教学的一种具体形式,为了更深入地认识体育教学的概念,就需要首先了解教学的相关知识,对教学的基本含义进行分析是认识体育教学的重要前提。

(一)教学的基本含义

"教学"是一种动态行为,是教学工作者对具体的学科或技能组合进行的一种有组织、有计划的教学行为。可以从宏观和微观两个方面对教学的含义具体分析如下。

首先,从宏观角度分析,教学是一种特殊的教育活动,它是指教学者就一种或多种文化为对象,对受教者进行教育,以期让受教者获得这种文化的活动。其中的教学者是掌握某种知识或技能的人,他与接受教育的人共同构成教学的主体。

其次,从微观意义上讲,教学是一种直观的教师进行教授和学生进行学习的活动,在这个活动中,教师是教学的引导者,是教学活动的组织者和知识传授者;学生是教学的"受众"和主体,简而言之,教学是一种以特定文化为对象的"教"与"学"的活动。

综上所述,可以认识到,教学是一种教育活动,这种活动需要教师和学生的共同参与,并为了实现某一具体的教学目标而相互协作。

（二）体育教学的概念分析

与其他形式的教学一样,体育教学同样需要系统的组织与管理,但是,与其他学科教学不同的是,体育教学对教学环境的要求更高,所需器材和教学场地更加严苛。因此,体育教学并不是一种随意的、随心而行的教学活动,更不能将其等同于一种课余的休闲娱乐活动,它需要很多要素的构成才可以正常、合理、科学地开展。

从本质上来讲,体育教学主要在学校环境中进行,主要参与者是体育教师和学生,具体的活动内容为学生在教师的组织和指导下,对体育相关的基本知识、体育运动技能、体育运动素养进行了解、掌握和提高,教学的目的在于促进学生的身心健康发展、完善学生的个性心理特征,提高学生的社会适应能力,使之成为社会需要的人才。

体育教学过程中,体育教师应在充分认识和理解体育教学概念的基础上,将体育教学的概念与体育相关知识相结合,从而形成了新的教学内容与相应方法。

二、体育教学的性质

性质是决定事物本身与其他事物的最根本的区别,性质不同的两种事物其带来的表象自然有一定的区别。体育教学和其他学科的教学的最根本的区别就在于它本身所具有的体育教学性质。这种体育性质使其具有以下特征。

（1）体育教学的教学地点多为户外,但现代体育教学场所通常在室内的场馆。

（2）教学中师生都要承受一定运动负荷与心理负荷。

（3）教学过程是身体活动与思维活动的结合,并且还有比较频繁的人际交往。

（4）体育教学侧重于发展学生身体时空感觉以及运动智力。

（5）教学更加关注学生自我操作与体验等。

现代体育教学最重要的教学形式就是体育运动技能的教学,它是体育育人的主要方式。而对于运动技能的传授也是体育教学与其他学科教学的主要区别之一。在体育教学中,学生全面掌握体育运动技能,需要经过几个教学阶段(认知阶段、联系阶段与完善阶段)才能实现,具体来说,在体育运动技能的认知阶段中,学生与体育运动技能之间的联系最为密切,该阶段教学的主要目的就是学生对所学技能的结构、要素、关系、力量、速度等要素进行表象化的认识,从这一角度来看,体育运动技能仅仅是学生提高身体素质、完成技术动作的一种方法,因此可以认为运动技术不具有人的特性,而只是一种"操作性知识"。

通过以上论述,可以认识到,体育教学的本质就是"一种针对运动技术和知识的教学",在体育教学中,学生学会了运动知识并将之转化为运动技能,体育教学的本质就达成了。

第二节 体育教学的特点与功能

一、体育教学的特点

作为教学活动的一种,体育教学与其他学科教学有许多相似的特点,体育教学与其他学科教学的共性主要体现在以下三个方面。

(1)体育教学和其他学科的教学都属于教师与学生的双边活动。教师与学生在教学活动中发生的各种形式的交流频繁,如语言上的交流和肢体动作的交流等。过往这种交流更多是从教师向学生的方向(教师传授给学生某种知识和技能),现代教学要求教师开始注重使这种交流从学生向教师的方向。

(2)体育教学和其他学科的教学均是以班级为单位开展教学活动,实际的教学过程中,班级教学的组成方式会根据需要有所不同,如学生入学时组成的自然班,或根据学生的不同兴趣组成的单项班等。

(3)体育教学与其他学科教学的目的都是传授某种知识或技能。

除了以上与其他学科教学所共有的特点外,体育教学还有其自身的特点,主要表现如下。

(一)教学环境的开放性

体育教学主要是在室外进行的,目前,我国各级院校的体育教学多以体育实践课为主,体育教师组织的大多数体育课主要在学校操场进行。与其他学科主要是在封闭的教室、实验室等地方开展教学活动不同,体育教学的教学空间富有变化性,环境更加开放。

针对当前体育教学环境的开放性,这就决定了体育教学具有不同于室内教学的特殊要求,开展教学活动应注意以下几点。

首先,由于体育课多在操场进行,受到的干扰因素较多,如天气、地形、周边设施与噪音等,体育教学的组织管理工作愈加复杂,需要精心设计与统筹安排体育教学的组织形式、教学步骤与方法。

其次,室外的体育教学是动态的,大部分的教学时间学生都处在不断变化与形式多样的运动中,而且班级内学生较多,教师可采取分组教学。

最后,由于一些学校的体育基础设施条件较差,体育教师应重视学生的安全教育。

（二）教学过程的直观性

体育教学过程拥有直观性特点。这种直观性主要体现在讲解、示范和教学组织管理三个方面。具体分析如下。

首先,教师对教学内容的讲解具有直观性的特点。体育教学过程中,教师讲解体育教学内容,不仅要达到与其他学科教师讲解要求一致,还要求体育教师的语言更加生动,并且富有一定的肢体表现能力,以使学生有形象、贴切、有趣的感觉。尤其是在某些拥有较难技术动作的体育运动教学中,教师不仅要对体育教学重点进行详细描述,还要用生动、形象的语言把复杂的技术动作进行简单化的讲解,做到深入浅出,以便于学生理解。

其次,教师对体育动作技能的示范具有直观性的特点。体育教学过程中,每一项体育项目的教学都涉及技术动作或战术配合,为了加深学生的理解和认识,教师有必要进行动作示范和实践演示。在教师运用示范法时,需要运用非常直观形象的动作示范,其中包括正确动作的演示和错误动作的演示,这些演示都是非常直观地展现在学生眼前,不能有任何的艺术加工和变形,这样才会使学生从感官上直接感知动作的正确与错误,以利于他们建立正确的、清晰的运动表象。当学生建立正确的动作表象后,再配合教师的讲解,使之与思维结合起来,从而掌握体育知识、体育技术和体育技能,改善身体素质,提高运动水平。

最后,教师对体育教学的组织与管理具有直观性特点。体育教学中,教师与学生接触更多,关系更融洽,对学生的组织与管理也带有直观性,如要更加富有责任心、更具有活力,身体力行,这对学生的身心也是一种无形的教育。有助于教师对学生的观察与帮助,把控教学过程,也能为学生创造轻松的教学环境,使学生在教学中表现出来的言行都是他们最为真实的一面,有利于体育教师获得正确的教学反馈,并及时修正。

（三）人际关系的多边性

在体育教学中，人际交往占据重要位置，体育教学中的人际交往具有多边性的特征。

现代体育教学的组织形式主要是在单人、双人、小群体以及全班之间不断转换的，要求学生在不同的时空内完成不同的身体运动、不断地变换角色地位，彼此之间建立多种不同的联系。因此，在体育教学中，师生之间、生生之间、小群体之间具有频繁且形式多样的人际交往关系。

针对体育教学过程中人际关系的多边性特点，体育教师可以运用多种方式与学生交流与沟通，并引导学生相互之间进行配合、鼓励与评判，教会学生在体育课堂中初步体会社会交往，培养学生的合作意识，提高其人际交往能力。

（四）技能学习的重复性

新的《体育（与健康）课程标准》指出，现代体育教学应促进学生完成运动参与，促进学生的身体健康、心理健康，并提高社会适应能力。体育教学的最基本的目的则是使学生掌握运动技能，而达成这一体育教学目的，就必须重复学习运动技能。

运动技能的形成具有阶段性和规律性，运动技能形成大致分为四个阶段：练习分解动作阶段、练习连贯动作阶段、独立完成连贯动作阶段和熟练完成连贯动作阶段。学生要想熟练掌握运动技能，需要经过长期的反复练习。学生无论是掌握篮足排运动中的复杂技能，还是学习体操中的滚翻、田径中的跑等技能，都需要经历由不会到会、由简单初步学习到复杂深入学习、由不熟练到熟练的发展过程。在此过程中，体育教师要严格遵循循序渐进原则，逐步指导学生掌握各种运动技能，根据不同运动技能的特点，合理安排练习内容和时间，通过反复练习，使学生掌握、提高运动技能。

（五）身体活动的常态性

体育教学中，学生需要不断重复学习体育运动技能，这也决定了学生在体育教学活动中，要经常进行身体活动，即体育教学具有身体活动的常态性特点。体育课堂教学过程中，教师与学生的身体操练非常频繁，这种几乎常态化的特点成为体育教学非常显著的特点。

一般性（主要是指文化类学科）的教学多在教室（实验室、多功能厅）进行，且要保持相对安静，这样才能激发学生的思维并产生很好的学习效果。而和这些学科相比，体育教学却刚好与之相反，其教学的地点多为户外或专用运动场馆,普遍较为宽阔,而且在大多数时间的运动技术练习环节并不需要刻意保持安静,学生之间、学生与教师之间都可以随时有相关的交流和沟通,如此才更有利于对运动技术的学习。

体育教学要求学生应掌握基本的运动技能,体育教学过程中充满了对身体活动的要求是体育教学与其他学科教学的最大不同之处。因此,在体育教学中,几乎所有内容都涉及身体活动,或者是为即将到来的身体活动做准备的活动,就是对作为"身体知识"的体育教学的最好诠释。在体育教学过程中,不仅是学生要进行具有一定运动负荷的运动,教师在做示范、做指导和参与到组队教学赛中也需要付出不少体力。可见,体育教学身体活动常态性的特点不止针对学生,同时也包括教师。

(六)身心练习的统一性

一般认为,身体与心理是两种不同的事物,彼此间并没有很多的交集。实则不然,现代科学研究发现,身体健康有助于改善心理健康,而心理健康与否也可以影响身体健康。因此,现在体育教学具有要求学生身心共修的特点。

体育教学重视对学生身体的改造,与此同时它还强化学生的心理与多种适应能力的发展。而在其他学科的教学中便无法达到这样的效果,这主要在于体育教学营造了不同种类的教学情境,一系列积极的情境使得参与其中的人在潜移默化中受到感染,在体育教学中,学生的身心发展看似是多元的,但实际上在过程中是一种身心统一的锻炼,即达到身体与心理的共同拓展和发展,表现出十足的统一性。身体发展是基础,心理发展依赖并促进身体发展。从这一方面来看,体育教学不仅可以促进学生掌握技能、发展身体、增强体质,而且有利于培养学生的思维方式和良好的心理品质,促进学生身心健康协调发展。

体育教学中学生身心练习的统一性,要求教师应做好以下教学工作。

(1)体育教学内容的选择要注重身体与心理统一。体育教学内容是体育教学活动的依据,对教学效果具有直接的影响。为了使体育教学体现出身心统一的特点,教师应针对学生的身心健康状况合理选择教学内容,所选教材的编排要符合该年龄段学生的心理特点,除此之外还要满足其美学、社会学等其他方面的要求。学生通过教学过程中的知识学习、身体练习、情感体验,能使身心获得有益发展。

(2)体育教学中运动负荷安排应注重身心统一。体育教学重在体育实践,它以身体练习为主,需要学生运用身体器官直接参与活动,不仅要承受一定的身体负荷,还要承受一定的心理负荷。学生在完成大负荷的身体练习时,要承受肌肉活动引起的疲劳与不适,体验不同的心理过程,磨炼思想意志,还要感受克服困难、团结一致、努力拼搏、失败和成功的心境。这种身心练习的统一性更有益于学生的身心健康发展。

(3)体育教学方法的选用要注重身心统一。与其他学科的教学相比,体育教学的教学方法更加丰富,这更加便于体育教师结合体育教学实际合理选用教学方法,为了体现体育教学中学生身心练习的统一性,体育教师选择的教学方法都要遵循与学生年龄段相适应的身心变化规律,选择正确的、适合学生身心发展的体育教学方法,体育教师必须根据学生的这些诸多身心特点安排,如此才能有效激发学生的积极性和兴趣爱好,促进学生身体和心理的共同发展和提高。

(七)教学内容的情感性

体育教学内容是非常丰富的,它会涉及多种与体育相关的内容,不仅仅限于球类运动、游泳、田径,还包括如体育舞蹈、瑜伽等内容。通过对这些内容的学习,学生可以普遍从中体会到源自体育的丰富情感。

体育教学中,学生丰富的情感体验主要表现如下。

(1)在体育教学过程中,师生可以体会到只有体育才能赋予人的人体美和运动美。一方面,学生通过接受体育教学,掌握体育健身的方法和技能,以此达到运动塑身的效果,使身体外在形态保持优美的线条和良好的身材比例。另一方面,学生通过不同运动,可以认识到人体不同动作展现出的动作美和肌肉的动态美,这种美只有在运动中才能看到,是极为外显的美。

(2)通过体育教学中对美的感受,可以促进学生提高审美能力。既然有美的存在,那么就要有欣赏美的人和能够欣赏美、懂得如何欣赏美的能力。

(3)体育教学能使学生真正领悟体育精神。每一项运动都向人们表现出了不同的美的特点和审美特征,如球类运动可以表现个人对球类技术的掌握能力,集体球类项目中除了个人能力外,还包含了与队友之间的协作和互助精神。这些内容都是人类积累下来的丰富的体育内涵,而通过体育教学能促进学生感受到体育的精神美,掌握体育的精髓。

(4)在体育教学过程中,学生通过参与体育活动可以陶冶情操,平衡心态。如学生在关键时刻始终保持冷静的心态,或是在胜利时表现出的谦虚等。

(5)体育教学是一种创造性的社会活动,其创造的成果就是让学生获得内在的顿悟和精神上的启迪。同时,体育教学沟通着学生与学生、教师与学生,对学生提高社会适应能力具有重要作用。

（八）教学条件的制约性

体育教学内容丰富，涉及要素较多，也就使得体育教学会受到更多客观条件的制约，这是体育教学的重要特点之一。体育教学活动受到的制约主要如学生运动基础、学生其他基本情况（年龄、性别、生理和心理特点）、体育教学场地条件、器材、气候等。这些因素都会影响体育教学质量的高低。具体来说，主要表现在以下两个方面。

首先，就教学主体来讲，学生作为体育教学过程中体育知识与技能传授的受众，与学生有关的诸多情况会对体育教学本身造成一些影响，因此体育教学要想进行地顺利，获得良好的教学就要注重在学生的运动基础方面以及体质强弱等实际情况的区别对待。这些差异具体如男生与女生不同的身体形态、机能水平、运动能力等，根据这些差异，学校体育教育部门和体育教师在进行教学设计、教材选择和教学组织等方面的制定时就要充分考虑周全，否则就会影响教学目标和教学效果的实现。

其次，就教学环境来讲，体育教学环境是体育教学的重要载体，其质量的高低对体育教学会产生较大影响。例如，体育教学活动多在户外开展，会面临的是严重的空气污染，或邻近马路带来的噪音污染等问题，这些问题则势必会影响体育教学主体在教学活动中的状态与情绪；天气对于室外体育教学的影响也是不能忽视的，这点在早年间越发明显，如遇到雨、雪、大风等恶劣天气时，体育教学不得不停止，转而来到室内进行一些体育理论课的教学，如此势必影响体育实践课的教学计划顺利展开。

总之，体育教学受多种体育教学条件的制约，要想顺利开展体育教学，摆脱不利于体育教学的各种条件因素的影响，体育教师从学年的体育教学计划到具体课时计划，从教材内容选择到教学组织方法实施都必须考虑到这些客观实际与影响因素，结合教学实际，科学选择体育教学内容、方法和组织形式，尽量将制约因素的影响程度降至最低。

二、体育教学的功能

与其他课程一样，体育教学不仅要向学生传授生物、生理、心理、医学等自然科学和体育基本知识，还要将科学的身体锻炼方法与手段传授给学生，使学生正确掌握运动技能，同时达到学习、健身与锻炼的目的。此外，体育教学对培养学生爱国主义情感、集体主义价值观、互帮友爱和顽强拼搏、积极进取的精神也发挥着极大的促进作用。具体来说，体育教学主要具有以下功能。

（一）传播体育知识

体育教师承担着传播体育知识的重要责任,因此,体育教学具有传播体育知识的重要功能,体育教学主要是通过改造学生身体的手段来实施教学的,从教与学的角度来说,可以将体育知识形容成一种"身体的知识"。这种知识最初伴随着人类的发展而发展,每个人类社会时期都有相应的"身体的知识"的传承,如在原始社会,身体的知识就是人类通过走、跑、跳、投、打等动作捕获猎物或逃避猛兽的追捕等行为。而在现代社会中,体育知识的传承内容变成了某项体育运动(如篮球、体操)的基本知识或某些体育技能。

现代教育强调以人为本,人们对以人为本的教育教学理念的追求使得人类自我知识的回归不仅代表了体育教学的特殊性,还给予了体育教学知识传承的特殊意义。具体到体育教学中,要求教师在体育教学的开展和实施中重视学生的主体性作用,因为学生才是体育文化的继承者和传承人,体育教学就是要发挥体育文化的传承功能,使体育文化能通过体育教学获得长久的传承。

应该认识到,体育教学中对体育知识的传承不是简单的"身体的知识"的模仿,更多的是通过体育教学,来向教学对象(学生)传承体育文化,即体育教师通过体育教学内容向学生展现、传授和体育教学内容的相关文化。

（二）传授运动技能

传统的运动技能等同于生存技能。那时的人类通过走、跑、跳、投、打等行为捕猎和采摘,已获得生存的能量。

体育教学中所涉及的体育运动技能对于人体的要求就不再像过去那样严格,主要是指如球类、武术、田径和游泳等运动技巧和方法。科学研究表明,适当参加体育运动对人的身体素质的发展非常有益,而体育教学就成为传授这些运动技术的最好方式。

当前,体育教学中,体育教学活动的组织过程就是体育教师以体育教学内容为依据对学生传授体育知识与相关技能的双向信息传送的过程。因此,运动技术就成为体育教学的主要内容,也是重要内容。具体来说,教师在体育课中传习的是各项具体运动技术,如足球运动中的传球技术,甚至可以细分到内脚背传球技术。运动技术不同于其他学科的学习,它不仅需要学生对运动理论有深刻的了解,还要身体力行地参与技术练习,在无数次的重复中逐渐在脑中和身体上建立起对技术的表象反应,最终到熟悉动作以及可以在下意识的情况下做出正确的动作。因此,对于运动技能的训练,没有实践就无法学会。

作为运动技术的掌握者和传播者,体育教师在向学生传授运动技术的过程中发挥着十分重要的作用。体育教师对运动技术的传授应会从简单的、入门的、基础的入手,在此之后逐渐积累,由简到繁,循序渐进。

(三)传承体育文化

体育知识、运动技能的传授都是为体育文化的传承而服务的,从某种意义上讲,体育教学真正的目的在于教会学生正确的体育运动方法,使其能在未来一生的生活中对其身心产生持续的良好的影响,更在于一种体育文化的传承。

传承体育文化是一个长期的、系统的过程,要想真正实现体育教学传承体育文化的功能。就必须使得学生通过不同阶段的体育教学,学习到较为完整的运动知识、运动文化。具体应从以下两个方面着手。

首先,保证单次体育课内容之间教学的连贯。可以把体育课中传习的各种小的运动技术累加起来,学生学到的是某个运动项目的完整技术,继续累加,就学到了各种运动技能。

其次,保证不同阶段体育教学的可持续发展。体育教学是由每周两至三次的体育课组合而生的一种贯穿全年的教学计划。其中根据不同的教学周期可以分为课程教学、周教学、学期教学以及学年教学。比学年教学周期更长的就是多年教学,小学体育教学、初中体育教学、高中体育教学和高校体育教学,因此,应将这几个不同阶段的体育教学有机统一起来,以促进学生对体育文化的系统、全面掌握和传承。

(四)健身功能

增强人民体质是发展体育运动的本质属性。经过长期的改革与实践,现代高校体育课程在规划设计教学大纲、选择教材内容、安排课时、实施教学组织等方面已逐渐合理化与科学化。

促进学生身体的发展,实现体育教学的健身功能是体育教学的本质意义,这要求体育教师应做到以下几点。

(1)始终将健康教育放在重要位置,根据体育教学的规律特点,将各种行之有效的健身内容、方法与手段(健身的、竞技的、娱乐的、保健的等)应用到体育教学中去,有机协调并统一体育教学的教育性、健身性、竞技性和娱乐性等特征,从而提高体育教学质量,促进学生积极参与体育运动,科学地进行体育锻炼,进而实现强身健体的效果。

(2)为保证学生身体的健康,体育教师应酌情掌控运动负荷强度。学生亲身参与体育运动实践在体育教学活动中是必不可少的。而既然参与运动实践,就必然会使身体承受一定量的运动负荷。合理的运动负荷对发展学生身体素质有极大的帮助,它对学生的机体或多或少会产生一定的刺激与影响,其影响的程度要视运动项目的内容、学生身体素质、持续运动的时间、运动间隙时间、营养补充等状态而定。而不同运动项目对身体的锻炼重点也有区别,如足球运动对人体的耐力、爆发力、速度和灵敏有着较高要求;游泳对人体心肺功能和协调能力有较高要求等。如果运动负荷过大,那么体育运动对学生的健康无益,反而会对学生的健康造成损害。因此,体育教师在制定教学计划前就要对学生的普遍体质与运动基础有一个清晰、全面的认识,并遵循体育教学的规律,运用科学的教法合理组织体育教学,以此来有效发挥体育教学健身功能。

(五)健心功能

心理健康也是评定人体健康的指标之一,体育教学不仅有利于学生的身体发展,还对学生的心理健康发展具有重要的作用。

和体育教学的健身功能一样,体育教学促进心理健康的功能主要是通过教师传授来实现的,因为教师的一言一行无时无刻不影响着学生的思想,这些行为都是在潜移默化中进行的,因此,教师必须身体力行、为人师表,为学生做出表率与榜样。

体育教学的健心功能主要表现在以下几个方面。

(1)缓解压力。体育活动可以使学生得到身体和心理上的放松,缓解学生的学习压力。

(2)平和心态。在参与体育运动的过程中,学生要频繁地面对成功与失败,其中失败和挫折的次数远远多于成功。由此可以培养学生在逆境中正确调整心态的能力,作为胜利者也要做到戒骄戒躁,只有具备这样的素质,才能再接再厉,取得成功。教学更为重要的作用是传授各种人类社会的道德、规范与理念,这是学生走向社会之前的必学内容。

(3)修养品德。体育教学具有帮助学生形成良好思想品德的功能。学生在体育教学与比赛中,可以养成遵纪守则的良好习惯。根据体育运动或游戏的规则,运动竞赛或游戏要想顺利进行,必须依靠参与者自觉遵守既定规则。在体育练习或比赛(游戏)中,学生还要懂得关心同学,尊重对手,尊重裁判,自觉遵守体育课堂秩序。

(4)完善人格。系统的体育教学对陶冶学生良好情操,塑造学生完美人格具有重要作用。体育教学中,大多体育运动或体育游戏都需要集体共同参与方能完成。体育运动取胜关键要靠集体的团结配合。因此,学生为了取胜,必须认识到团结互助、协调合作、发挥集体力量的重要性。学生作为体育运动团队中的一员,需要处理好个人利益与集体利益的关系,应抱有克服一己私欲,顾全大局的思维行事。

（六）美育功能

正如前面所叙述到的,体育中蕴含着丰富的美,健、力、美同时蕴含于体育运动中,静态的人体造型和动态的运动节律都具有美的特质,都表现出人们向往美。体育运动不仅在运动过程中突出了"美"的要素,而且在运动结果上也有淋漓尽致的体现。

体育教学的美育功能具体表现在以下几个方面。

（1）体育教学中,通过组织和引导学生积极参与体育活动实践,经科学体育锻炼帮助学生获得完美的身体曲线。

（2）体育教学活动中会组织体育竞赛,学生通过激烈与公平的比赛而取得的成绩,使学生获得成就感。

（3）体育教学可提高学生审美意识与审美能力。通过系统的体育教学,可以帮助学生树立正确的人体及运动的审美标准,使学生体验积极、健康的审美情感,进而提高学生的美学素养。

第三节　体育教学的原则与规律

一、体育教学的原则

（一）全面发展原则

体育教学应以促进学生的身体锻炼为基础,促进学生身心的全面协调发展。在体育教学中,除了促进学生身体健康外,还应将体育教学与心理学、美学和社会学等学科知识结合起来,全面提高学生智力、心理素质、美育（感）和能力等多方面的发展,以培养适应社会主义现代化建设需要的人才。

1. 体育教学全面发展原则的基本依据

（1）社会主义体育教学目的的需要。我国社会主义的性质,决定了体育教学具有明显的社会主义目的性,这就是为培养身体健壮的全面发展人才服务。因此,在体育教学中,要使学生身心双修。

(2)实现体育教学基本功能的需要。体育具有健身功能、教养与教育功能、休闲娱乐功能、促进个体社会化功能和美育等多种功能。由此可见,体育教学是集中实现体育多种功能的有效途径。

(3)学生发展的需要。在新的历史发展时期,学生的发展并不仅限于身体的发展,在思想、心理、智力、道德品质与行为、审美及表现美的能力等方面都应得到发展。

2. 体育教学全面发展原则的基本要求

(1)体育教师在体育教学中认真学习和领会体育教学大纲(或课程标准)精神,全面贯彻教学大纲(或课程标准)的目标和要求。

(2)体育教师应树立现代体育教学价值观念。用现代体育教学价值观去评价和衡量现代体育教学质量。现代体育教学除了具有一定的生物学价值,还具有心理学、教育学、社会学及美学的价值。

(3)在体育教学的准备、实施、复习、评价等阶段中,通过制定教学任务、选择教学内容和运用各种教学手段和方法,都应注意增强学生体质并促进其全面发展。

(4)体育教师在制定各种体育教学工作计划和编写教案时,应在课堂中给予学生足够的身体练习时间,并在教学中重视学生的心理发展。

(二)合理安排运动负荷原则

1. 体育教学合理安排运动负荷的依据

(1)不同学生生长发育的特殊性。这一点对于儿童青少年的体育教学尤其重要,在针对儿童青少年的体育教学中,大多数学生的身体尚处在生长发育期,并没有真正成为成年,身体各方面机能的发展还并不完善,对体育教学的安排既满足学生锻炼身体和掌握运动技能的需要又不致于使学生体能透支而出现危险情况,体育教师在为学生安排和设计的体育教学活动量时,要以学生可以承受的身体负荷为依据。

(2)人体发展的基本规律。学生在参与体育教学时,不管是身体练习还是运动技能的学习,都需要承受一定量的运动负荷。但人体在体育运动过程中的规律揭示出了任何练习和教学都不是活动量越大越好,运动负荷过大,会对学生的身体健康造成不同程度的损害,运动负荷过小,不利于良好教学效果的取得,运动负荷的适宜性安排得是否得当,是检验一名体育教师水平高低的标准。

2. 体育教学合理安排运动负荷的基本要求

(1)运动负荷的安排要服从体育教学目标。体育教学的目标是培养学生健康体魄和健康的心理素质，因此，基于这个目标可以明白，体育教学不是为让学生不断超越身体极限的挑战自我，也不是为了增加运动负荷而大运动量训练，竞技体育中单纯为了金牌而无限制地加大运动负荷的方法不适用于各级学校的普通学生的体育教学。

(2)运动负荷的安排要服从学生身体需求。体育教学应为促进学生身体发展而服务，因此，体育教学中，运动负荷的大小应充分考虑学生的身体发展状况与需要。教师要合理地安排运动负荷，就必须了解学生的身体发展情况(包括不同性别学生的生理差异、学生在不同生长发育阶段的特点等)，运动负荷安排要体现对学生身体的无伤害性，同时有利于促进学生身体发展。

(3)运动负荷的安排要充分考虑学生之间共性与个性关系，需要体育教师在运动负荷方面考虑周全。一方面，教师要从学生的整体情况来考虑。这个整体情况主要是指高校大学生的年龄段有相对趋同性，因此他们的身体素质发展有类似的特点。另一方面，教师在整体趋同性的基础上，还要关注一些个人特殊情况，如对伤病学生的运动负荷安排应酌情减少。

(4)运动负荷安排应为逐步提高学生自我控制运动负荷能力服务。体育教育虽主要以使学生参与身体练习为主体，但是也不能忽视学生对体育理论方面的知识讲授，这种理论教学往往能够让学生更好地理解体育的意义，从而促使他们主动参与到体育锻炼中来，而不是仅仅在课堂中参与。因此，体育教师应加强学生的体育运动理论知识的教育，提高学生自己判断运动负荷是否合理的基本能力，并使学生能在体育活动中自主调节运动负荷。

(5)体育教学中应重视合理休息。运动负荷的安排与休息方式、休息时间有关。科学合理地安排休息方式、休息时间和心理负荷，对于顺利达到理想的体育锻炼效果有着重要作用。

(三)循序渐进原则

1. 体育教学循序渐进原则的基本依据

在体育教学过程中，首先要遵循的就是由简到繁、由易到难、由已知到未知、逐步深化的循序渐进的原则，循序渐进才能让学生更好地掌握体育方面的知识、技术和技能。

2. 体育教学循序渐进原则的基本要求

(1)制定好教学文件、安排好教学内容。在保证教学文件和教学内容都安排妥当的情况下,才能执行教学工作。因此在进行教学工作之前一定要制定系统科学的教学计划方案。在制定教学计划文件时,每个运动项目、每次课、每学期的内容和教法,都应前后衔接,逐步提高。教学计划中内容的安排对教学工作的实施效果具有至关重要的作用。因此,教学计划的制定既要考虑该运动项目的由易到难、由简到繁的顺序;又要考虑与其他运动项目之间的关系。项目的安排应遵循循序渐进的原则,以保证前一个项目的学习有利于后一个项目的学习。

(2)不断提高学生生理负荷。学生的生理负荷可以采取波浪式、有节奏地逐步提高,因为机体需要一定时间的适应,课程交替有节奏的安排。合理利用超量恢复是生理负荷提高的有效措施。

(3)教师要不断提高自身的文化素养,深刻了解学生身心发展的一般规律和特点,了解各项教材的系统性及其之间的关系。

(四)巩固提高原则

1. 体育教学巩固提高原则的基本依据

根据遗忘规律和运动条件反射建立与消退的理论,学生学到的知识与技能在一段时间内,如不经常复习就会遗忘或消退。另外根据"用进废退"原理,学生对所学习的运动技能进行反复练习时,有助于发展运动能力、身体素质和生理机能,起到强身健体的作用。因此,要注意巩固提高所学到的知识和运动技能。"学习如逆水行舟,不进则退""温故而知新"这些关于学习的语句充分揭示了学习中巩固提高的重要性。体育教学多为身体的练习,一般来讲,如果这种练习不能得到巩固,就会随着时间的延长而消退,因此在体育教学中遵循巩固提高原则是十分必要的。

2. 体育教学巩固提高原则的基本要求

(1)在体育教学中,教师应合理安排训练计划。让学生进行反复强化的练习,增加练习的密度,不断巩固运动条件反射,使其获得进一步的巩固和提高。制定合理的训练计划是让机体在巩固提高的过程中避免出现过度疲劳损伤机体。

(2)体育教师应重视良好体育教学方法和训练方法的选择。教学中,可采用改变教学方式或者改变练习条件来达到巩固提高的目的。

（3）增加运动密度和动作重复的次数,反复强化,不断巩固运动条件反射,提高技术水平、身体素质和体育能力。

（4）教师要给学生布置适量的课外体育作业或家庭体育作业,将课内课外结合起来,达到巩固提高的目的。

（5）不断提出新的学习目标,培养学生进行体育运动兴趣和进取动机。

（五）因材施教原则

1. 体育教学因材施教原则的基本依据

作为体育教学的主体,学生之间具有共性与特性。共性体现在身体年龄阶段发育的稳定性和普遍性;特性则是每位学生受性别、遗传、生长环境、教育水平、认识能力等因素的影响,彼此之间存在差异,身心发展显现出很大区别,而具体到学生具备的体育运动能力的话,这种差异性就可能更加明显,如有些学生的家长喜爱运动,所以从小就培养孩子参与体育运动或参加业余体育训练,这样孩子的运动水平一定能超越同年龄段的孩子的平均水平而显得格外突出。因此,体育教学中应重视不同学生及同一学生不同阶段的差异,因材施教。

2. 体育教学因材施教原则的基本要求

（1）引导学生正确对待个体上的差异。差异的存在,如果利用得当,还是一个教育鼓励学生之间互相帮助、培养团队意识和集体精神的好方法。学生之间的运动天赋和对体育的了解各有不同,要在体育教学中贯彻个体差异性的原则,教师应在自己充分了解学生个体差异性存在的基础上,向学生讲解个体差异的存在,并引导学生正确看待差异。差异的存在是客观的,然而这却不能成为歧视天赋较差的学生的理由,同时教师也不能过分偏爱天赋较好的学生。

（2）深入细致地研究和了解学生之间的差异。一方面,学生要对学生个体的差异性进行全面地了解,这是贯彻个体差异性原则的前提条件。为此,教师可以在学期前进行一些测试或座谈交流,弄清不同学生在身体条件、兴趣爱好和运动技能等方面的差异。另一方面,教师应认识到学生个体差异并不是一成不变的,如有些学生在一开始的测评中被认为是没有很好的运动天赋,但是其本人非常热爱体育运动,在平时的课堂上也非常积极地配合教师完成各种教学内容,慢慢地学生的进步就会突飞猛进,对此,教师要有长远的眼光,要能发现不同学生在运动方面的天赋。

（3）丰富教学实践,选择适当的教学方法。在体育教学中,有些项目是不能根据"等质分组"的原理来处理区别针对性教学的问题。因此,教师面对这种情况就要运用其他方法来对待个体差异性,如安排"绕竿跑""定点投篮"等教学方法。这些项目的设立是为了能够给那些在某些项目中没有任何特长的学生,让他们依旧对体育产生兴趣,而不是因为参与某项运动的成绩太差而觉得自己成为体育课堂的"局外人"。体育教师应让每一个学生都能参与到体育教学活动中来,体验运动的快乐。

(4)重视学生个体差异性与统一要求的统一。在体育教学中,提高全体学生的综合素质是每个教师的目标,因此在制定教学目标时,都会考虑到目标的可行性,要满足大部分学生的要求。学生的个体差异是客观存在的,教师应在教学中充分重视这点,但是体育教师也要立足于整个班级的教学,对学生统一要求,以促进学生完成教学任务,达成体育教学目标。

(六)专项教学原则

1. 体育教学专项教学原则的基本依据

体育教学内容丰富,种类多样,不同内容的体育教学对学生的要求是不同的,因此,教师应结合体育教学项目的特点和规律开展体育教学,在促进学生基本身体素质提高的基础上,发展运动专项能力,提高运动水平。

2. 体育教学专项教学原则的基本要求

体育教学专项教学原则要求体育教师应重视学生专门性知觉的优先发展。体育运动通常是在具体的运动环境中进行的,以篮球为例,篮球运动围绕篮球、篮球场地以及场地上的器材进行,运动过程中,学生对环境和器材的感知是专门性知觉发展的过程,其中手指、手腕对球的控制能力对篮球教学至关重要,因此,教师应重视学生对球控制能力的优先发展。

(七)终身体育原则

1. 体育教学终身体育原则的基本依据

通过体育教学长久地影响学生一生对运动健身重要性的理解,并身体力行地参与其中是体育教学的最终目的。这也是新《体育(与健康)课程标准》对当前体育教学的基本要求。因此,培养学生终身体育思想,促进学生终身体育习惯的养成是体育教学应遵循的基本原则之一。

2. 体育教学终身体育原则的基本要求

（1）培养学生的终身体育意识。教学中教师要善于发现学生的体育爱好与技术特长，并加以引导培养，并以此来激发学生对体育学习的兴趣，使其树立终身体育意识，养成体育锻炼的习惯。

（2）在体育教学中充分考虑教学的长、短期效益，体育教师不仅要重视体育教材或某项运动技能的教学成果，还要考虑体育教学的长期效益，这与体育教育总体目标的要求是一致的。

（八）活动安全原则

1. 体育教学活动安全原则的基本依据

体育教学不同于其他学术学科教学，在体育教学过程中，由于教学场所的变化和所需体育器材的参与，都给教学安全提出了较高的要求。体育教学既是安全教育的难点，又是安全教育重点，在体育教学中要保证学生的基本安全。体育运动的美或多或少都建立在一些冒险中，这也是体育的本质属性和魅力之一。然而在体育教学中，尽管这种安全隐患不能完全避免，但应尽量减少和避免意外伤害事故的发生。

2. 体育教学活动安全原则的基本要求

（1）对各种隐患考虑周密并作相应预案。体育教师在长期的教学过程中积攒了足够多的经验和惨痛的教训。将这些内容加以汇总和归纳，并对可能发生的危险做出相应的预案，一旦发生意外，能冷静处理。

（2）加强对学生进行安全意识教育。体育教学的安全需要教师和学生的共同参与，因此，不仅需要体育教师的严谨和全面的考虑，还要加强学生的安全意识，对此，教师在日常的体育教学中要不断教导，让每个同学都建立起安全运动的意识。在体育课堂中严格按照教师的要求去做，注意课堂纪律，参与体育活动量力而行。

（3）建立运动安全的有关安全制度和安全设备。

二、体育教学的规律

（一）体育运动认知规律

体育学科具有独特的运动认知体系。因此，在体育教学中也要遵循体育知识学习和运动认知的规律。体育教学中的运动认知过程具体如下。

(1)广泛进行感性认知,形成感性基础。

(2)进行理性的概括形成理性认知。

(3)将理性的认知应用到各种运动情境中去。

具体来说,体育的运动认知体系是一种"身体—动觉智力",通过体育教学,可不断提高学生对物体、对自我的速度和对时间、空间、距离、重量、力量、方位、平衡、高度等因素的识别和控制能力。在体育活动中,表现为学生能对体育事件做出恰当的身体反应,具有控制身体运动、操纵物体,使体脑协调工作。对此,体育教师在体育教学中应重视培养学生的空间感知能力和对方向的判别能力,培养学生对器械的速度、重量、方向等感知能力,从而不断地提高学生的运动认知能力。

(二)体育运动技能形成规律

让学生学会和掌握一定的运动技能是体育教学目标之一,而运动技能的形成要经历一个由不会到会、由不熟练到熟练、由不巩固到巩固的发展过程。体育教学安排不可能明显地体现和准确地划分出动作技能掌握的这三个阶段,但从一个掌握动作技能的长链结构上看,仍然是要遵循运动技能形成规律的。

(三)运动负荷变化与控制规律

体育教学追求的并不仅仅是对学生进行生理负荷和生物性改造,还有其他方面的教育意义(如传承体育文化、健心、美育意义),因此,在体育教学过程中既要合理地利用生理负荷,又要合理地控制生理负荷,这就是体育教学运动负荷变化与控制的规律。

根据人体生理机能活动能力变化的规律,在体育教学过程中学生承受运动负荷的规律也与此相适应,在人体机能活动最强的时段安排较大的负荷,在人体机能活动上升和下降阶段要控制运动负荷,这是一个基本规律。运动负荷的安排要与机能变化的以下三个阶段相匹配。

(1)热身和逐渐加强运动负荷的阶段。结合学生个体情况合理、有序逐渐增加运动负荷。

(2)根据教学的需要调整和控制运动负荷的阶段。学生承受运动负荷的大小要根据现实情况酌情考虑,要及时地予以调整和控制。

(3)恢复和逐渐降低运动负荷的阶段,直至学生恢复到运动前水平。

（四）体验运动乐趣规律

在体育教学中,让学生不断地体验运动的乐趣是培养学生体育兴趣、形成运动爱好和专长的首要条件,也是学生掌握运动技能、强身健体的重要前提,更是体育教学过程中教师自始至终要把握的客观规律。[1]

体育教学中,感受运动快乐是学生学习体育动机的重要组成部分,学生在体育学习过程中的乐趣体验过程具体如下。

（1）学生在自己原有的技能水平上充分地运动从而体验运动乐趣。

（2）学生向新的技能水平挑战从而体验运动学习乐趣。

（3）学生在运动技能习得以后进行技战术创新从而体验探究和创新乐趣。

第四节　现代体育教学的发展分析

一、现代体育教学发展背景分析

（一）社会经济的发展

体育的改革与发展是要依托于社会的进步和经济的发展,因此,社会经济的发展对体育及体育教学的发展具有重要影响作用,社会和经济的不断进步是现代体育及体育教学发展的重要现实背景。具体表现在以下几个方面。

1.经济的发展促进高校体育设施建设

目前,我国对高校教学设施的投入力度不断地加大,学校体育教学的物质环境得到了极大的完善,这对学校体育教学的发展具有重要的促进作用。

2.社会"文明病"的出现

科技的发展改变了人们的生活方式,在体力劳动大大减少和饮食质量提高的基础上,包括学生群体在内的许多人体力活动越来越少,身体机能逐渐衰退,再加上日常生活中过多的摄入动物脂肪、高蛋白及糖类,肥胖、冠心

---

[1]　毛振明.体育教学论(第2版).北京:高等教育出版社,2011.

病、高血脂等现代文明病多发,因此重视对学生的体育教学,改善学生体质势在必行。

3. 社会压力的不断加大

当前社会,生活节奏快,竞争激烈,人们面对越来越大的心理压力。以高校大学生为例,他们面临着课业负担、就业压力以及人际交往等各种问题,许多大学生有着不同程度的心理问题(如性情孤僻、压抑,情绪失常等),而参加体育运动往往能够有效缓解个体的精神压力,对于高校大学生来说,加强体育教学具有重要意义。

(二)教育事业的发展

高校体育的发展与改革是整个教育体系发展改革的重要部分,因此,教育事业的不断发展是高校体育发展的重要背景之一。

教育事业是我国各项事业当中最重要的一项,对国家的综合国力和未来前景具有重要的影响作用。随着人们对教育事业认识的加深,国家也采取了一系列措施来加强教育事业的发展。例如,《中国教育改革和发展纲要》指出,要进一步转变教育思想,对教学内容和教学方法进行改进,克服教育过程中不同程度存在的脱离经济建设和社会发展需要的现象。再如,国家颁布的《中共中央国务院关于深化教育改革全面推进素质教育的决定》又强调了健康体魄是青少年为祖国和人民服务的基本前提,是我们中华民族旺盛生命力的体现。此外,《全民健身计划纲要》当中指出,全民健身计划以全国人民为实施对象,以青少年和儿童为重点,学校要全面贯彻党的教育方针,努力做好学校体育工作。这一系列措施不仅能够有效促进教育事业的发展,也为高校体育的发展与改革提供了依据。

因此,当前,高校体育作为素质教育改革的一个占据着非常主要地位的方面,在政府的指导、国家的支持、社会多方面关注下,高校体育教学工作无论是在教学观念上,还是在教学形式、教学内容上都取得了新的突破。为高校体育教学的发展提供了十分有利的条件。

(三)体育事业的发展

当前我国体育事业的良好发展态势在全国各地都营造出良好的体育气氛,对带动高校体育的持续发展有重要推动作用。

一方面,我国运动员在体育赛事中的辉煌成就更加促进了人民群众对体育事业的兴趣。另一方面,体育产业的蓬勃发展对于体育人才也有着更加强烈的需求,这些都促使着学校体育进行更为深入的改革。

二、现代体育教学发展问题分析

（一）教学观念落后

目前,高校体育教学的观念相对于体育事业的发展仍然显得落后,更没有将终身体育教育等意识落到实处。具体表现在以教师为中心的教学模式仍在体育教学中存在,导致学生一直处于被动的学习状态之中。在体育知识的传授过程中,常常是通过教师的讲解和示范,教学模式僵化,忽视学生的可持续发展。

（二）教学目标不准确

高校体育教学往往过于重视竞技体育项目,导致课程设置不符合促进学生终身体育观念的形成及全面推行高校学分制的要求。在高校体育教学的实际过程中,教师往往以掌握某项运动技术为目标,大大降低了教学的要求和标准,从而影响了体育教学的质量。

（三）教学内容与方法单一

从目前高校体育的教学内容来看,竞技项目所占有的地位很重,这就明显妨碍了高校体育完成任务和达到目的。过分追求竞技化必然会导致忽略对学生身体素质发展的重视,陷入程式化训练的误区当中,与增强体质的目的背道而驰。

而我国体育教学中长期以来一直遵循的是讲解、示范、练习、预防与纠正错误、巩固与提高的教学方法,这种落后的、单一的教学手段和方法,使学生始终在学习中无法掌握主动权,从而不利于学生体育学习积极性的提高。

（四）教学评价舍本逐末

教学评价是对教学效果的检测,在实际的体育教学当中,体育教学评价由于设计的考核标准过于重视体育成绩走向了简单的一刀切的误区,不能根据学生的具体情况来进行详细的分析评价,为学生的良性发展带来了诸多不利。

（五）教师专业水平不高

目前,我国高校体育教师都是在传统运动技术的教学模式中培养起来的,从其本身特点来看,都是属于技术型、训练型的,但其掌握的知识都非常的陈旧,科研能力通常较弱,工作随意性较大,教学过程中的创新意识更是无从谈起,这些凸显了体育教师整体上专业水平的不足问题。

三、现代体育教学发展对策分析

(一)以终身体育为体育教学发展指导思想

终身体育是指将体育纳入自己的生活,并伴随人的一生。终身体育思想的树立和形成能有效促进我国体育教学的发展。

树立终身体育观念是高校体育教学目标改革的指导思想,也是高校体育教学发展的落脚点。终身体育能否实现,在很大程度上取决于这种观念是否树立和能力是否形成。当下,树立终身体育的观念要求教师正确引导学生科学认识和理解体育的价值,端正学习体育的态度,积极学会体育锻炼的技能,掌握体育锻炼效果评价的方法,形成终身体育能力,为终身体育锻炼奠定基础。

(二)以课程目标调整为体育教学发展重点

把增强学生体质、提高学生的健康水平作为体育教学的首要目标,这是体育的本质属性所决定的。调整体育教学课程目标需要从以下几方面入手。

首先,注重学生的个性发展。体育教师应尊重学生在体育教学中的主体地位,将促进学生的个体发展作为促进当前体育教学发展的重要切入点,培养学生的竞争意识和创造能力,发展学生健康的个性。

其次,重视体育知识、技能和方法的掌握。体育的知识、技能和方法是构成学生体育素养的基本要素,因此具有积极的体育动机和良好的体育素养能为今后学生从事体育锻炼打下良好基础。

(三)以丰富教学内容为体育教学发展途径

丰富体育教学内容、实现体育教学内容的不断创新是促进体育教学发展的重要途径。要求体育教师在教学中应重视以下几点。

(1)突出体育教学内容的科学性和逻辑性。在体育教学课程设计的不同阶段,体育教学内容应符合教育的内在规律和学生的身心发育特点,与学生的身心发展规律相符。

(2)重视体育教学内容的多样性和趣味性。一方面,多样性的体育教学能够为学生提供较充分的选择余地,而不是每个学生都必须学习很多统一的内容。另一方面,增加体育教学内容的趣味性有助于提高学生的学习积极性和主动性,引导学生认识体育教学内容学习及体育锻炼的价值。

(3)提高体育教学内容的通用性和民族性。首先,通用性是指教学内容具有统一的规范,适用于各种类型的学生,这是现代高校体育教学内容的主体。其次,体育教学内容的民族性是指教学内容中应吸收那些学生喜闻乐见、兴趣浓厚、具有明显地方色彩的民族或乡土体育运动项目。

(四)建立综合性教学体系

学生是体育教学的主体,因此体育教学要围绕促进学生的全面发展建立起综合性的体育教学体系。具体来说,综合性体育教学体系的建立必须以满足学生个体发展的需要和社会需要为前提。实际上学生的个体需要和社会需要是辩证统一的。社会需要从某种意义上来说就是所有个体发展的需要。而从体育的角度来说,应通过体育教学促进学生个体身体素质的全面发展和良好心理健康状态、个性心理特征的形成,使学生发展成一个融知识、品格、能力为一体的综合性人才。

第二章　体育教学思想的革新与发展

对体育教育来说,体育教学思想的改革与发展起着非常重要的作用。体育教学思想观念的创新能在很大程度上带动体育教学的发展,促使体育教学向着科学化、先进化的方向发展。通过对近现代国内外体育教育发展的研究表明,体育教学要想取得良好的发展,没有一个先进的、符合现代教学要求的体育教学思想是根本行不通的。

第一节　现代体育教学改革的教育思想

教育思想对教育的发展来说至关重要,可以说教育思想观念的发展、改革和创新是教育改革的先导。多年来,我国体育教学工作研究者对体育教学的目标、任务、方法、手段等问题展开了深入而具体的研究,这在很大程度上推动了我国体育教学的发展。

一、近现代体育教育思想的形成

(一)自然主义体育教育思想

欧洲文艺复兴时期,自然主义体育教育思想诞生,这一教育思想的基本原则是:体育教育应以"自然教育"为中心,按自然原则利用自然手段对儿童进行合乎自然的体育教育,要根据儿童的兴趣和需要来合理选择体育教育内容。另外,本理论还认为,要想使儿童成为一个全面发展的人,就必须将儿童置身于大自然,让儿童在大自然中获得进一步的发展。这一教育思想在历史上延续了数百年,影响力甚远。这一思想观念既有优点,又有缺点,具体表现如下所述。

1. 自然主义体育教育思想的优点

第一,它充分肯定了体育在人的成长过程中的作用及意义,并提出了一套自然主义的体育方法,能促进人类自身良好的发展。

第二,它注意到了兴趣和需要(即人的心理)在体育教育中的作用,在当时具有一定的先进性,在现代教育观念中也有着不可磨灭的作用。

2. 自然主义体育教育思想的缺点

第一,它以"本能论"为立论基础,认为人的兴趣和需要也都是源于人的本能,具有一定的片面性。

第二,把体育混同为教育,突出强调了文化教育功能而忽视了增强体质这一体育的本质功能和主要目的。这种错误的认识导致体育教学中出现"放任自流"的现象,进而导致人们对体育的教育性和科学性产生怀疑和误解,不能科学地认识体育的本质。

(二)体质教育思想

体质教育思想的基本观点是:体质教育的根本目的就是增强体质,促进健康,使学生的身体形态、机能和基本活动能力得到全面的发展。体质教育与强身健体之间是密不可分的,体育教育的真正意义就在于增强人的体质、完善人的身体,这也是体育区别于德育、智育和美育的地方。这一观点充分认识到了体育教育的特殊功能——增强体质、完善身体,对发展学生体质、增进学生健康起到了非常重要的作用。但在这种教育思想下,教学目标过于狭窄,教学模式过于单一和刻板,过分强调了体育教育的生物属性和身体发展性,而忽视了体育教育的教养性和教育性,这种做法是不可取的。

(三)折中主义体育教育思想

这一教育思想的基本观点是:在体育教育过程中,一方面要坚持"技术观",另一方面要坚持"体质观",是自然主义教育和体质教育的综合。这一教育思想认为体育教育要试图克服上述两种体育教育模式的不足而各取所长,但它也在一定程度上导致了体育教育思想的混乱,学生既要实现技术水平的提高,又要实现体质的增强,这是一个比较难以解决的问题。因此,寻求一种科学的教育思想观成为现代教育的需求。

二、新课程改革下的体育教育思想

随着课程改革的不断进行,体育教育思想也发生了很大程度的转变,一些落后的、难以适应时代发展和教学需要的旧思想被先进的教学思想所取代,极大地促进了体育教育的发展。

（一）新课程改革下体育教育思想的转变

新课程改革下，体育教育思想发生了很大的转变，这些转变突出表现在以下几个方面。

1. 深刻贯彻了"健康第一"的指导思想

学校教育要树立健康第一的指导思想，切实加强体育教育工作。健康第一，不仅是学校教育的指导思想，同时也是体育教学改革的指导思想。合理的体育教学是以身体练习为主要手段，合理选择运动负荷，力求培养和提高学生的自尊、自信、意志及团队意识、合作精神、竞争能力、创新意识、人际交往等方面的能力，使其更好地适应于社会。现代先进的体育教育思想能把身体健康、心理健康与社会适应的目标与教学内容、方法及学习评价等较好地结合起来，从而形成良性互动。

2. 突出了学生学习中的主体地位

在体育教学中，学生是体育学习的主体。体育教育新课程标准强调要"以学生发展为中心，重视学生的主体地位"主要表现在：比较重视自主学习、合作学习和探究学习等学习方式的运用，促使学生主动积极地参与学习和锻炼；重视组织教法的创建，激发学生体育学习的兴趣，使学生获得积极的情感体验；尊重学生的个体差异，注意因材施教，使每一个学生都学有所得；加强对学生的学法指导，重视学生自我评价与相互评价的运用，帮助学生学会学习。只有学生的主体地位得以确立，以学生为中心进行教学，才能促进学生全面的发展。

3. 注重创建良好的教学氛围与和谐的师生关系

新的体育教学思想注重运用情境教学、快乐教学、主题教学、体育游戏、激励性评价、师生互动、合作讨论等方法和手段来营造良好的教学氛围，使学生能积极地投入到体育学习之中。和谐的师生关系是学生主动学习的前提之一，也是学生获得愉快的情感体验的重要因素。现代先进的体育教育思想，要求体育教师要关心学生，以身作则，发扬教学民主精神，倾听学生意见；学生尊敬教师，自觉维护课堂教学秩序，在课堂讨论中畅所欲言；师生之间、同学之间形成良好的教学气氛，从而促进教学水平的提高。

4. 关注学生的运动情感体验

在体育教学中，学生的情感体验非常重要，它是培养学生体育学习兴趣和终身体育意识的关键,同时也是学生积极主动学习的重要条件,是促进教学质量提高的重要因素。现代体育教学思想能根据学生心理活动的规律来组织教学,能满足学生的心理体验,提高学生的学习兴趣。

5. 重视课程资源的开发利用

新课程标准主要强调课程目标的统领作用,由体育教师根据学生的身心特点合理选择教学的内容与方法,这是符合体育教学实际的做法。在新的体育教育思想的指导下,有的体育教师还开发出一系列具有较强健身性与趣味性的教学内容,极大地提高了体育教学的质量。

6. 科学的体育学习评价

在体育教学评价中,多元学习评价是新体育课程改革的一个亮点,这种教学评价突出的是学生的自我评价与相互评价。在评价内容上,既注意了知识技能、运动参与和学习态度的评价,又注意了合作精神与情意表现的评价,能在很大程度上提高学生学习的积极性,促进教学水平的提高。这一教学评价虽然取得了一定的成绩,但在实际运用中也存在着一些问题和不足,主要表现在以下几个方面。

(1)学习目标存在问题。有的学习目标不够明确、具体,难以进行检查评价;有的学习目标没有体现区别对待,因材施教的原则;有的学习目标过多,不利于教学;有的学习目标的表述不够规范,制定得不合理。

(2)忽视运动技能教学。这主要表现在几个方面:第一,偏重选用技术含量较低的教材;第二,教学中缺乏对学生的指导;第三,用于运动技能学习的时间偏少;第四,缺乏对教学质量的要求。

(3)自主学习、合作学习、探究学习是现代比较先进的教学模式,但是有些教师在具体运用时,只关注外在的形式,对其实际效果重视不够,导致教学效果欠佳。

(4)在课程资源开发利用上,对各种资源的整合重视不够,对已有资源的有效运用不够充分,有的课在资源利用上还存在一定的浪费现象。

(5)在学习评价方面,教师在运用激励性评价时,存在言过其实的现象,向学生传递了不真实的信息,致使学生的学习受到影响。

新课程改革为体育教师的能动性提供了更大的空间,广大的体育教师应认清形势,牢固树立终身学习的意识,认真把握好新课程标准,不断探索新的教学方法、手段、模式等,不断提高自己的专业化水平,促进教学质量的提高。

（二）新课程改革下的先进体育教育思想

随着现代教育的不断发展,涌现出了众多的先进的教育思想,这些思想对我国体育教育的发展产生了深刻的影响,其中影响力较大的有"终身体育"教育思想、人本主义教育思想等。下面主要阐述一下终身体育思想对我国体育教育的影响。

1."终身体育"教育思想的概念

终身体育是指在人的一生中都要进行身体锻炼和接受体育教育与指导,它是终身教育的重要组成部分。具体来说,就是一个人从生命的开始到生命结束,都要适应环境与个人的需要,进行身体锻炼,以取得生存、生活、学习与工作的物质基础或条件。终身体育既是指人从生命开始至终结,在整个过程中都要参加体育锻炼,使体育成为日常生活中必不可少的内容;又是指以正确的体育观与方法论指导人生的不同时期、不同生活领域中参加体育活动的实践过程。终身体育本身是思想意识和行为倾向的有机结合,体育意识是终身体育的思想基础。体育意识的强烈程度,直接影响人们终身体育思想的形成。终身体育强调个体生命整个过程中不同时期的体育,即体育健身贯穿于生命的全过程。经过一段时间的发展,这一思想逐渐确立了在体育教育中的地位,成为现代先进的体育教育思想。

一般来说,终身体育由相互联系、相互影响的学校体育、社区体育、家庭体育构成,共同作用于个人,并要求学校、家庭、社区均应开展体育活动,为人们提供参加体育活动的机会。终身体育贯穿于人的一生,对社会而言是全体国民的体育,二者的统一是终身体育追求的最高目标。

终身体育思想的形成是人类自身和社会发展的必然要求。在学校中开展体育教育,并向学生灌输终身体育的理念,对于大学生的成长及对社会的适应都具有重要的作用。

2.终身体育的特征

（1）体育锻炼时间的终身性

终身体育之所以是一种先进的教育思想,就在于它突破了传统的学校体育目标过分强调学习和掌握运动技能的观念,使学校体育教育获得了进一步发展和延续。传统的体育教学观念把人接受体育教育的时间仅仅局限在在校学习期间,体育锻炼的内容也局限于体育知识、运动技能的学习和掌握。而终身体育则要求根据个体生长发育、发展和衰退的规律和阶段性特征进行科学的身体锻炼,体育锻炼要贯穿人的一生。

（2）体育锻炼群体的全民性

终身体育锻炼具有全民性的特点，这是指接受终身体育的所有人，在对象上有儿童、青少年、成人和老年人等；在范围上有学校体育、家庭体育、社会体育等。以终身体育为指导开展全民健身运动，其实质是群众体育普及的进一步发展，以实现广泛普及化。在现代社会，每一个人都要学会生存，而要学会生存则离不开体育。因为生存发展是时代的主流，要生存就必须会学习、运动锻炼和保健，人们要想更好地生活，就要把体育与生活紧密联系在一起，在参与体育活动中终身受益。

（3）体育锻炼目的的实效性

终身体育的最终目的是维护和改善人的生活质量，增进健康，延年益寿。终身体育是以适应个人发展和社会发展为根本着眼点的。人们为了改善自己的生活质量，根据自身条件合理选择适合自己的体育方式，做到有的放矢，具有较强的针对性和实效性。总之，终身体育锻炼要有明确的目的，要能促进自身的全面发展和终身发展。

3."终身体育"教育思想的意义

（1）提倡终身体育的思想满足现代化社会发展的需要

终身体育的一个重要目的就是增强体质，这也是我国社会主义体育事业最本质的特点。社会劳动力的构成都是由不同年龄段的人组成，都面临着如何保持身体健康和能够适应社会分担的一份工作。提高劳动生产率，除了靠科学技术水平的提高外，关键还是需要掌握科学技术的人创造物质产品，来满足人类生存发展的需要。要适应现代社会发展的需要，要保持身体经常处于最佳状态，就须在人生的不同阶段选择不同的身体锻炼形式与内容。无论是何年龄段、何种职业，都面临着对它的选择，以保证自己身体更加健康，精力更加充沛，适应社会的发展变化及未来生活的需要，而这种伴随人生一起发展的体育，就是终身体育。社会现代化程度的不断提高，现代人把经常从事身体锻炼作为生活方式的一个重要内容与标志，是人类文明发展的必然。全民族都能做到天天坚持身体锻炼，并养成自觉的锻炼习惯，反映了一个国家的文明程度，展示了现代人的生活方式，从而促进了社会的发展和进步。

（2）迎合终身教育思想，促进学校体育改革

在很长一段时间内，我国学校体育受传统教育思想的影响，过于重视技术、技能的教学，而忽略了其他方面的教学内容，使得体育教学中出现了一系列问题。学生走上社会后必须掌握的东西，教师不一定教；而教师教的内容，学生走向社会后不一定用得上。通常情况下，学生在走向社会后，就几

乎不参加体育锻炼,致使身体状况每况愈下,不能适应变化了的环境,这种情况极大地阻碍了自身的进一步发展。终身体育不是只追求某一特定的运动技能和运动的熟练程度,而是学会能自我分析自身的身体锻炼和运动实践的综合能力,注重培养学生对体育的爱好、兴趣,养成锻炼的习惯,注重学生掌握系统的体育基本理论知识和科学的身体锻炼方法以及检查评定方法,形成终身体育的意识、思想和能力、习惯,对学生自觉、自愿参加和组织体育活动的能力提出更高的要求。终身体育思想的提出促进了体育教学改革的进程,成为体育教学中重要的指导思想。

(3)满足体育生活化的要求

大众体育发展的动力是体育生活化,生活化的体育是社会进入小康社会的必然产物。在现代社会,人们生活的价值容量在不断地扩大,生活与体育之间的联系越来越密切,人们在每个阶段参与体育锻炼,能增强自己的体育意识,提高对体育锻炼的认识并形成自觉自愿的锻炼风气,这已经成为社会发展的必然。社会成员终身体育意识的形成,对推动群众体育的开展,提高群众体育活动的兴趣,促进文化交流都具有重要的意义和作用。终身体育注重人的个体性,并且着眼于人一生中的不同年龄阶段、不同的生活环境、不同的职业特点来选择不同的内容和方法,采用不同的形式进行身体锻炼,以终身受益。虽然我国的大众体育获得了一定程度的发展,但受场地、器材、经费和组织等因素的影响,我国每年开展群众体育活动的次数是非常有限的,其时效性也不高。因此,大力倡导终身体育的观念,增强体质水平是实现体育生活化的社会发展的要求。

(4)终身体育的发展有利于社会主义经济建设

终身体育与经济建设之间互相影响,二者之间的关系非常密切。经济的发展制约着体育的发展,也同样影响着人们终身体育的发展。随着我国经济建设的不断发展,人们更加清楚地认识了体育与经济的关系:经济是体育发展的基础,体育也能促进经济的发展,二者是相互促进的关系。在经济不断发展的情况下,终身体育思想得到了较大程度的强化。

社会对体育的需求是体育发展的动力,经济的不断发展又促进社会对体育的发展提出要求,同时,社会经济的发展也为体育事业的发展提供了经济投资的可能。终身体育就是在经济发展的条件下,不断向社会提供体育劳务这种特殊的体育消费品,人们通过体育锻炼能达到强身健体、丰富业余文化生活,提高体能和心理素质的目的,从而促使人们更好地将精力投入到经济建设中,从而促进社会经济的发展。

第二节 我国体育教学思想的影响因素

一、建构主义学习理论对我国体育教学思想的影响

（一）建构主义学习理论概述

1. 建构主义的概念

人在已有认知结构的基础上，通过学习的过程将外界环境中的信息整合到原有的认知结构中，从而引起自身认知结构的改变，形成一种全新的认知结构。这就是建构主义的观点。通过学习，人们都具有了一定的认知结构，这个认知结构是人们进行认知的基础，它决定着人们的认知活动和实际行动。人们在不断吸纳新的外界信息的过程中，使得自己的认知结构不断丰富和完善。

总地来说，同化、顺应、平衡是影响人类认知结构的三个重要过程。同化是指在学习的过程中，个体对所输入的刺激进行过滤或对其进行改变的过程，换句话说，就是在对刺激进行感受时，个体将这些刺激融入头脑中原有的图式之中，并使这些刺激成为其中的一个部分。顺应是指在学习的过程中，个体对遇到的无法用头脑中原有的图式来同化新刺激时，就会对头脑中原有的新刺激进行修改或重建，以此来对外界环境进行适应。平衡是个体通过自我调节在具体的学习过程中促使自己的认知从一个平衡状态向着另一个平衡状态过渡的发展过程。

2. 建构主义的特征

建构主义具有以下几个方面的特征。

（1）探究性特征

探究性学习在学生学习的起始阶段和结束阶段都有着非常重要的作用。在研究发现式学习这一模式时，布鲁纳提出，学生是教学过程中积极的探究者。教师要创设出良好的情境来方便学生进行独立的探究，并便于学生自我思考问题，使学生参与到知识获得的过程之中，要建造一个活的小型的藏书库，而不是直接向学生提供现成的知识。总地来说，学生要积极、主

动地探究、学习和消化知识,而不是被动地、单纯地接受知识。

(2)情境化特征

通过对学生学习方式的研究发现,学生正式学习均与特定的情境相脱离,而这种类型的学习会产生很多不良的后果,如抽象化、形式化、简单化、记忆表征单一化等,通常来说这种类型的学习结果也仅仅只是应付接下来的考试,并不能将已经学习到的知识在一种复杂的真实情境中加以运用来解决所遇到的实际问题,导致"高分低能"现象的出现。因此,建构主义学习理论十分注重进一步加强各种知识表征(动作的、情节的、语义的)之间的相互联系,并将知识表征与多样化的情境相关联,这样就能创设出良好的学习情境,学生在其中可获取丰富的知识。

(3)问题导向性特征

建构主义学习理论主张学生在学习过程中,通积极扮演一定的角色,来解决相应的问题,学生在解决问题的过程中,还能够学习到其所应该掌握的各种知识。在教学过程中,教师通过积极指导和启发学生进行相应的问题探索意识,来触发一系列的学习活动,在这一过程中,不仅拓展了学生的思维,还提高了学生运用知识的实践能力。

(4)社会性特征

建构主义学习理论具有一定的社会性,在该种学习模式之下,根据学生发展的社会源泉、社会文化中介,以及通过心理的处理和加工来促进知识的内化等方面,开发各种借助于现代网络技术和计算机技术为载体的多种学习方法,进一步突出其学习模式的社会性。需要注意的是,为了使社会性学习作用得以更好地展现,在学习过程中一般通过学生与教材和计算机技术等的互动来达成相应的目标。

综上所述,在所有的教学活动中,学生的主体"建构"均发挥着重要的作用。学生通过教师的讲解获取知识,并且将所掌握的知识结构进行更为合理的同化和顺应,从而使意义建构得以完成。但需要注意的是,这也不能说全部的教学活动都是建构主义的,只有将社会性、情境化、探究性和问题导向性同时具备后所进行的学习,才能称之为建构主义的学习。而在整个的建构主义学习中,对学生主体的"建构"既是教学的起点和依据,同时也是教学策略和归宿。与传统教学不同的是,在建构主义的学习过程中,学生获取知识的途径、教师和学生的地位、教学条件发生的机制等问题都有着很大的不同。而体育教学不断发展的过程中,倘若能将建构主义学习理论中的各个流派的不同观点进行调和和整合,这或许可能会获得新的突破。

（二）建构主义学习理论对我国体育教学思想的适应与不适应性

1. 建构主义学习理论对我国体育教学思想的适应性

总体来说，建构主义学习理论具有三个鲜明观点：第一，学生学习的过程不是教师单纯灌输知识的过程，而是学生自觉进行学习的过程；第二，整个学习过程是学生之间进行相互合作、沟通、构建知识的过程；第三，学生学习的过程是学生根据所具有的知识经验进行探究新知识的过程。以上三个观点重点突出了"自主""合作""探究"三个关键词汇。因此，从一定程度上来说，我国教学过程中推行的自主学习法、合作学习法以及探究学习法等都是以建构主义学习理论为基础的。由此可见，建构主义学习理论不仅为探索新的学习方式和方法提供了必要的理论支持，还能开拓教育工作者的头脑，促使其创新出新的教学手段和方法，从而促进教学水平的提高。

在体育教学的过程中，体育教师应改变旧有的落后的教学方式，采用"自主、探究、合作"的学习方式，不断提高学生自主学习的能力，锻炼学生的创造性思维，另外还要培养学生的交际能力和团队配合意识。建构主义学习理论对教师提出了较高的要求。就学习理论的基本原理来说，教师不只是扮演知识的传授者和引导者，而且还具有了更多多元的角色。因此，实施新课程改革的重要环节就是实现教师的专业化发展，并促进教师职业的不断成长，从而适应新课程改革的要求。在改善学生的课堂地位方面，建构主义起到了极大的推动作用。从具体实际来看，阻碍我国基础教育改革的重要因素之一就是学生主体地位的缺失。在这种教学理论的指导下，学习的中心变为学生，他们从被动的接受者转变为主动的学习者。学生在学习的过程中，可以主动地对各种信息进行加工，并进行相应的意义的主动构建，从而促进自身知识水平的提高。在运用建构主义理论进行学习时，应注意以下几个方面的要求。

（1）为了更好地实现知识的学习，应用探索法和发现法对知识的意义进行构建。

（2）在意义建构的过程中，学生要对相关的信息资料进行主动的搜集和分析，并提出自己的想法和假设，然后验证自己所提出的假设，得出结论。

（3）学生要将当前所学内容反映出的事物与自己已经了解和掌握的事物之间建立联系，并对这种联系进行必要的思考。为了更好地促进学生的学习，教师应在教学过程中创造平等、自由的学习氛围，保证师生之间沟通和交流的顺利进行，并使得学生之间能够开展充分的交流与合作。对于学生的话语权，教师应给予充分的尊重，并允许学生表达自己的观点，教师还应认真听取学生的观点,并根据学生所表达的观点有针对性地进行必要的、合理的、有效的引导,新课改特别加强了在心理健康和社会适应方面对学生人格塑造、社会适应性、人性养成等方面的重视,有着更加多样性内容的意义建构、极具个体性的效果和多重性的价值,在教学的各个时期都产生了新意义并对社会交流与合作有着更多的依赖。在教学过程中,教师可以有效利用各种运动项目的群体参与性特点,通过创设相应的体育教学情境来加强师生之间与学生相互之间的交流与合作,并采用多种教学模式来使得体育教学的课堂变得丰富多彩,更好地促进学生个性的形成、身心健康的发展以及社会适应能力的提高。

2. 建构主义学习理论对我国体育教学思想的不适应性

建构主义学习理论的观点认为,在教学过程中,学生各种知识的学习或获得并不是被动接受的,而是学习主体主动和自觉吸收的过程。但这也说明,具有意义建构价值的是那些学生难以理解、需要学生掌握和深刻理解的知识,而那些只需要学生了解的知识就没有进行意义建构的必要,否则学习就是无意义的。

与其他学科的课程有所不同,以身体练习为手段,以运动技能为教学内容是体育课程的主要特征。在体育教学过程中,各体育运动项目之间是一种并列平等的关系,因此它是不同于由简到繁的逻辑认知的。体育运动的学习过程是对自身身体不断认知的过程,通过对相应的技术动作的模仿和重复,从而初步掌握相应的动作技术。在体育课程中,大部分的动作技术和技能结构相对良好,这也决定了其能够被模仿和重现。在动作掌握的粗略阶段,倘若这些客观呈现如动作的讲解、示范和练习等都不正确,学生也就很难通过这些客观呈现建立起正确的条件反射,这就会迫使学生降低学习动机,甚至也会使一些不必要的运动损伤在学习的过程中出现,最终会使得无效化的体育教学。

随着我国体育教学改革的不断深化发展,建构主义学习理论在我国体育教学过程中发挥着越来越重要的作用。但是在教学过程中,人们对建构主义学习理论也产生了一些错误的认知。有人认为,在体育课程改革过程中,新课程的推行是对传统的接受式学习方式的否定,取而代之的便是学生"主体意义建构"。美国教育学家杰罗姆·布鲁纳在推行"发现式学习"时,最终以失败而告终,有学者就对其失败的原因进行了分析和研究,最终认为,学校的主要任务是向学生传递相应的人类文化知识,而学校中最基本的学习方式为有意义的进行学习。有意义的接受学习是一个主动学习的过程,它是指学生对教师所传授的知识进行积极主动的选择、整合、内化,并将所学习到的新的知识纳入到已有的认知结构中,从而更好地理解和掌握所学习的新知识。

通过研究和分析我国现阶段中小学的实际情况,结合美国认知教育心理学家奥苏贝尔的有意义学习理论,在中小学体育教学改革过程中,应积极推行有意义的、积极主动的接受式学习。具体而言,推行这方面体育教学改革的原因有如下两点。

(1)在接受式学习中,其主导性也存在着文化发展的制约性和客观的物质基础。我国尚处于社会主义初级阶段,属于发展中国家,在教育教学资源方面仍然较为贫乏,"大班"教学仍然是相当一部分教学和学习活动开展的主要环境条件,而具有简约性、系统性、基础性和高效性等优势的有意义的接受式学习也正好能够满足我国当前社会的发展需求。

(2)学生具有很多被动性特征,如依附性、受动性、模仿性等,他们是教育的主要对象,也是处于成长过程中的个体。由于学生具有这些鲜明的个性特征,这使得接受式学习成为最为有效和直接的学习方式。在教学过程中,如果教师盲目地否定接受式学习方式,而机械、呆板地复制建构主义学习的方式,不仅会在一定程度上降低体育教学的效率,还会降低体育教学的质量。

通过对我国学校体育教学现状的研究和分析可以发现,新课改中所倡导的学习方式的转变,要使学生变被动性学习为主动性学习,锻炼学生的创造性思维,然后再使学生的创新性得到进一步的发挥,在其所具备的发展基础之上来促进主体意义建构的实现。

二、现代西方教学思想对我国体育教学思想的影响

(一)现代人本主义教育思想的基本观点

进入 20 世纪后,随着现代科学技术的快速发展,科学主义逐渐成为当代教育发展的主流。科学在改变人们生活方式的同时,也在改变着人们的价值观念。科学的发展带给了人们诸多的便利,但也使得人们越来越受制于众多的科技产品,并且这一趋势日益凸显。因此,现代人本主义便站在了反对科学的立场而出现,旨在从这种非人性化的状态中将人们解脱出来,从而恢复人在世界中的本体地位。

以科学主义为标志的结构主义、要素主义,20 世纪 50 年代以来在教育改革方面的失败、认知心理学和行为主义对人们关于人性的认识带来了种种困惑,教育的价值也越来越工具化,人们也逐渐丧失了接受教育、获取知

识的兴趣,这些都决定了现代人本主义教育思想将会再度盛行。

现代人本主义教育思想的特征主要表现在以下几个方面。

1. 追求自我实现的教育目的

现代人本主义思想的观点认为,教育的最终目标就是要实现自我、形成完美的人性,并达到人所不能及的最高境界。人的自我实现包括两方面的内容,其一是人格的整体性,其二是人格的创造性。人格的整体性主要体现在人学习的整体性,学生的自我和环境、情感和智力在学习的过程中有机地结合起来。罗杰斯认为,认知和情感两种因素的结合就是人的学习,教育者所要做的就是要促使这两种因素的结合。人格的创造性则是指,人的性格、个性以及个人整体的充分发展等方面。创造性是每个人与生俱来的潜能,教育就是要对这种潜能进行挖掘,要有助于创造性的培养,它的最终目的就是要培养出一个不惧怕变革,并且能够勇于追求新事物的人,在变革中享受变化的乐趣的新人。因此,现代人本主义教育的根本理念就是培养人的创造性,这是这一教育理念的价值所在。

2. 尊重学生自由发展的课程安排

在现代人本主义教育思想中,应充分给予学生自由选择的机会,他人应尽可能少地干涉,这样才能培养起良好的独立性,建立自信心。

不存在一成不变的课程在任何时候都适应所有的学生,必须要提高多种多样、幅度不同的课程方案,使其适应不同的学生的个性特征,并且引导其根据自身的发展需要来进行选择。在教学过程中,应使学生所学的知识与其生活经验相互结合,还要使情意因素和认知因素有效结合。

3. 尊重学生情感体验的教学方法

在体育教学的过程中,现代人本主义主张教育者要以学生为中心,让学生通过切身学习获得经验,并让学生在学习中发现自我,学会尊重他人,建立自信心,促进独特个性的形成。因此,学校所应做的是要给学生营造良好的人际交往环境,教师对学生报以真诚的态度,给予学生充分的尊重、理解和信任。

由此可知,在弘扬人的个性,强调以人为中心,尊重人的情感体验等方面,现代人本主义教育思想与新人本主义、古典人本主义教育思想是一脉相承的。通过对人本主义的发展历史进行分析和研究,我们不难发现,现代人本主义与古典人本主义和新人本主义所针对的对象并不同。古典人本主义和新人本主义主要针对封建教育,而现代人本主义则主要针对"科学主义"。

现代人本主义教育在一定程度上否定了教师的权威,肯定了学生在学习中的主体性,重在培养学生的创造精神。另外,现代人本主义还注重发挥体育教学中的非理性因素的重要作用,并且随着经济社会的发展,其也表现出了一定的时代进步性。在新的时代环境下,科学人本主义和现代人本主义已经成为两个相互抗衡的主流。

但是,空想特征和片面性在现代人本主义教育思想中仍然存在,它的理论基础有唯心主义的一面,其教育目的更是表现出偏执于"个人本位",它在将人与科技、人与社会相对立、相分离的同时其对教育价值的认识也受到了更多的束缚,并且反理智主义也进一步得到助长。在一定程度上来说,现代人本主义是对古典人本主义和新人本主义思想的背叛,它逐渐背离了后两者所倡导的理性传统。科学主义教育思想对经济社会的发展具有重要的促进作用,符合社会发展的主流趋势,其在教育中的主流地位逐步确立,并得到了进一步的巩固。因此,随着教育价值多元性逐渐被人们深刻地认识,人本主义教育思想也逐渐呈现出与科学主义教育思想相融合的趋势,并使得科学人本主义教育思想的概念得以形成。在《学会生存》中对科学人本主义教育思想进行了阐述。它认为科学人本主义的目的主要是关心人和它的福利,它是人道主义的,同时科学人本主义也是科学的。总地来说,科学人本主义不仅尊崇科学,同时还注重人道,它所要达到的是理性与情感的平衡发展、社会与人的需要的平衡发展。

(二)现代人本主义教育思想与我国的素质教育

随着改革开放的深化进行,我国不断总结、吸收和借鉴国外的先进体育思想和教育理念,并不断对我国的传统教育进行反思和改革。现阶段,我国教学改革的重要方向之一,就是对人性化教育、人本化教育与教育的意义与价值方面的改革。通过对我国的教育改革的发展历程进行分析可知,我国教育改革深受人本主义教育思想的影响,并且突出反映在教学观、价值观以及课程观等方面。具体而言,其主要体现在如下几个方面。

1. 在教育价值观上,人的价值重新回归为教育的本体价值

过去的教育在其社会价值和工具价值方面较为侧重,随着人们对教育的不断认识,逐渐认识到这种教育是对其本质属性的违背。体育的过程是培养人的社会性活动,在这一过程中,人既是教育的出发点也是最终的归宿点。如果教育缺少了对人的社会性的培养,则其就失去了其所具有的独立存在的价值和本质特征,同时其所具有的社会价值也就成为空谈。人的价值的实现,必须要重视加强对人的主动性和创新精神的培养,才有可能更好

地体现出教育的社会价值。早在 1999 年,我国国务院为了更好地促进我国教育事业的发展,树立正确的教育价值观念,而颁布了《关于深化教育改革全面推进素质教育的决定》。该决定指出,素质教育的实施方针是"坚持实现自身价值与服务祖国人民的统一",而素质教育最根本的目标是"使学生养成独立的人格,实现个性的全面发展"。

2. 在课程观上,重视学生的生活经验

教学实践表明,判断一种教学活动能够成功开展时,关键是要看其能否将教学的内容与现实生活和固有的经验之间建立一定的内在联系。因此,有些学者认为,在教学改革中应增强课程的现实性。近些年来,我国的课程结构不断地得到调整,并在课程体系中融入了活动课程和综合课程,同时也越来越关注隐蔽课程。因此,现代教育改革过程中,相应的课程内容缩减、难度降低的同时,与社会生活现实之间的关系却逐渐变得更加紧密。

3. 在教学观上,尊重学生的主体性

在传统教学中,教师一直是教学的中心,这非常不利于学生主动性的学习。而在现代教育观念下,整个教学更加注重学生的主体性,重视学生在学习过程中的情感体验,注重其积极性和主动性的培养。由此可见,我国的教育教学观受现代人本主义教育思想的影响非常大。

(三)现代人本主义教育思想对我国学校体育改革的启示

1. 对学校体育价值的重新定位

现代体育教学中,处处体现着人文精神,这与弘扬人文精神的时代潮流是相适应的。在这种发展趋势下,为人们思考学校体育教学的价值提供了便利。我们知道,学校体育的根本出发点和落脚点是"育人",它是现代教育的重要组成部分。但长期以来,人们在理解体育科学化的基础上,常常采用生物学的观点来对学校体育的价值做出判断,并且过多地关注学校体育"增强体质"的功能。另外,随着商业社会的不断发展,实用主义对学校体育产生了重要的影响。在现实社会中,学校体育并没有学生充分的情感体验和创造性的培养,对于学生的个性的发展也有所欠缺。

实际上,学校体育的首要本质功能就是要增强学生的体质,社会需要使得学校体育为经济发展和社会政治服务成为必然,但这些并不是唯一的。因此,在我国现阶段体育教育改革是要在增强学生体质的基础上,进一步拓展体育教学的人文价值,建立多元化的体育教学价值体系。

2. 对学校体育目标的重新建构

增强学生体质、掌握"三基"和德育是我国传统的学校体育教学目标。多元化的学校体育价值体系,给学校体育目标多样性、多层次的建构提出了必然要求。

实际上,我国国内的学者已经认识到,技术教育和体制教育并不能完全作为学校体育实践的重心,应该把重心从单纯地追求学生的外在技能水平向追求学生的全面协调发展转移。这些都体现出了我国在学校体育改革中更加注重学校体育目标的人文倾向。

3. 对学校体育课程内容的重新调整

我国在 1993 年、1997 年分别修订了中小学体育和高中体育教学大纲,并使得教学内容的灵活性和教育性在新的体育教学大纲中得到加强,并在促使学生养成良好的体育习惯、弘扬民族文化、符合学生身心发展特点方面进行了较大的改进。我国体育课程处于不断进步和发展之中,但是其并不能完全满足素质教师的需求。因此,现阶段,应对体育课程内容进行多方面的调整,具体内容包括以下几方面。

(1)趣味性:在课程改革过程中,要充分利用学生的好奇心,激发其学习的兴趣。

(2)创新性:课程内容还要为学生创新精神的发展提供广阔的空间。

(3)适用性:课程内容的设置要侧重于对学生的终身体育能力的培养,加强与社会和生活的联系。

(4)普及性:课程内容中对于一些竞技体育项目中不适合该年龄阶段学生的技术要领、规则、器材和设施要进行相应的改造,并使其更有利于在全体学生中进行普遍开展,更具有健身价值。

4. 对学校体育教学的重新认识

人本主义学校体育教学思想树立了众多新的教学观念,如成功体育、快乐体育和终身体育等,这些教育思想的共同特点有:尊重学生的主体地位、注重培养学生的创新精神、注重学生个性的发展、注重激发学生的学习兴趣和学习积极性等。在不断发展和探索过程中,一些新的体育教学模式不断被提出,并且逐步发展和完善,最终得到了广泛的传播,如情境式教学、发现式教学、快乐式教学以及创造式教学等。但对于尊重学生的自我选择,满足学生个体的需要;如何将学习由被动变为主动,由机械性学习变为有意义学习;如何在教学过程中营造轻松活跃的学习氛围,使得学生获得良好的情感体验；如何全面和谐地发展学生的个性等问题，已经成为现代学校体育教学改革讨论的热点话题。

21世纪，我国学校体育正在等待一个尊重个性、回归人性的时代的来临。在这样的时代环境下，学生学习体育知识不再承受痛苦和沉重的负担，而是为了展现自我、弘扬个性、满足自身享受快乐的需要。虽然此处对现代人本主义教育思想对我国体育教学思想的影响进行了重点的阐述和讨论，但并没有对其他的教育思想进行否定。相反，在全球化的发展背景下，各种思想文化处在不断的发展和融合之中，教育思想也呈现出这一发展趋势，随着我国改革开放的深化进行，我国的学校体育教学思想呈现出多元化的发展趋势。

三、现代人文精神对我国体育教学思想的影响

（一）人文精神概述

1. 人文概念

作为一个动态的概念，《辞海》将人文解释为"人类社会中的各种文化现象"。它是指人类文化中优秀的、健康的、先进的、科学的部分。

在社会生产生活中，人类、民族和人群会形成一定的价值观念、思想符号以及道德和行为规范，这即为文化。在人类文化中，人的价值观念是整个文化的核心，它深刻地影响着其他方面的形成和发展；信息符号是文化的基础，它不仅实现了信息之间的沟通，还在一定程度影响了文化的发展和继承；行为和道德规范以及法律法规方面的内容则也是人类文化的重要内容，它起着规范和制约的作用。在人类不同的发展时期，人类文化具有不同的发展特征，文艺复兴时期的特征表现为人们给予人文以高度的重视。人文是人类文化中最为核心的部分，是价值观念和行为与规范方面的内容。作为一种先进的思想，人文思想体现了尊重、重视和关爱他人等多方面的内涵。

2. 人文分类

人文可分为：教育、文化、历史、法律、艺术、美学、国学、哲学，具体如下：
教育：科学、学术、素质（礼仪素养品德）。
历史：中国、外国、世界。
文化：文学。

艺术：美术、电影、音乐、神话。

社会：人权、法律、政治、经济、军事。

美学：跨学科（艺术、伦理、文学、心理、哲学）。

哲学：思想、宗教。

国学：易学、诸子。

3. 人文精神

在我国的学术中，人文精神有着较多的运用，但对于人文精神的内涵尚不清楚，没有达成一个统一的观点，故在有关人文精神的学术讨论中各持己见。在一些人看来，由哲学、文学、伦理、艺术和历史等构建出来的人类精神世界的思想和知识领域就是人文，而人文精神就是在其中所体现出来的具有最高级意义的价值观念和行为准则。

王汉华在《"人文精神"解读》中对人文精神进行了研究和整理，并针对人文精神的概念提出了以下五层含义：①从科学的角度来看，人文精神是对科学、知识、真理的追求和探索；②从道德的角度来看，人文精神就是对道德信念、道德人格、道德行为、道德修养的追求和看重；③从价值的层面来看，人文精神就是渴望和呼唤自由、平等、正义等重大价值；④从人文主义的层面来看，人文精神就是尊重和关注人，就是期盼和高扬人的主体性；⑤从终极关怀的层面来看，人文精神就是反思信仰、幸福、生死、生存、社会终极价值等问题。

(二)现代人文精神对我国体育教学思想的具体影响

1. 传统体育教学理念的更新

在传统体育教学发展和改革的过程中，生物体育观是其基础。在新的历史时期，我国在人文体育观念的影响下，在教学改革中出现了"学习领域目标""课程目标"等一些新的概念。在教学过程中，对教学目标也进行了多方面的层次和类别划分，确立了"身体健康"和"运动技能"两个最为基础的目标，并且在此基础上确立了"心理健康"和"社会适应"等多方面的新的目标。

20世纪以来，我国教育与意识形态和政治之间具有较为密切的关系，在商业化不断发展、实用主义逐渐盛行的社会背景下，我国大学进行了人文教育与科学教育两种观点之间的论战，在很长一段时间内，科学主义主导了我国的大学教学。在科学主义的影响下，大学教学呈现出科学至上的原则，并且政治化和意识形态化也较为严重。科学主义膨胀造成人文精神的萎缩,造成在教学过程中,人文性逐渐缺失,人文精神缺失也成为我国社会的一大弊病。

在体育教学改革过程中,随着课程改革的深化进行,人文精神逐渐在回归。在开展大学管理、教学等方面的活动时,僵化的行政观念模式正在逐步松动,并且处处体现着人文关怀的印记。在教学过程中,体育课堂从教师示范、学生学习与练习的循环中解脱出来,并将其他所需要达到的目标穿插其中,从而让教学环境变得更加生动,学生也容易接受。

2. 对课程体系进行调整

在体育教学改革中,课程体系改革是其重要的方面。通过课程体系方面的改革,能够使得教学内容更加丰富多样,还能够更好地满足社会发展和学生进步的多方面需求。但是,在体育教学实践过程中,在设置相应的教学课程时,学校多有不当和不足之处。在学校教学过程中,为了赶上教学进度,很多学校都会牺牲体育教学的时间,用来进行其他学科的学习。并且,在教学过程中,体育课的上课时间也并不好,很难满足学生的体育锻炼需求。

体育教学中,在人文思想的影响下,上述的一些教学中的问题得到了明显的改善。学校在设置相应的体育教学课程时,开始考虑学生的各方面需求,并且在课程中逐渐将学生作为课程中的主体。学校在进行教学内容和课程体系设计时,更加注重学生的个性和性别特点,并且开始根据学生的身体素质水平来提供丰富多彩的、供学生进行选择的体育教学内容。在体育教学过程中,教学工作者更加注重学生的身心发展规律,通过进行多方面的努力来提高学生的学习兴趣和学习积极性,使得体育教学的效果得到了进一步的提高。

3. 教学方法的优化

在体育教学改革中,对体育教学方法的改革是其重要内容。在人文主义思想的影响下,体育教学过程中,通过多种形式的改革,改进体育教学的手段,并且培养了学生的人文精神。作为人文体育教学的重要组成部分,学生在体育教学过程中要得到全面的发展,这需要教育工作者对学生的素质教育给予高度的重视。

在教学过程中,在人文主义教学思想的影响下,教学方法不仅进行着优化和发展。教师在人文教学实践中,通过不断创造和探索生动有趣的教学方法,使得学生能够在教学过程中真正体会到体育运动的快乐,并且能够在运动过程中感受到其乐趣和独特魅力,形成终身体育思想。

学校在对原有体育教学课程内容进行改革的过程中,运动场馆和运动设施逐渐得到了发展和完善。体育运动场馆和设备是教学必不可少的工具,通过多方面的建设不仅能够使得学生更好地进行体育运动,还能够使其深化理解体育教学中的人文主义精神。

4. 构建科学的高校体育教学评价体系

在人文教学思想的影响下,教学评价体系逐渐发展和完善。新的评价体系不仅注重对学生进行全面的评价,还注重对教师教学方面的评价。在教学过程中,评价者开始注重"区别对待"的原则,针对教师和学生的不同情况进行相应的评价。

教师在对学生的学习效果进行评价时,逐步开始重视对多方面的教学效果进行量化分析,并且将定性评价和定量评价相结合,大大提高了体育教学评价的科学性,对于学生认识自身的不足以及获得学习的动力起到了良好的促进作用。

在对学生进行评价时,将不仅仅局限于其对技术技能的掌握情况,更加注重对其创新能力、学习态度、意志品质等方面进行综合的评价。学校在构建相应的评价体系时,不仅注重其科学性和可操作性,更加注重在评价过程中体现多方面的人文关怀。在每堂课完成后,体育教师都要及时追忆每一位学生的出勤情况及所有隐性情感的表现,做出较为客观的记录和评价,并善于通过学生在学习过程中的表现来考察学生的情感态度的变化和进步程度,并将学生情感的评价结果作为重要的素材,来保证学习效果评价的合理化和科学化。

5. 加强校园人文环境建设,营造良好的体育教学氛围

在体育教学过程中,良好的教学环境是取得较好的体育教学效果的重要保证。因此,在教学过程中看,应加强学校的人文环境建设,营造良好的教学氛围。

人文环境建设并不是仅仅是学校的体育场馆和运动实施等方面的建设,还包括学校的体育文化建设,使得学生能够积极主动参与到学校组织的各项体育运动之中,并且能够全身心地投入。体育运动文化的建设是一个长期的过程,在这一过程中,学生不自觉地受到了感染和熏陶,从而认可和接受相应的体育运动文化。高校校园人文环境的建设,能够更好地营造出体育教学的人文氛围,更好地来加强和促进人文精神的培养。

6. 加强高校体育教师队伍建设,提高教师人文素质

在高校体育教学过程中,体育教师对学生产生了更为直接的影响。换句话说,要想贯彻好体育教学中的人文精神,体育教师是关键因素。如果体育教师不具备较高的人文素质,就无法培养出富有人文精神的学生。在教学实践中,无论是体育教师的形象、口才,还是其所具有的知识基础、专业水平、人格力量、道德修养等,都对高校学生人文精神的养成产生了直接或间接的影响。因此,不可否认的是,高水平师资队伍的建设是培养学生人文精神的前提条件,加强体育教师的专业素养与人文素质,不断更新知识,这些正是将人文精神融入体育教学中的关键。

人文思想对学校体育有着深入而透彻的影响,同时也是一种挑战。所有真知都来源于实践,作为体育教育工作者,要想形成一套切实可行、较为科学的课程体系还有很长的路要走,必须进行观念上的转变,树立以人为本的现代体育观,迎接人文体育时代的到来。人文体育的根本是对全面健身的充分认识,而学校体育便是推进全民健身的火种。

第三节　体育教学思想的整合与引领

纵观我国整个体育教育发展史,我国体育教学思想受外国教育思想的影响较大,如捷克夸美纽斯“大教学论”教育理论、英国洛克“绅士教育”、法国卢梭“自然教育”、瑞士裴斯泰洛齐“和谐发展课程”、英国斯宾塞“科学教育”、美国杜威“儿童中心思想”等,进入到 21 世纪以来,瑞士皮亚杰“建构主义”、美国加德纳“多元智力”、法国米歇尔·福柯和雅克·德里达“后现代主义”等,都对我国的体育教学思想产生了重要的影响,在我国,康有为、蔡元培、梁启超、严复等学者的教育思想也占有一定的地位。由此可见,我国的体育教学思想呈现出“百花齐放、百家争鸣”的局面,但其中的大部分思想都很不统一,欠缺一定的科学性和系统性,因此,对我国体育教学思想的整理就显得尤为必要了。

一、体育教育思想整合对我国体育教学的影响

(一)国外体育教学思想的整合

通过对我国体育教学发展的研究发现,中国体育教学发展史是移植、吸

收、内化国外教育理论,并不断进行中外文化交融,实现中国体育教学学科现代化、科学化的历史。通过对国外教育思想的整合与研究,不仅可以帮助我们更好地了解国外先进的体育教学思想,同时也能帮助我们更深刻地了解中国体育教学现代化演进的脉络和发展现状,从而为我国体育教学的发展奠定坚实的基础。

国外体育教育理论与思想的引入,对我国体育教学的发展产生了积极的影响和作用,但也存在着一定的局限性。因此,我们在探索与研究中国体育教学思想的发展过程中,要采取辩证的眼光看待国外教育理论与思想的引入,既不能全盘否定,又不能照搬照抄,而应取其精华去其糟粕,对其进行扬弃式的吸收,这样才能更好地促进我国体育教学的发展。

(二)我国体育教学思想的整合

近代以来,我国著名的思想家有很多,他们大都接受过外国教育,因此,他们的思想大多是中外文化结合的产物,研究这些思想家的教育思想对我国体育教育的发展具有重要的意义。然而实际上对这些思想家的研究,基本上都是零星式的,缺乏一定的系统性,没有形成一定的研究体系。因此,综合研究、系列研究、比较研究他们的教育思想、体育思想对于我国体育教学的改革与发展具有极为重要的作用。

二、加强国外与我国体育教学思想之间的融合

受主客观等方面因素的影响,国外与我国体育教学思想之间存在着较大的差异性,因此,比较与融合中外不同的体育教学思想,指出二者之间的差异性非常有必要。通过对比,我们既要吸收外国体育教学思想中优秀的部分,又要摒弃其糟粕;既要总结我国体育教学优秀的思想,也要放弃不合时代的内容,同时还要比较中外文化背景差异性,比较中外体育教学思想的共性与差异性,从共性中寻找结合点,从差异性中寻觅不同的功能,把中外体育教学思想有效地整合起来,从而促进我国体育教学的发展。

三、深入研究体育教学中存在的各种矛盾

在体育教学中存在着各种矛盾,如何采取恰当的方法处理这些矛盾是保证教学工作顺利开展的关键。在体育教学中存在的主要矛盾有传授知识(运动技术)与掌握技能之间的矛盾,学生身心发展的矛盾。

首先,在体育教学中存在着传授知识(运动技术)与掌握技能之间的矛

盾。一般来说,运动技能的形成具有自己特定的规律,但是需要传授的运动技术(教材)却很多。因此,在教学实践中存在着大量的低水平重复或者是学而不会的现象,究其原因是因为在教学设计过程中没有遵循运动技能形成的规律,教材选用的不合理,教学方法不恰当,考评标准不合理等,导致最终的结果是学了体育十余年,真正掌握的运动技能"百无一会"。那些运动技能掌握情况很好的学生并不是在体育课上学会的,而是在课外凭借自己的兴趣摸索与锻炼学会的。因此,正确处理掌握知识与运动技能之间的关系,需要转变旧有的思想观念,将这一理念贯彻在实际教学中。

其次,在体育教学中还存在着身心发展的矛盾。身心发展观是坚持一元论还是二元论,是一个哲学与世界观的问题。我们在体育教学理论与实践研究中,往往会有所偏颇,体质论学派长期坚持身体发展论,认为体育教学的重点应该是发展学生的体质。目前有的学者又大力提倡体育教学发展学生的心理与社会适应能力方面的功能,把心理发展推到体育教学功能的前台,这些都是不合理的。对于体育教学而言,身心发展是一元的,学生的身体与心理都需要借助运动技术传习这个手段实现和谐发展的目标。我们只有秉持这个思想与理念,体育教学理论与实践研究才不会走偏。

第三章 体育教学内容的革新与发展

体育教育内容是实现体育教学目标的重要手段。因此它在体育教学当中扮演着无可替代的角色,没有内容任何教学都是空谈。所以,体育教学内容的革新与发展在体育教学改革当中起着举足轻重的作用。本章将从体育教学内容的基本理论、层次与分类、编排与选择以及发展研究等方面对体育教学内容的革新与发展进行深入地探讨研究。

第一节 体育教学内容的基本理论

体育教学内容与体育教学当中的其他要素一样,都需要一套坚实的理论来进行支撑,本节将从体育教学内容的起源、概念、特点等方面来对体育教学内容的基本理论进行详细地阐述。

一、体育教学内容的起源

跟教学中所有的内容一样,体育的教学内容也是伴随着社会和教育事业的快速发展而茁壮成长的,但是相较于其他学科的教育内容,体育教学内容的体系的形成时间相对较晚,直到近现代时期,我国的正规体育教育内容逐渐形成了相对清晰的轮廓,发展才开始逐渐明朗起来。

在我国,春秋时期,孔子所倡导实施的"六艺"当中的"射"和"御"通常被认为是体育教学当中最早的内容,但"射"和"御"从实质上来说,只是一种实用技能的传授,这种性质与现代的体育教学中的"身体教育"和"体育教学"相比,从根本的意义上来讲区别还是非常明显的。放眼全世界,在各国的古代教育中我们同样能够找到类似的体育教学内容的痕迹,而这些都成为近代体育教学内容的基础,对各国体育教学内容的形成产生了巨大的影响,使每一种体育教学内容都存在自身独有的特点,所以他们对当今体育教学内容发挥了不可忽视的作用。不过从根本上来说,当代的体育教学内容,无论是其基本体系,还是其格局的完成,对它起的作用最大的还是近代学校的出现以及近代教育的发展,这是当代体育教学内容的基石。

近代的体育教学内容的起源主要包括以下几点。

（一）体操与兵式体操

公元前 7 世纪左右的古希腊就已经以指导青少年和市民参加竞技的职业,同时,营养摄取和医学的知识得到了发展。公元前 5 世纪时,又出现了"体操术"和"体操家"等的类似叫法。尽管这些体育教学内容的分类并不是十分明确,但从实际上来讲,在体操术中包括了竞技体操术作为参加竞技比赛的训练而存在,而医疗体操术则与今天的运动疗法和保健运动极其类似,教育体操术就相当于体操教学内容,总共包含以上三大类。这种"洋操"随着近代殖民主义的发展,漂洋过海,日益发展壮大起来。在这些体操术中影响力最大的是德国和英国的兵式体操,体操的主要内容包括队列、刺杀、托枪射击、战阵和战术一系列的要素。这种兵式体操在后来与近代北欧国家的器械体操相结合,从而形成了近代学校体育教学中体操类内容的主要部分,在今天,世界上许多国家的体育教学内容当中,体操都还占据着重要的位置。

（二）游戏和竞技性体育运动

世界各国当中,近代类型的学校出现之前,在社会上和古代学校中就能找到游戏的影子,比如欧洲的骑马以及投圈活动。随着时间的逐渐发展,这些游戏由于市民体育的发展也发展得更加完善,从而形成了体育运动的雏形。随着时代发展,工业革命到来,进入工业时代后,以英美等国的体育游戏发展而来的近代新兴竞技体育开始火速流行,其中主要包括足球、棒球、橄榄球、篮球、网球、排球、乒乓球、板球、羽毛球等广受人们喜爱的体育运动,除此之外,从走、跑、跳、投等人体基本活动能力组成的田径运动也飞速发展。这些新出现的现代竞技运动,随着西方殖民运动的兴起和教会学校的遍及全球而渐渐流传到世界的每个角落,并且在全世界的学校这都成为体育课的主流内容。竞技体育由于其娱乐性和健身作用,受到广大学生的喜爱,所以在体育教育中,竞技体育项目占到很大的比例,内容也相当丰富。

（三）武术与武道

古代的学校的体育通常是针对武士来教育的,在当时的体育教学内容当中,实用的军事性技能是最主要的部分,比如我国春秋时期教育当中的"射"和"御",再如中世纪时期欧洲的"骑士教育"中的射箭、剑术等内容,在类似的历史阶段内,其他东方国家教育中的各种冷兵器训练以及一些徒手防身术的内容也可以归到这一类当中。这些内容发展至今,形成了在现在体育内容中"武术"和"武道"的基础内容。现代军事对人的身体素质的要求远不及冷兵器时代,所以这些技能的军事用途大打折扣,因此其存在的意义更多是健身和精神修炼的方面,源自这一方面的体育教学内容包括诸如我国的武术、摔跤,日本的柔道、弓道、剑道,韩国的韩式相扑、跆拳道等。这些项目在精神修炼和意志培养等因素上有着独特的功能,所以也非常受欢迎,这些因素使得这些项目能够在体育教学内容当中找到自己的一席之地。

(四)舞蹈与韵律性运动

体育舞蹈来源于古代社会中的祭祀活动和举行的各种礼仪,在现代也是广大青少年喜爱的体育运动形式,早在唐代甚至更早的时候,我国敦煌壁画当中就呈现了我国先民在户外进行集体舞蹈的画面。在全世界其他地区的文化中,舞蹈同样是各民族非常喜爱的活动之一,现代的学校体育教学内容当中,体育舞蹈的出现也是很早的。与舞蹈非常相似的韵律性体操项目随着瑞典近代提出体操的发展而逐渐兴盛起来,这样的运动既追求美感又有着非常好的锻炼效果,在韵律体操的基础上,后来逐渐诞生了艺术体操、健美操等运动。而在体育教学内容中舞蹈也逐渐分成了民族舞蹈、创作舞蹈、体育舞蹈等一系列的形式内容。

舞蹈和韵律性体操有着陶冶身心、培养美感和节奏感等许多独特的功能,所以在体育教学内容当中也占有很大的比重,并且广受学生欢迎。在世界各地的体育教学内容中都有这部分内容的身影。

总地来说,以上的几大类内容是现代体育教学内容的来源。各国体育教学内容当中以上内容的比例以及受重视的程度不同,但以上几类的内容大多都是囊括其中的,除此之外,诸如游泳、登山、野营、滑冰、滑雪等户外运动也非常受欢迎。从上述对主要体育教学内容的由来与发展的简述中,我们可以看出体育教学内容的起源不同所以有着以下几项特点。

(1)体育教学内容发展于多种文化形态,诸如军事、生产劳动、宗教和市民生活,因此,体育教学内容因起源不同而带有不同的特点和功能,人们对其价值的判断也必然受到对原始形态认识的影响。

(2)体育教学内容非常庞杂,内容之多远超过其他学科,新的内容还会陆续出现。

(3)体育教学内容之间没有什么相互联系和清晰的逻辑关系,基本上是一种平行的关系。

(4)同一内容在不同的时代,被赋予的教育任务有较大的差异。

这些特点对于理解体育教学内容的特性和进行体育教学内容的筛选和

教材处理都是很重要的。

二、体育教学内容的概念和含义

（一）体育教学内容的概念

体育教学内容，就是以达到体育教学目标为目的，而进行的体育知识和技能体系等方面的选择和运用。

体育教学内容在体育教学实践中作为教师教与学生学的实践材料而存在，它的选择，是教育者根据教育的一系列要求，通过对前人体育和教育实践经验进行综合的总结，按照教育原则，进而从丰富的体育技能理论当中精挑细选而来的。教学内容在教师与学生中间扮演着中介和媒体的角色，决定着教师和学生之间的信息交流。体育教学内容对于体育教学方法和教学手段同时是起到制约作用的，同时也决定着体育教学的效果和目标实现的程度。

（二）体育教学内容的含义

体育教学内容具有以下两个方面的含义。

1. 体育教学内容有别于一般的教学内容

第一，体育教学内容是在依据体育教学的目标选择的基础上，根据学生身心发展的规律以及需要，在教学条件的允许下精心挑选和加工而来的体育内容。

第二，体育教学内容是以大肌肉群的活动状态进行的体育教育内容，主要的形式有运动技术学习和教学比赛以及理论讲授等。

第三，体育教学内容的传授依赖于某种特定的体育教学条件。

2. 体育教学内容往往区别于竞技运动的内容

第一，体育教学内容存在的目的是进行教育，而竞技体育运动的内容的目的则是娱乐和竞技，并不是进行教育。

第二，体育教学内容在成形之前必须根据教育目标的需要而进行一定程度的改造和编排，而竞技运动内容则可以理解为更加单纯的体育。

体育教学内容从形式上来说，跟其他学科的教育内容相比是有很大的区别的，体育教学的内容虽然从来源上讲是娱乐和竞技等方面，但却与其本身在体系上就有非常多的不同之处。这些特点使得体育教学内容拥有独特的特质,并且在教学内容中处于一种独特的地位,同时也说明体育教学内容从选择、加工以至于教学当中,相比于其他教学内容都更加复杂。

(三)体育教学内容的意义

体育教学内容最大的意义就是能最大程度上帮助体育目标实现,在教学活动中体育教学内容是重要的要素,而要实现教学的目标,体育教学内容也是不可或缺的条件,体育教学内容当中的每一个步骤都使得体育教学目标更加接近于实现。

在体育教师进行教学的过程中,体育教学目标是其执行教学方案的直接依据,因此体育教师对这方面内容的掌握和了解必须深入,只有做到这点体育教师的工作才是合格的。同时随着社会的发展体育教学的要求不断地提高,体育教学内容决不能一成不变,受限于特定时期内人的认知能力是有限的,所以随着时代的发展体育教师对于体育教学内容的钻研学习必须是持续的。体育教师不断钻研学习教学内容的过程就是教师自身提高的过程。

体育教学内容必须要经过对学生的身心发展特点和已有体育水平进行研究的基础上才能进行选择和确定,所以从身心发展方面,体育教学内容应该起到进一步的积极促进作用。需要指出的是,这种积极作用要想从理论转变为实践,那么必须由体育教师进行细心的指导,这样教学内容才能发挥最大的作用。这就要求体育教师能够循循善诱,将制定编选的教学内容非常完美地转化成学生发展所需的内容,使其真正感知到这是必需的,这样教师的教和学生的学才能真正融汇到一起,促成师生双方的共同进步。

综上所述,体育教学内容的科学的合理的选定非常有益于学生在体育课程当中的学习,同时强身健体,在体育方面养成良好的习惯,使学生德才兼备,并且不失个性。

三、体育教学内容的特点

(一)运动实践性

体育教学内容最大的特点是其主要构成是体育运动项目以及相关的身体练习,所以其实质上是身体运动的一种实践,而其他教学内容都不具有这种特质。相关学者的观点认为,体育教学内容"是以有关身体运动的学习和身体运动的技能形成为主要培养目标的内容;是以运动为媒介,以大肌肉群的活动状态进行教育的内容"。体育教学内容的学习并不单单是学生大脑思维的活动,学生不光要对内容进行理解,并且要在实际上来进行运动学习以及身体练习,在这一过程中,要通过运动中的肌肉本体感觉的形成与动作的记忆,来判断学生是否真正掌握了教学内容,因此在体育教学内容中,学生的学习是要将思维和行为联系起来的。所以体育教学内容的学习尤为强调练和做等实践行为。

（二）健身性

从广义上来说,体育的功能就是增强体能、增进健康。体育教学内容的学习,从过程上来讲,实际就是学生对一定的体育知识和技能学习,并同时进行一定的身体练习的一个过程。学生进行身体练习的同时必然将会承受相当的运动负荷。体育教学的主要目的,就是通过对身体练习的运动负荷量以及强度进行合理的安排,通过一定的手段加以调控,从而使学生的体质得到增强,变得更加健康。体育教学内容对于学生增强体质、增进健康的作用,在所有的教学内容中是不可取代的。

（三）娱乐性

体育教学内容的主要来源是体育运动项目,体育运动项目大多具有很强的运动性以及竞技性。同时,体育运动项目也具有相当的趣味性、娱乐性的特点,所以体育教学内容不可或缺地要有一定程度的趣味性与娱乐性。体育教学内容的学习方式是往往运动学习以及运动比赛,只有在这一过程中体育教学内容才能得到真正的体现,这些运动之所以具备乐趣,就是源于运动学习和运动竞赛过程中存在的诸如竞争、合作、表现欲等一系列的心理过程,在这些心理过程中就能够体会到很大程度上的乐趣,学生对运动的新的体验和学习的成就感也会加强乐趣。除此之外,运动的环境、场地、比赛规则、比赛形式等的变化和加工方面也能够体现体育教学内容的娱乐性。学生在教师的领导下钻研体育教学内容时,不可缺少的动机之一就是对运动乐趣的追求,所以在追求运动乐趣的过程中学生就会得到一些从别的教学内容当中无法习得的体验,从而在情感上获得深刻而丰富的陶冶,达到愉悦身心的目的。

（四）人际交往的开放性

体育教学内容的主要形式是集体活动,并在集体的基础上进行的运动的学习和竞赛,运动的进行方式与其他教学内容不同,往往是进行时空的变换。因此,在体育教学中对运动的学习、练习和比赛当中学生之间有着非常频繁的交往和交流,所以相比其他学科的教学内容,体育教学内容在人际交往的方面,具有更明显的开放性。体育教学内容正是由于人际交流的开放性,并以此为基础而体现出其对集体精神、竞争精神进行协同培养的独特功能,这样在体育教学内容的学习过程中,老师与学生之间、学生与学生之间的关系能够更加密切开放,在教学内容以小组为单位进行时,组内的分工也得以更加的明确清晰。体育教学内容的学习过程中,学生、老师在角色变化上相较其他学科更多,因此体育教学内容能够帮助学生在社会适应能力上更强。

(五)非逻辑性

体育教学内容相比于其他学科教学内容不同的地方体现在,体育教学内容往往不存在一般学科教学内容之间清晰的由易到难、由简到繁的阶梯性结构,在逻辑结构上,没有明显的从基础到高级的体系,体育教学内容的排列并不是直线递进式的,而是复合螺旋式的。体育教学内容的组成是众多的相互平行的、可以替代的运动项目以及身体练习,其中有着丰富的体育与健康的理论知识。这种特性使得体育教学内容在选择时的灵活性更强。

第二节 体育教学内容的层次与分类

体育教学内容是由某些层次而组成的,同时内容本身还分为若干个种类。对体育教学内容的层次和分类进行分析有助于更彻底地了解体育教学内容,从而为其革新与发展找到合适的道路。

一、体育教学内容的层次

体育教学内容的层次可以从宏观和微观两个层面来进行分析研究。从宏观层面来看体育教学内容包括上位层次(国家课程和教学内容)、中位层次(地方课程和教学内容)以及下位层次(学校课程和教学内容)三个层次。而从微观层面对体育教学内容进行分析则又包括第一层次(课程标准所规定的学习领域)、第二层次(课程标准所示的水平目标)、第三层次(教学硬件与软件)、第四层次(具体练习方法与手段)四个层次。下面就从宏观和微观两个层面来对体育教学内容的层次进行分析。

（一）宏观层面

根据我国相关部门的会议指示，决定对课程体系、结构、内容进行调整和改革，同时在基础教育课程体系的建立上运用更新的模式，试行国家课程、地方课程与学校课程。这些指示说明我国的基础教育课程模式将从单一的模式而转向多元化的发展。因此以这一基本思想为依据，从宏观层面来对体育教学内容的层次进行划分可以分为以下三个。

1. 上位层次——国家课程和教学内容

在体育教学内容当中，其上位层次就是国家课程和教学内容。这些上位层次的内容是经由国家的教育相关部门规划制定的统一课程以及教学内容，这些内容充分符合国家意志，能够使学生在接受基础教育之后应该达到我国的共同体育素质，在体育方面成为一个合格的公民。国家在体育课程和教学内容的开发方面，依据通常是不同教育阶段的性质与培养目标，通过这些因素对体育课程标准等方面进行制定，从而编写出符合实际的教学内容。这些因素在我国基础教育体育课程框架中是作为主体部分而存在的，无论是涵盖的内容还是占的课时比例，地方课程和学校课程的内容和课时比例相比都是数量最大的。所以它决定着我国基础教育的体育教学质量的好与坏。

2. 中位层次——地方课程和教学内容

地方课程和教学内容在体育教学内容中被归类到中位层次。地方课程和教学内容是在国家规定的各个教育阶段的体育课程内，由省一级的教育行政部门或授权的教育部门根据当地的政治、经济、文化、民族等发展的需要而开发的体育课程和教学内容。这部分体育教学内容能够充分地利用地方体育教育资源以及体育基础教育的地域特点，同时还能够增强体育课程和教学内容的地方适应性，这些都具有非常重大的意义。

3. 下位层次——学校课程和教学内容

学校课程和教学内容在体育教学内容的层次划分当中被分为下位层次。这一层次的体育教学内容的主体是学校教师，在对国家课程和教学内容、地方课程与教学内容进行实施的基础下，以本校学生的特点和需求为依据，对当地社区和学校的体育教育资源进行充分利用，同时符合学校的办学思想，以此为依据而进行多样性的、可供学生选择的体育课程和教学内容的开发。学校课程和教学内容的开发的依据主要来源于国家教育部门和地方的政策,其特点为以学校为主体和基地,对学校师生的独特性和差异性有着充分的尊重和满足,特别是使学生在国家课程与地方课程的教学内容中难以满足一部分发展,能够在这里得到更好的补充。

上述三个层次的体育教学内容的建设是由国家、地方、学校共同完成的,这三个层次的职责不同,所以其所涵盖的范围和在教学当中所占的比重也有所不同。

(二)微观层面

课程的实现以教学内容为载体,根据教学内容论的观点,教学内容是包含多层意义的,从微观层面来看,根据教学内容的具体化的程度,体育教学内容的微观层次包含以下四点。

1. 第一层次

微观层面的第一层次即为体育课程标准所示的学习内容,以体育与健康课程标准规定为例,运动参与、运动技能、身体健康、心理健康、社会适应这五个学习领域即是从这一层次而进行的分析。这种分析实际上是活动领域的一种表述,并非常规意义上的体育教学内容。

2. 第二层次

第二层次详细来说就是第一层次形式上的具体化。从某种角度来分析,第二层次属于能力目标分析,同样并非常规意义上的体育教学内容,具体事例如体育与健康课程标准明示的水平目标:获得运动的基础知识,说出所做简单运动动作的术语(转体、侧平举、体前屈、踢腿等)。

3. 第三层次

在这一层次中指的是教学中需要具体运用到的硬件与软件等物质设施,也就是说属于普遍意义上的教学内容教具,比如篮球、足球、体操、武术等运动项目,以及与这些项目相关的场地器材。这一层面是常规意义上所说的体育教学内容。

4. 第四层次

这一层次指的是具体的练习方法手段,即某项教学内容下位的具体教学内容,比如一项运动的具体练习教学内容,游戏教学内容以及认知教学内容等一系列拆分开来的教学内容。

二、体育教学内容的分类

(一)体育教学内容分类的基本要求

体育教学内容与其他教学内容的区别很大,体育教学内容通常来说在属性与功能等方面有着多样化的特征,因此要对体系庞大丰富多彩的体育运动项目及其身体练习的分类追求合理性和具体性,具体需要符合以下几点要求。

1. 符合教育价值取向

体育教学内容的分类是随着社会和教学需要的发展而处在不断的变化当中的,并没有哪一种体育教学内容的分类是一成不变的。所以体育教学内容在分类上应当遵循一定的变化规律来进行。

2. 服务于体育课程目标

体育教学内容在实现体育课程目标的过程中是重要的手段,因此,体育教学内容的分类必须要考虑到能否有效帮助体育课程目标的实现。体育教学内容往往是多功能的,所以对体育教学内容进行分类,必须注意到每一个体育运动项目或身体练习有什么特点,主要的功能是什么。

3. 符合学生的身心发展规律

在不同年龄的学生当中,在生理上以及心理上两方面的阶段性特点都非常的鲜明。因此对体育教学内容进行分类时,学生的特点是必须纳入考虑范围的,以小学低年级的体育教学内容为例,在这一阶段体育教学的运动技能的目标主要是对学生的基本活动能力进行发展。因此在学生的这一阶段往往比较适合采用以基本活动能力与游戏来进行分类,如此做对于发展小学生的基本活动能力以及对小学生在体育兴趣方面的培养是非常有利的,从而使学生未来接受体育教育产生积极的影响。

4. 有利于体育教学实践

对体育教学内容进行分类时还需要贯彻为体育教学实践服务的理念。对体育教学内容进行具体分类时,更重要的是对体育教学实践中体育教师对体育课程内容的选择与安排更为方便有利。体育教学内容的分类不但要合理,而且必须符合科学规律,分类的正确与否将交由实践来进行验证。

5. 应与体育教学方法和体育教学评价方法相联系

体育教学内容的分类应当做到与体育教学方法和评价方法能够相互呼应而形成一个系统，从而成为一个整体，这样对体育教学的评价也将十分有利，也就是说，进行体育教学内容分类时，系统观念是必不可少的。

（二）常见的体育教学内容分类方法

体育运动项目的种类数不胜数，所以体育教学的内容也随之非常的丰富。因此安排体育教学内容的分类时，根据哪种逻辑进行分类成了重点问题。对体育教学内容进行合理的分类能够使教师和学生对于体育教学内容的认识更加深刻，在此基础上符合教学的目标。大多体育教学内容之间的关系是平行的，并没有过多的纵向逻辑关系，加之体育教学内容往往是可替代的，因此在体育教学内容的分类当中，争议还是比较广泛的。目前，体育教学内容的分类方法大致包含以下几大类。

1. 根据人体基本活动能力分类

以人体的基本活动能力为依据进行，也就是根据人类具有的走、跑、跳、投、攀登、爬越、钻、负重等基本活动能力，从而对所有的运动项目、身体练习按照这一标准进行分类。

这种分类能够有目的、有针对性地对学生的基本活动能力进行培养，并且不会受到正规的体育运动项目条框的限制。所以，这种方法在有利于组合教学内容的基础上来对学生的各种身体动作和发展基本活动能力进行发展，所以这种分类模式对于低年级的学生比较适合。但这种分类在学习掌握体育运动技能、发展体能等方面的局限性比较强，对于高年级学生来说其要求往往无法满足，容易使高年级学生缺乏对体育运动的动机。

2. 根据身体素质分类

体育教学的主要目标之一就是帮助学生增强身体素质。根据身体素质进行分类，可以将速度、力量、耐力、灵敏、柔韧，或者根据与动作技能相关的体能分为速度、力量、灵敏、协调、平衡、反应等，也可以根据与健康相关的体能将身体素质分为心肺耐力、柔韧性、肌肉力量、肌肉耐力、身体成分等，将这样各个不同运动项目的身体练习进行完全不同的分类组合。

运用这种分类方法在提升学生的身体素质时可以有着更加突出的针对性，对于使学生正确认识各种体育运动项目与身体练习以及对体能的发展相当有利，同时还能够有目的、有针对性地使学生的体能获得非常大的进步。但其中的弊端是,在体育运动项目当中,许多项目并不是以提高某一方面身体素质为前提的,因此对待这类项目时这种分类显得比较模糊,而且这种分类在学生对体育教学内容的文化特性的认识上可能将学生带入误区当中,可能使学生忽视了体育运动的文化方面的认识。

3. 根据运动项目分类

根据运动项目进行分类在体育教学内容的分类中是最常见的分类方法,它是按照各个运动项目的名称和内容而进行具体的系统分类的,大致可以分为球类、体操、田径、武术、体育舞蹈、冰雪运动、水上运动等,对各式各样的运动项目分类特点加以详细的划分。

这种分类对于分析了解各个体育运动项目的特点,而后再进行教学是特别有利的,因为这种分类和通常意义下的竞技运动的分类相一致,在各个方面都更加容易理解,对于学生掌握并理解竞技运动文化具有非常大的帮助。但是这种分类方法将导致一些在教育上可能有突出作用,但并没有被列入正规体育比赛的项目当中的一些运动项目而忽略,而且即使在正式比赛的项目当中,也可能由于规则、技能等方面具有相当高的水平,对于学校体育教育并不相符,所以如果将其纳入体育教育内容当中必须进行一定程度上的改造,但经过改造后,这类教学内容往往会与本来的运动项目出现非常大的差异,所以在内容上更加难以判别,对学生在运动项目的理解和掌握上造成非常大的影响。

4. 综合交叉分类

综合交叉分类是一种将基本部分与选用部分、理论与实践教学内容、各项运动的基本教学内容与提高身体素质练习教学内容等相互交叉的综合分类方法。

综合交叉的分类方法能够准确地将不同学生的不同年龄阶段身心发展特点和对学生学习的基本要求反映出来,对达成体育教学的目标有非常突出的作用,在有助于保持运动项目的固有特点和系统性的基础上,同时增强学生进行身体锻炼的实效性,从而在体育教学内容的运用上使运动项目的技术和学生身体素质的练习同时发展,相互配合。但是这种分类方法往往无法用同一标准进行衡量,因此对于事物分类的基本原则是一种违背。

5. 根据体育教学目标分类

根据体育教学的目标进行分类,在体育教学内容的分类方法中比较常见。这种方法的依据是人们赋予的体育教学所要达到的目的。比如在进行掌握体育运动技能的练习、发展体能的练习、掌握科学锻炼方法的练习、提高基本活动能力的练习、提高安全意识与能力的练习、发展学生心理素质的练习、提高学生社会交往能力的练习的时候等。

根据体育教学的目标进行分类,能够使根据多种目的的身体练习进行人为的规定得以实现,这种方法能够使教学内容具有更加明确的目的性和教学方法,同时对于打破陈旧的、以竞赛为目的的教学内容编排体系非常有利,从而保证学生学到足够的竞技运动的知识和内容。

6. 根据体育的功能分类

根据我国体育课程相关的文件,以三维健康观、体育的本质特征、体育与健康课程等五个领域的目标为依据对体育课程的内容体系进行了重新构建,体育教学内容被划分为运动参与、运动技能、身体健康、心理健康以及社会适应五个方面。

第三节　体育教学内容的编排与选择

在运用体育教学内容的过程中,如果对教学内容不尽合理地编排,并且教学过程中对教学内容不加以挑选,那么教学的进行将会变得杂乱无章,并且浪费很多时间在无用的内容上。因此在运用体育教学内容时对其进行编排和选择就显得非常重要。

一、体育教学内容的编排

体育教学内容的主要的编排方式包括直线式排列和螺旋式排列,同时还包括以上两者综合在一起而得到的混合型排列方式。在历届的教学大纲当中,关于直线式排列和螺旋式排列所能够运用的教学内容,往往只是模糊地说明一些锻炼身体作用大的教材是适合用螺旋式排列来进行编排的,而对于适合于直线式排列的体育教学内容却丝毫没有提及。

因此,与体育教学内容编排的理论相关的研究仍存在以下问题。

(1)并不是仅仅有锻炼身体作用大的教材才适合于螺旋式排列的编排方式。这是由于一些兼具难度和深度的教学内容,并且总是要求学生熟练掌握运动技能,这些教学内容对于螺旋式排列方式来说是更加适合的。

(2)对于适用于直线式排列的教学内容没有明确。迄今为止,所有的体育教学大纲都缺乏对这一问题的详细说明,提及最多的地方仅仅是说体育卫生的相关知识的编排适合用直线排列来进行。所以适用于直线式排列的编排方式的体育教学内容,成为在体育教学内容编排理论当中的一大盲区。

(3)对直线式排列和螺旋式排列当中单元的区别缺乏明确的说明。以下列为例,每学期 3 课时"螺旋式排列"、一次 3 课时"直线式排列"和一次 30 课时"直线式排列"的教学内容,对于教学计划的安排以及产生的教学效果一定是非常不同的。假如进行编排时选用排列方式的比例没有影响,编排理论中所说的螺旋式排列和直线式排列这两种排列方式的不同点究竟是什么。假如在体育教学内容的编排中并不存在这样的统一规定,那么,适合 3 课时"螺旋式排列"的内容包含什么,适合 30 课时"螺旋式排列"的内容又包含什么,适合 3 课时"直线式排列"或者适合 30 课时"直线式排列"的教学内容又是什么,这些问题是切实存在的,因此必须有一个合理的说明。

教育科学出版社所出版的《体育与健康》一书中,对于体育教学内容的编排提出了以下理论。

体育教学内容的编排当中,存在循环周期的现象。这种循环是指,在同一教学内容当中,不同的学段、学年等范围当中进行的反复的重复安排就是循环周期现象。这种循环的周期有的是课、有的是单元、有的是学期、有的是学年,甚至有的循环是在某一个学段当中。以跑步为例,一节体育课上要进行 100 米跑,下一次课当中仍要进行 100 米跑就是以课为周期的循环。在一个学期内安排 100 米跑,在下一个学期内的课程上仍要安排 100 米跑就是以单元和学期为周期的循环。以此类推,根据以上理论,我国体育教学学者根据不同的内容性质而对体育教学的内容的编排分为以下四个层面。

(1)"精学类"教学内容——充实螺旋式。

(2)"粗学类"教学内容——充实直线式。

(3)"介绍类"教学内容——单薄直线式。

(4)"锻炼类"教学内容——单薄螺旋式。

以上编排方式在新课程标准中对体育教学内容的要求作出了很好的满足,并根据体育教学内容当中的自身理论,结合当前体育教学内容当中的各种情况的现状,创新地将各个方面的内容合理编排在体育教学中,所以在未来很长一段时间内,这种编排方式都将是非常实用的。

二、体育教学内容的选择

体育教学内容这一因素在体育教学当中非常重要,体育教学内容对整个体育教学活动的过程产生着非常大的影响。体育教学内容同时还将教师与学生联系在一起,促进学生和教师之间的信息交流。体育教学对于体育教学方法和教学手段通常起着制约的作用,这有助于体育教学目标与课程目标的实现。为了适应时代的需求,体育教学内容的选择必须要符合一定的依据,遵循一定的原则。

(一)体育教学内容选择的依据

1. 体育课程目标

体育课程内容在实现体育课程目标的过程中,是作为手段而不是目的而存在的。体育课程目标存在多元性的特征,体育运动项目和身体练习也具备可替代性的特征,这都使体育教学内容的选择变得更加多样性。所以选择体育教学内容时必须有标准可以依据。

体育课程的目标是对教学内容选择的重要依据,这是由于,体育课程目标在体育课程编制的过程中,在每一个阶段内都作为教学内容的先导和方向,所以它经过了多方专家的合理思考验证,对各个方面的影响都进行了认真合理的验证。因此,进行体育教学内容时,目标是必须遵循的,相应的体育课程目标对应着相应的体育课程内容。

2. 学生的需要及身心发展规律

选择体育教学内容时,学生的需要是必须要考虑的。体育教学以促进学生身心发展为目的,所以对体育教学内容进行选择的一个必要的因素就是学生对于体育的需要和兴趣,这对于有效的学习是非常重要的。学习需要学生的主动参与,而主动参与就是说,学生自身积极和努力是必不可少的。通常学生如果面对感兴趣的事情,那么其参与的动力就会大大增加,学习的效率也将倍增。这非常符合一些教育学者所提出的观点:如果学习是被迫的而不是学生出于兴趣而进行的,那么学习在某种意义上来讲可以说是无效的。调查结果也非常符合这一说法,那就是如今大学生虽然非常喜欢参与课外体育课程,但对于体育课却是兴味索然,最重要的因素就是教学内容缺乏趣味性。

学生对教学内容的接受程度取决于其身心发展规律以及特点,因此从这个角度来说,体育教学内容必须要使学生可以接受,并且感兴趣。所以进行体育教学内容的选择时,学生的特点就决定着教学内容当中的各项要素,绝对不能忽略学生的实际情况。

3. 社会发展的需要

学生的个体发展无法脱离社会的发展。因此,体育教学能够在健康方面为学生打下良好的基础,所以在进行体育教学的内容选择时,除了考虑学生本身的需求,社会现实发展的需求也必须被考虑进去。体育内容在选择方面不能够忽视学生走入社会后发展所必需的体育素质,所以体育教学内容必须能够满足学生在社会上发展当中各方面的需要。除此之外,体育教学内容必须做到与社会生活和学生生活联系在一起,这样才能让学生体会到它的作用,其功能得以实现,因此,体育教学内容的选择与社会实际相符是非常重要的。

4. 体育教学素材的特性

在体育教学内容的选择方面重要的要素就是体育教学素材,而它最大的特性就是并没有非常强的内在逻辑关系性,这种特性使得体育教学内容的选择无法完全按照难易程度和学生素质来进行。因此体育教学内容往往只是以运动项目来进行划分,但各个教材内容之间的关系是平行和并列的,比如篮球和足球、体操和武术。表面上看似有联系,但这种联系并非能够认得非常清晰,而且并没有先后顺序,一项也无法判断能够作为另一项的基础。所以在这里是无法确定教学内容内部的规定性和顺序性的。

体育教学素材的另一个特性是具有一项多能和多项一能的特点。所谓的"一项多能"就是指通过一个运动项目,能够达到非常多的体育目的,这就是说在这个项目中有着目标多指向性的特点,以健美操为例,有人利用这个项目来锻炼身体,有人用这个项目进行娱乐,同时这个项目还有表演的作用。在很多情况下,进行健美操运动往往能实现多个功能,这就是说,学生掌握了一项运动之后,就能够实现多种目的。多项一能则突出了体育教学内容之间的具备相互的可替代性。比如像从事投掷练习,可以扔沙袋,投小垒球也能够实现,推实心球也可以,推铅球也算是能够实现。想通过体育运动得到娱乐放松,可以踢足球,可以打排球,同样打篮球打网球也可以实现。这就是说想达到目的并非只有一个目的可以实现,不同的项目也同样能够做到。正是由于这个特性的存在,使得在体育教学内容中没有无可或缺的项目,使得体育教学内容并不具备强烈的规定性。

体育教学素材还有第三个特性,那就是它拥有庞大的数量。庞大的数量使得其内容相当庞杂,并且在归类上存在一定的难度。人类文明诞生以来,创造出的体育运动项目数不胜数,丰富多彩,并且每一个运动的技能对于练习者的身体素质也有着各种各样的要求。鉴于这个原因,没有哪个体育教师能够精通全部的体育项目,体育教师的培养才要求一专多能,体育课程的设计者也很难寻找到最合理的运动组合运用到体育教学内容当中,同时也几乎不可能编写出适合所有地区和教学条件的教材。

体育教学素材的第四个特性就是指在每个运动项目当中,其乐趣的关注点都是各不相同的。以篮球和足球为例,其乐趣就是在激烈的直接对抗中,通过娴熟的技术和精妙的战术配合而得分。再如在隔网类运动当中,其乐趣则是双方队员在各自的场地中通过巧妙的配合,而将球击到对方场地而得分。诸如以上等等。因此,体育运动都有各自乐趣的特性使得体育教学内容的选择上乐趣是无法忽略的内容,这同时是快乐体育理论存在的事实依据,并且是这一理论在体育改革进程中发挥着关键影响的原因。

(二)体育教学内容选择的原则

1. 教育性原则

进行体育教学内容选择的时候,首先应从教育的基本观点对体育教学素材进行选择,分析其是否与教育的原则相符,与社会的固有价值观是否同步。要明确分析它是否有利于学生的身心发展和身体锻炼。

进行体育课程内容的选择,必须与体育课程的主要目标相匹配,确立"健康第一"的指导思想,并以此作为体育教学内容当中最基本的出发点,同时看重其中的文化内涵,在学生学习体育技能的同时更能深刻体会到体育文化修养带来的益处。学校体育在培养学生时应首先考虑对学生的品德、智力、体质等方面的全面发展是否有利,将理论与实际结合起来,在使学生了解人体科学知识的同时真正锻炼身体,还要从思想文化等方面下功夫,使其在双方面同时发展。体育教学内容的选择对于不同学段学生的发展特点和规律都要充分考虑到,其个体差异与不同需求将会在其中起到很大的作用,所以充分考虑能够确保每一位学生受益。进行体育教学内容的选择时,还要符合各个方面的实际来确保选择时有足够的空间和灵活性。

2. 科学性原则

进行教学内容的选择时,健身性和兴趣性的确非常重要,但这不能否定科学性在体育教学内容的选择当中的重要性。体育教学内容选择当中的科学性有以下三层含义。

(1)教学内容的选择必须有利于学生身心的协调共同发展。要注意,一些内容虽然有利于学生身体健康,但对于学生的心理健康并不合适,反之同样可能出现这种状况。因此,教学内容的选择必须做到使学生在开心的体育活动中同时积极促进身体的发展。

（2）教学内容同时也要使得学生能够从根本上对科学锻炼的原理和方法有一个深入的了解,这种了解可以增加学生从事体育锻炼时的自觉性和积极性。

（3）教学内容本身的科学性。在今后,国家对体育教学内容的选择的限制放开,不做具体的规定,因此必须注意防止一些科学性不够强的体育项目作为教学内容进入课堂。

3. 实效性原则

在未来,体育课程将会成为一门以身体活动为主要手段来对学生健康进行增强的课程。可以从另一个层面理解,那就是所有对学生健康有利的教学内容都是教学内容选择的良好范围,这种形式同时也可以在以后使得体育教学内容的涵盖更加丰富。

实效性,简而言之,就是判断某项体育教学素材是否实用、是否简便易行、是否有助于学生的身心健康。国家相关文件在教学内容的改革方面特别强调要对教学内容当中的"难、繁、偏、旧"以及教学过程过度的偏重书本知识的现状予以改变,在教学内容当中,加强学生生活与现代社会和科技发展当中的联系,对学生学习的兴趣加大关注,教学内容中的知识和技能要有利于学生终身体育的进行。所以在进行体育教学内容的选择时一定要兼顾选择与学生自身的体育学习兴趣和经验相接近的以及大众喜欢的、社会上比较普及的,同时强调运动项目的健身娱乐效果,奠定学生终身体育的发展基础。

4. 趣味性原则

兴趣是帮助一个人学习的最好的老师,因此在进行体育教学内容的选择时,根据学生的各方面特征尽量选择他们感兴趣的、有趣味的并且在社会上比较流行的体育素材作为教学内容。毫无疑问的是大多数竞技运动项目的健身价值和教育价值是不可低估的,但是,长期以来,体育教育工作者往往更加关注竞技运动项目教学的系统性和完整性,用培养运动员的方法进行体育教学,效果却背道而驰,导致很多学生开始厌恶体育课。

5. 民族性与世界性相结合的原则

体育课程内容的选择要在保留我国民族传统体育当中的精华部分的同时,对国外好的课程内容选择的设置加以借鉴吸收。不能对自己民族的东西盲目自信,但同时更不能有崇洋媚外的思想。体育教学内容的选择就应该与时俱进,体现当今时代中国的特色。

第四节　体育教学内容的发展研究

对体育教学内容的发展进行研究,对于在未来进行体育教学内容的革新与发展有着非常大的帮助。本节将就这一问题进行深入地研究探讨。

一、对体育教学内容的反思

(一)体育教学内容的逻辑关系不强

由于体育教学内容相比于其他教学内容没有足够强的逻辑性,所以在教学内容的安排上应当避开逻辑性,在更深的层面上进行研究。

(二)竞技项目如何教学化

在我国的体育教学内容发展过程当中,竞技体育项目始终是体育教学的主要内容。但与体育教学相比,运动训练是有着本质上的不同的,所以如果以专业训练的标准要求学生在体育教学汇总的学习,那么必然会出现难度过高、内容枯燥、教学效果欠佳的问题。所以要想在体育教学内容中加入竞技体育的内容,那么对其进行改造是必不可少的,这样才能适应体育教学对内容的需要。

(三)体育教学内容与健康教育的畸形关系

体育教学内容从根本上来说,应当与健康教育相辅相成。但在实际教学当中,人们一直都很忽视理论基础知识的选择,固有思想总是认为体育课就是要实践,认为上体育实践课的老师对于健康教育是不在行的,而会上健康教育课的老师对于体育实践课又不熟悉,这时的体育教学和健康教育被剥离开来。但是终身体育观点的提出使人们认识到,体育与卫生保健是相辅相成的,科学锻炼才能保障健康。所以现代体育教师必须注重理论与实践相结合。

(四)体育教学内容应该多样化还是重点突出

相比于其他学科,体育教学在横向上的内容则更加丰富,因为其他学科的内容有着比体育教学更强的逻辑性。终身体育思想使得很多教育工作者开始思考目前的体育教学内容太多导致学生学不会的问题经常出现,所以很多学者提出学生只要具备一项运动技能就足够了的观点,他们认为,学生进行终身体育,一项体育技能足以。同时也有很多的反对呼声,因为那将把体育教学内容置于一个过于狭小的范围内,并且一个项目很难满足人的一生中各个阶段中对体育运动的兴趣。所以,项目太多或项目太少对于体育观念来说都过于片面。这一问题可以通过在初中、小学设置多样化教材内容,而高中、大学选择特长项目的方法来实现。

二、体育教学内容的发展趋势

(一)向不同学段逐级分化和从规定性向选择性方向转化

在过去,体育教学大纲在进行体育教学内容的选择时总是想要寻找体育各个项目中的逻辑关系,根据这一逻辑关系将体育教学内容系统化,不过由于体育教学内容的逻辑性几乎是不存在的,所以这种努力总是石沉大海。因此,在未来的体育与健康的教学大纲中,进行体育教学内容的选择时,更应注重寻找体育学科当中内在的一些规律,体育课程中的内容挑选往往都是学生喜欢的,富有时代性的,并且根据年龄和学段的不同,在教学内容上加以区分。

(二)从教师价值主体向学生价值主体转化

体育教学内容的选择与确定将受到各个方面的制约。在过去的体育教学大纲中,体育教学内容的选择与确定往往更重视教育工作者对于教学内容的价值取向,因此重视的仅仅是教师的教。而随着体育教学改革的进行,越来越多人开始重视学生对体育教学内容的价值取向,所以根据学生学而进行体育教学内容的选择的方式更加普遍。

(三)从只注重提高身体素质向身、心、适全面发展的方向转化

体育教学内容的选择由于受到各个方面的制约,导致学校的体育课程曾经是纯粹的以提高学生跑、跳、投等身体素质为目的的一种体能达标课。新的教学改革大纲出台之后,学习教育往往更加强调素质教育,因此学校对于学生素质的全面发展肩负着无比重大的责任。在体育教学内容方面,这项内容的选择与确定,同样要符合素质教育的要求,使学生在身心方面获得全面的发展。

（四）应考虑终身体育目标的要求

学校体育为终身体育打基础，在如今这是一个大的趋势。而终身体育目标的达成则取决于学生参加体育所需的技能、知识和态度。所以教学内容应当更加注重健身性、运动文化传递性与娱乐性，在健身价值和终身运动性强的运动项目中间做出选择。

（五）及时吸收新型体育项目、娱乐性项目和民族传统体育项目

社会进步令我们在体育方面的选择更加丰富多彩。学生更加追求新鲜的体育项目，所以体育教学内容也要注重推陈出新。除此之外，我国多民族的特性决定了各个民族都有出色的民族特色体育项目，这些民族项目既各具特色，又有良好的健身价值，在体育教学内容的选定中应适当根据具体情况加以选用。

三、体育课程内容的新体系

体育要做到与社会相结合，同时与学生的日常生活相结合，这在现代体育的发展中是又一个不可逆转的趋势。所以体育教学内容应当扩宽，形成自己的新体系。在这个新体系当中，体育教学内容应当包括身体教育、保健教育、娱乐教育、竞技教育和生活教育五个方面。

（一）身体教育

身体教育是指以健身为目的的体育教育。身体教育的目标是要提高人的各项基本活动能力。在这其中，身体成分、肌肉力量、有氧耐力及柔韧性是重要的与健康相关的运动素质。

（二）保健教育

保健教育指在学习相关体育知识的过程中确保学生的安全和健康，这其中生理和保健知识也是必不可少的。在体育教学内容中必须重视运动处方的理论和实践，从而将保健教育和体育教学结合起来。

（三）娱乐教育

体育教学内容中的娱乐教育可以非常灵活地结合在社会的每个角落。每个人每个民族的娱乐体育活动都是丰富多彩的，因此促使它成为体育教学内容是一种有益的选择。

（四）竞技体育

竞技体育主要是以专项运动项目为主要内容的教学内容,由于竞技体育事业的飞速发展,学术对竞技体育是相当喜爱的。但在教学过程中,绝对不能照搬对运动员的要求而进行体育教学,在各个方面应该针对学生来进行适当的处理,从而适应学生的实际情况和需求。

（五）生活教育

生活教育在这里指防卫训练、拓展练习、冒险教育及健康生活教育。在现今时代城市化影响着每一个人,包括学生。但这种生活有时候会显得内容单调,因此很多学生希望亲近大自然,而这种追求在体育教学内容方面又可以有新的选择。

第四章 体育教学方法的革新与发展

体育教学方法是实现体育教学目标、开展体育教学活动的主要途径和手段,教学方法的有效性关系着教学目标实现的程度,而教学方法的科学与创新性又对体育教学的质量具有决定作用。鉴于体育教学方法的重要作用,本节对体育教学方法的革新与发展进行了探讨,并分别研究了体育教学方法的基本理论、常见教学方法、教学方法的选择与运用以及体育教学方法的发展等问题。

第一节 体育教学方法的基本理论

一、体育教学方法的概念与含义

体育教学的方法即为实现体育教学目的而采用的手段、方式、措施和途径等的总和。具体而言,可将体育教学方法的概念定义为:在体育教学过程中,为了达到体育教学目标和实现体育教学目的而由师生所采用的可操作性的教学方式、途径和手段的总称。关于体育教学方法的含义,可以通过以下几个方面来进行掌握。

(一)体育教学方法是教师"教"与学生"学"的统一

体育教学方法是教与学的统一,只有师生之间实现有效的双边互动,才能够更好地发挥体育教学方法的价值与作用。体育教学活动可以简单理解为"教师的教"和"学生的学"两个层次的内容,教师和学生是教学活动的主体。体育教学方法和手段都是针对学生来选择与运用的,教师和学生之间具有密切的关系,在师生的双边互动中,体育教学的任务和目的逐步实现。因此,教和学这两方面的内容贯穿于体育教学方法实施的始终。

(二)体育教学方法是师生动作和行为的总和

教学方法是在师生互动中得到贯彻与实施的,体育教学的方法也是师生之间行为动作总和的体系。体育教学的方法与其他科目教学方法的主要区别在于,体育教学方法在注重教学语言要素的同时,更加注重动作要素。体育教学过程中,各种动作的掌握和熟练都需要教师进行示范、讲解以及纠正,并在此基础上,学生重复进行练习,才能最终掌握相应的技术动作。因此,体育教学方法是教师和学生的动作和行为的总和。

(三)体育教学方法和教学目标不可分割

任何一种体育教学方法都具有一定的目标性,如果脱离了目标,那么体育教学的方法也就失去了其存在的意义。体育教学方法应与体育教学目的之间保持密切的联系,教学方法的实施应能够促进体育教学目标和任务的实现。因此,体育教学方法作为体育教学的重要组成部分,其服务于体育教学的目标和任务。体育教学方法和体育教学目标之间具有一定的不可分割性,如果将两者割裂开来,那么体育教学方法没有明确的方向,会表现出一定的盲目性;而体育教学目标任务如果脱离了体育教学方法,则不能得到有效实现。

(四)体育教学方法的功能具有多样性

现代体育教学不仅注重学生动作和技术的掌握,以及各方面身体素质的增强,它更加注重学生的全面发展。因此,体育教学方法的功能也具有了多样性的特点,多功能的体育教学方法不仅能够在一定程度上促进学生运动能力的增强,还能够促进学生思想道德品质、心理素质等方面的发展,对于学生的全面发展具有重要的促进作用。

二、体育教学方法的特点

(一)多种感官集体参与性

体育教学活动是感知、思维和练习三者的结合,因此,其教学活动也需要多种感官参与其中,这样才能够保证各项动作的顺利完成。体育教学活动的特殊性要求在体育教学过程中,所有参与者都需要动员身体的各种器官。具体而言,教师需要为学生进行相应的动作示范,并且对学生的动作进行必要的指导和纠正;学生则需要进行必要的准备活动,然后进行相应的动作练习。在学习过程中,参与者的眼睛、耳朵以及触觉和动觉等感受器官对运动的方向、用力的大小和动作的幅度等方面进行感知,学生通过自身和他人信息反馈控制身体完成正确的动作,形成正确的动作定式。

鉴于体育教学活动的上述特点,在进行体育教学活动时,教师应运用多种方法,有效调动学生的各种器官参与教学活动,以使得学生更好地掌握相应的活动。具体而言,在体育教学活动中,应引导学生进行认真学习,积极进行思考,注重动作技术的调节控制,并大量进行重复练习。对于学生而言,正确的体育教学方法能够更大限度地调动多个身体器官参与活动,从而帮助其掌握各种动作,实现学习目标。

(二)感知、思维和练习有机结合性

在体育教学过程中,学生的学习是一个复杂的认知过程,在这一过程中学生需要动用思维、感知、记忆和想象,并结合具体的身体练习最终实现动作的掌握。因此,体育教学方法也是感知、思维和练习相结合的过程,在结合的过程中,学生需要通过自身的信息接收器官将外界信息传送至大脑皮层,并运用大脑对各种信息进行整理、分析和加工,然后大脑指挥人体的各器官完成相应的动作;通过动作的不断重复,使得学生建立起相应的动力定型,实现动作的自动化,也同时掌握相应的动作技术。在这个学习过程中,信息的感知是动作学习的基础,思维活动则是学习过程的核心,而练习是动作技术掌握的重要手段。

体育教学方法的实施过程是认识与实践、心理与身体相结合的过程,是感知、思维和练习三者的有机结合。

(三)实践操作性

体育教学方法与一般的教学方法相比,其最大特点是实践操作性。体育教学方法必须与体育教学实践紧密相连,当然有些方法是室内学科教学方法的借用,如直观教学法、讲解法等,但这些方法必须根据室外体育教学的特点、环境、学生的队列等情况加以调整,否则就不能适应体育教学。

体育教学的主要方式是身体运动,身体运动是学生对自身身体的运动感受,具有"此时此地"的特点,因此,在选择与安排教学方法时,一定要根据体育教学自身操作活动的实践特点进行,而不仅仅是停留在理论层面上。只有结合实践操作的体育教学方法,才能让学生在掌握动作技术概念的基础上,通过身体实践活动达到掌握运动技能、促进心理发展的目的。同时,体育教学方法必须得到体育教学实践的检验,才能判断其教学方法是否有效。

（四）时空功效性

体育教学可以划分为不同的阶段，在不同的阶段内，有着鲜明的阶段特点，师生之间相互产生着一定的影响。在教学的开始阶段，教师处于主导地位，随着时间的推移，学生的主体地位逐渐增强。

在教学过程中，教学方法和途径发挥了重要的作用。在开始阶段，学生学习动机、兴趣、欲望等的激发，需要教师运动合理的方法；教师通过讲解、示范等方法来使学生理解和掌握相应的知识和技能；学生在学练过程中，通过一定的方法来感知、理解和掌握相关的知识。总之，在体育教学的不同阶段，体育教学方法都发挥着其应有的作用，这是体育教学方法的时空功效性特点。

（五）运动与休息合理交替性

在体育教学过程中，学生的大脑和身体通过一定的学习活动会产生相应的疲劳，造成学习效率的下降。尤其是高强度的身体运动对于学生的体能消耗较大，这时为了保证教学活动的正常进行，有必要安排相应的休息活动。

在学习活动中，学生通过一定的认知、理解和记忆后，就会有相应的脑力消耗；通过进行相应的身体练习，则会使得人体的能量消耗加剧，人体相应的器官出现一些疲劳症状，并且随着运动负荷的增加，其会对学习活动产生一定的消极影响。因此，体育教学方法注重运动与学习的结合，使学生的身体疲劳能够得到一定程度的恢复，保证其保持较高的学习效率。

需要注意的是，这里的休息并不一定是指暂停相应的活动，也可能是一种积极性的休息——通过开展相应的轻松的活动，来达到身心的放松，帮助学生消除疲劳症状。安排休息时，应注重积极性休息和消极性休息的结合，使得休息能够更好地达到预期的效果。

（六）继承发展性

体育教学的方法是在长期的体育教学实践过程中逐步发展起来的，经过多年的积累、发展和创新，逐渐形成了内容丰富的体育教学方法体系。很多教学方法具有鲜活的生命力，经过多年的发展依然在教学过程中发挥着巨大的作用。这些有效的教学方法值得人们对其进行总结、整理和借鉴。在教学实践过程中，在继承传统的经典教学方法的基础上，一些新的教学方法不断被提出，使得体育教学方法的体系不断完善。

需要指出的是，虽然体育教学的方法众多，但不应过于迷信现代化的教学方法,更不能对一些国外的教学方法进行刻板的模仿。教育工作者应在扬弃的基础上发展创新,在时代发展的大环境下,在体育教学具体实际的基础上,对教学方法进行开拓创新。

三、体育教学方法的分类

体育教学方法众多,对其进行分类整理不管是对教学方法体系的发展完善,还是对教师科学选用体育教学方法,都具有极为重要的意义。但是,目前对于教学方法的分类缺乏统一的标准和依据,因此众说纷纭。通常,体育教学的方法分为两个基本大类:教法类和学练法类,具体内容如下。

（一）教法类

1. 知识技能教法

教法类包括基本知识的教法和体育技能的教学方法。

（1）基本知识的教法

基本知识的教学包括体育保健类知识以及体育的相关理论等的教学。体育基本知识的教学方法同其他学科的教学方法类似,这类教学方法进行分类时也较为复杂,根据不同的分类依据可将其分为不同的类别。

在体育教学过程中,教师在选择相应的体育教学方法时,要注意教学的实践活动和它的多功能作用的发挥,要将体育教学的基本知识与体育活动的具体实践密切结合起来,教学方法要具体可操作。

（2）体育技能的教法

体育技术技能的教学方法即为一般意义上的运动教学方法,这是体育教学方法中与其他学科的教学方法有很大差别的部分。在采用相应的体育教学方法时,应首先确定体育教学的目的。教师应首先明确教学的目的是使学生掌握运动技术技能,还是为了发展学生身体或是要达到其他什么目的。其次,应对体育教学的内容进行分析和处理,运用相应的动作教学方法来实现相应的教学任务。体育教学的目的以及体育教学的内容不同时,活动的方式也会有很大的区别,这时就需要采用不同的动作方法和策略。因此,体育技术技能教学方法具有灵活多变的特点,应根据具体的教学情况进行随机应变。

2. 思想教育法

思想教育法是对学生进行思想品德教育和美育的方法,这也是体育教学的重要任务之一。在开展相应的思想教育时,应结合体育教学的特点采用相应的教学方法,确保教学能够收到很好的效果。体育教学方法的运用要能够促进学生顽强拼搏的意志品质的形成,培养其团队协作的意识,要促进学生个性意识的发展,并促使其形成正确的价值观念和审美观,培养其探索性和创造性思维。

(二)学练法类

1. 学法类

学法类即为指导学生进行学习的方法,这也是体育教学的重要方面。在进行体育教学时,指导学生进行学习的方法应注重以下几方面的内容。首先,应确保学生能够较好地掌握前人积累和总结的知识和经验,在继承的基础上求得发展;其次,学生应将相应的知识和经验与自身的个性特点相结合,从而最终形成终身体育意识与拥有相应的能力。

总而言之,学法类的教学方法应使学生不仅能够掌握相应的知识和技能,还要使其愿学、会学,并且在以后的工作和生活中能够对所学的知识进行运用,使其养成良好的体育锻炼习惯。

2. 练法类

指导学生锻炼的方法是体育教学里面最具本质特征的方法。练法类教学方法对于学生的身体素质以及各项运动技能的发展具有直接的作用和效果,在教学过程中,学生应能够理解和感受身体运动时的各项体验。在教学过程中,具有众多的身体锻炼的方法,其效果也是因人而异。另外,在教学过程中,各种教学方法既可以单独使用,也可以进行有效的整合,从而形成一定的方法体系来运用。在教学过程中应使得学生明确各种练法的作用和意义,并把握不同练法之间的联系,从而能够自如运用。

第二节 常见的体育教学方法

一、语言教学法

语言法即为在教学活动中,教师通过对学生进行语言指导,从而达到相应的教学效果的方法。作为一名教师,能够正确、简明、形象地使用语言,对于学生的学习和教学工作任务的完成具有重要的意义。正确地使用语言，不但能够使学生更好地理解相应的学习目标和任务，还能够促进其对相应的知识和技能进行快速掌握。

因此，在体育教学过程中，教师应注重语言法的运用，注重语言的技巧。一般学校体育教学中语言法的形式有：讲解、口头汇报、口头评价以及口令和指示等。

（一）讲解法

讲解即为教师将相应的动作要领、方法和规则要求等方面的知识向学生进行说明，其目的在于更好地指导学生进行相应的运动技能的学习和掌握。讲解法是较为常用的教学方法，在运用时，应注重以下几方面的问题。

（1）要明确讲解的目的，根据教学的目标、教学内容和学生特点进行讲解。在讲解过程中，应对自身的语速、语气进行调节，并抓住教学内容的重点和难点，具有一定的目的性和针对性，这样才能够使学生明白哪些是重点和应该着重理解的方面。

（2）在进行讲解时，应注重其内容的正确性，不管是具体的工作原理还是相关的基本知识，都应做到准确无误。另外，还应注重讲解的方式要与学生的学习情况和学习能力相适应，使学生能够很好地接受相应的知识。

（3）为了更好地使学生理解相应的技术动作，讲解要做到生动形象、简明扼要。具体而言，在讲解过程中，应注重将新的技术动作和知识内容与学生已经了解和熟悉的内容联系起来，使学生更好地理解相应的动作技术。另外，教学时间有限，学生的注意力集中程度也会随着学习时间的延长而有所下降，因此，应抓住重点，简明扼要地进行讲解。

（4）在内容讲解过程中，一些知识体系和动作技术不能将其孤立起来，要注重启发学生的发散性思维和创造性思维，使学生能够触类旁通、举一反三，更好地理解相关的知识，达到学以致用的目的。

（5）在进行讲解时，还应注重讲解的时机和效果。在讲解相应的内容时，首先应选择合适的站立位置，确保每个学生都能够听到相应的内容。另外，给学生进行讲解时，应充分调动其好奇心和积极性，如此才能取得更好的效果。

（二）口头汇报法

口头汇报是教师了解教学效果的重要方法之一，这种方法要求学生根据教学需要，向教师表述学习心得和有关教学内容、方式和疑难问题等相关方面的问题。通过学生的口头汇报,能够使教师明确自身在教学过程中的不足,为教师提高和发展自身的教学水平提供相应的依据。对于学生而言,通过这种方式不仅能够培养其语言表达能力,还能够促进其进行积极的思考,加深其对于教学内容的理解。因此,在教学过程中安排相应的口头汇报不仅有助于教师和学生素质的提高,对于教学质量的提升也有重要的促进作用。

(三)口头评价法

口头评价也是一种重要的语言方法,对于学生的动作完成情况以及课堂表现给予相应的口头评价,能够更好地促进学生的学习。口头评价可分为两种,一种为积极的评价;另一种则是消极的评价。积极的评价即为对学生的正面鼓励,这能够在一定程度上激发学生的积极性,促进教学活动的更好开展;消极评价则是否定性的评价,这种评价往往指出学生的不足,明确其提高的方法和努力的方向,用这种方式时应注重语气和口气。

(四)口令、指示法

在体育教学过程中,需要借助多种口令和指示,如"立正""跑""转体"等。这些语言简短有力,能够很好地指导学生进行相应的技术动作的学练。但是,需要注意的是,运用这些口令和指示时,应注意把握其时机和节奏,否则会造成学生动作的不协调和出错。另外,还应注重发音的洪亮有力,不仅要使学生能够清楚地听到,还应给学生以势在必行之感。

二、直观教学法

直观法是体育教学中较为常用的一种教学方法。通过相应的直观的方式作用于人体的感觉器官,引起相应的感知,从而实现体育教学目的。一般常用的直观教学法有:动作示范、条件诱导、多媒体技术、教具和模型的演示等形式。在实践过程中,人们认识事物时都是首先从感觉器官的感知开始的,因此,直观教学法能够使得学生更易于理解相应的教学内容。

(一)动作示范法

动作示范指的是教师采取一些示范动作使学生对技术动作的形象、结构和要领进行掌握的基本方法。一般在进行动作示范时,教师可亲自进行示范也可指定相应的学生进行动作示范。在采用动作示范方法时,应注重以下几方面的问题。

(1)在进行动作示范时,应具有一定的目的性。如果是为了使得学生了解动作的基本形象,示范动作可稍快;如果动作示范是为了使学生了解相应的动作结构,并引导学生进行学习,则动作应稍慢,可略夸张;如果是示范相应的重点和难点动作,可多示范几次。

(2)示范动作一定要注重其正确性,避免对学生形成误导。在进行相应的讲解时,不仅要注重内容的正确性,还要体现出教学内容的特点,并与学生的学习能力相适应,提高学生的学习兴趣。

(3)进行动作示范时,应使得全体学生都能够看到。因此,可使学生呈圆圈形站立,或是错位站立。

(4)在进行动作示范时,一般会配合相应的讲解方法,使得学生能够更好地理解。可采用先示范后讲解、边示范边讲解和先讲解后示范等方式。

(二)条件诱导法

条件诱导法也是较为常用的一种教学方法,以某种条件为诱因,并与相应的动作建立联系,从而达到相应的教学目的。例如,通过相应的音乐伴奏和喊节拍的方式,形成一定的动作节奏感;通过简单的语言提示使得学生的动作能够流畅进行。另外,也可设置相应的视觉标志,指示学生进行相应的动作方向和运动轨迹、幅度等方面的操作。

(三)采用多媒体技术法

多媒体技术主要包括电影、幻灯、录像等。在运用电影和电视、录像时,应注意播放内容要与体育教学目标相适应,并有机结合电影和电视、录像与讲解示范练习。多媒体技术虽然在教学过程中得到了普遍的运用,但是在体育教学过程中,其应用并不广泛。这与体育教学在户外授课、器材运用不方便具有很大的关系。

(四)直观教具与模型演示法

在体育教学过程中,对于一些高难度的动作可采用图表、照片和模型等直观方法进行辅助教学。通过运用这些教学工具能够使学生更加易于理解相应的技术结构和动作形象。另外,对于一些战术配合,也常采用模型演示的方式进行讲解。

三、完整与分解教学法

（一）完整教学法

完整法指的是从动作开始到结束，完整地进行教学和练习的方法。一般在技术动作的难度不是很高或技术动作不可进行分解时，会采用完整法进行教学。另外，在首次进行动作示范时，也会采用完整法来进行动作技术形象的示范。完整法其优点在于动作协调优美、结构简单、方向路线变化较小，各部门之间具有密切的联系。其缺点在于对一些复杂的动作而言，采用这种教学方法会为教学带来一定的困难。为了便于学生进行学习，促进教学活动更好地开展，应注重以下几方面的问题。

（1）在讲授一些简单和易于掌握的动作技术时，教师可以先进行完整的动作示范，示范之后，学生直接完成完整的动作练习。

（2）有些技术动作无法分解，这时要采用完整教学法。需要注意的是，在采用这种方法时，要对其中的各项要素进行必要的分析，如动作的用力、动作转变的时机等。但是，不能拘泥于动作的细节，要从整体上进行把握，确保动作的完整和流畅性。

（3）对于一些难度动作，可适当地降低其难度，可先通过降低难度或是徒手完成相应的动作，在此基础上逐渐增加难度。需要注意的是，降低难度时，不能使技术动作出现错误，这是其基本要求。在教学过程中，对于一些器材的质量以及高度、距离等标准可适当降低。

（4）采用完整法进行教学时，可适当改变外部的环境条件，在外力条件的帮助下完成相应的完整动作。

（二）分解教学法

分解法即将完整的动作划分为几个部分，逐步使学生掌握完整的动作技术。这种方法适用于难度相对较高，并且动作可分解的运动项目。采用这种教学方法时，能够将复杂的动作分解为简单的动作，从而使技术难度降低，更加有利于学生的学习和掌握。但是，这种方法也有其相应的缺点，即它注重对于局部动作的分解把握，可能在一定程度上使得学生对于整体的理解不全面。因此，分解教学法和完整教学法通常结合使用。

在运用分解法进行教学时，应注意以下几方面的问题。

（1）应仔细分析动作技术的特点，采用合理的方式对其进行分解，注重时间、空间等方面的有序性和统一性。

（2）将完整的技术动作分为多个环节时，应注重各个环节之间的联系，注重动作结构之间的联系性。

（3）在熟练掌握各阶段的动作之后，要注重各个环节之间的动作衔接，要保证其过渡的流畅性，形成有机的整体。

四、游戏与竞赛教学法

（一）游戏教学法

游戏法也是体育教学过程中较为常用的一种方法，它是指教师组织学生通过做游戏的方式来完成相应的教学任务的方法。通过开展相应的游戏，使得学生之间开展竞争和合作，提升学生的思考和判断能力，促进教学质量的提升。游戏法具有一定的趣味性，能够提高学生参与的积极性，培养学生的学习兴趣，因此在体育教学中被广泛的运用。在运用游戏法时，应注重以下几方面的问题。

（1）应根据教学目标和教学内容采取合适的游戏规则和游戏要求，确保游戏内容与教学内容相契合。

（2）采用游戏法时，学生需要遵守相应的规则。但是，应注重鼓励充分发挥学生的主动性和创造性。通过开展相应的游戏引发和启迪学生的思考。

（3）教师应做好相应的评判动作，要做到公正、客观，避免挫伤学生参与体育学习的积极性。

（二）竞赛教学法

竞赛法即在教学过程中，为了检验教学效果和提高学生的技术水平，组织学生进行比赛的方法。竞赛法将所学的技术动作应用于实践，能够使得学生更好地掌握相应的技术动作。采用这种方法具有一定的竞争性和对抗性，学生需要承受较大的运动负荷。通过开展竞赛，能够培养学生的应变能力，对于其心理素质和意志品质等方面的发展也能起到一定的促进作用。

采用竞赛法时，应注重以下两个方面的问题。

（1）开展竞赛时，应进行合理地组织，无论是个人赛还是小组之间的比赛，其实力应相对较为均衡。

（2）开展相应的竞赛时，学生应熟练地掌握相应的技术动作，能够在比赛中很好地运用。

五、预防与纠错教学法

为了防止和纠正学生在练习过程中出现和可能出现的错误动作,教师在教学过程中经常采用预防与纠错法。在教学过程中,学生对于各种动作技术的掌握不标准和出错的状况是不可避免的,教师应正确对待,并注意进行有意识地引导和纠正。

预防和纠错是相互联系的。预防是具有一定的超前性,要求对于可能的错误动作进行积极的引导,并要对其出错的原因进行分析;纠错具有鲜明的针对性,针对学生的错误动作采取相应的纠正措施,并分析出错的原因。预防与纠错的具体方法有以下几种。

（一）语言表述法

为了使学生建立起正确的动作概念,应注重动作细节与要点描述的准确性,使学生能够明确理解各技术动作的标准和结构顺序。通过这种方式,能够使得学生建立正确的动作意识。

（二）诱导练习法

为了使学生的动作准确无误,可采用诱导性的教学方法,使学生达到相应的教学要求。例如,学生在做肩肘倒立时,不能将腰腹部挺直,针对这种情况,可采用在垫子上方悬一吊球,让学生用脚尖触球,这样学生就可以挺直腰腹部了。

（三）限制练习法

在进行相应的动作练习时,设置一定的限制条件,有助于错误动作的纠正。例如,在进行篮球投篮练习时,为了使学生的投篮动作更加协调、标准,可练习罚球线左右的投篮练习,使学生掌握正确的投篮方式。

（四）自我暗示法

自我暗示法是一种重要的方法。学生在进行相应的动作练习时,为了保证动作的准确性,在练习中有意识地暗示自己达到要求的方法。例如,在进行篮球的投篮练习时,学生可暗示自己投篮时手指、手腕的动作要标准,使得自身的投篮动作准确无误;再如,在奔跑练习中要暗示自己注意后腿充分蹬地。

六、体育教学的其他方法

除了上述的教学方法之外,在创新教学理念的影响下,一些其他教学类别的教学方式也逐渐被移植入体育教学之中,如自主学习法、合作学习法以及发现式教学法等。

（一）自主学习法

为了实现相应的教学目标,在教师的引导下,学生依据自身的需要和条件制定相应的目标,选择相应的教学内容,并通过独立地分析、探索、实践、质疑、创造等方法来进行学习的方法。自主学习能够充分发挥学生的主观能动性。

在体育教学中,自主学习法指的是"为了实现体育教学目标,学生在体育教师的指导下,依据自身的需要和条件制定目标、选择内容等学习步骤,完成学习目标的一种体育学习模式"[①]。自主有独立性、能动性和创造性等特点,有利于激发学生学习体育的积极性,培养学生的体育自主学习能力,确立学生在体育学习中的主体地位,提高体育教学的学习效果。

在体育教学过程中,采用这种方法时应注意以下两方面的问题。

(1)学生应根据自身的知识储备和能力水平,选择相应的目标和学习内容,并在教师的引导下进行。

(2)学生应根据自身情况,对照学习目标,积极进行自我调控,并及时改进教学方法和教学策略。

（二）合作学习法

合作学习法,指"在教学过程中,对学生进行相应的分组,学生为了完成共同的学习任务,而有明确的责任分工的互助性学习形式"[②]。各小组成员根据自身的特点承担相应的责任,各成员之间是相互依赖的关系,在相互协作中,完成相应的任务。在体育教学中,应用该方法应遵循以下几个步骤。

(1)在教师的引导下,学生分成相应的小组。

(2)全体成员在教师的指导下,根据教学内容确定相应的教学目标。

---

① 周登嵩. 学校体育学. 北京:人民体育出版社,2004.

② 同上.

（3）确定各学习小组的研究课题，对各小组成员之间的分工进行明确。

（4）小组成员合作学习，围绕相应的主体完成自身的任务，从而实现小组任务目标。

（5）各小组进行一定的学习和交流，分享相应的成果，并纠正自身的不足。

（6）对学习的过程进行评价，总结经验和得失，促进下次学习更好地开展。

（三）发现式教学法

发现式教学法是通过积极引导学生发挥自己的创造性思维，使学生在发现的过程中进行学习的一种教学方法。有学者将其定义为：从"青少年学生的好奇、好动等心理特点出发，以发展学生的创造性思维为目标，以解决问题为中心，以机构化的教材为内容，使学生通过再发现进行学习的方法。"[①]

在体育教学过程中，运用发现式教学方法要遵循以下几方面的步骤。首先，提出相应的问题，或是设立相应的学习情境，使得学生面临相应的问题和困难，在教师的引导下去进行相应的探索；其次，通过进行相应的练习，初步掌握技术动作的原理和方法；再次，通过分组讨论，提出相应的假设，并进行相应的实践验证，并对提出的问题进行讨论，最后得到共同的结论。

采用发现式教学法时，应注意以下几方面的问题。

（1）教师要善于提出相应的问题和创设相应的情境，要充分调动和激发学生的积极性，激发学生学习的兴趣。

（2）教师提出的问题应适应学生的能力水平，使学生能够根据已有的知识和经验，并通过一定的探索得到相应的答案。

（3）要注重抓住教学的重点，引导学生对于重点问题进行积极的思考，并找出解决问题的方法，启迪学生的创造性思维。

（4）采用这种方法时，应注重由浅入深、由抽象到具体，使得学习过程符合人们的认知规律。

---

① 周登嵩．学校体育学．北京：人民体育出版社，2004．

第三节　体育教学方法的选择与运用

一、体育教学方法的选择

（一）选用教学方法的艺术

在体育教学实践过程中,有多种制约教学活动的因素,在不同的教学目标、内容、对象以及教学条件下,教学方法也发挥着不同的效果。这在一定程度上决定了教学方法的多样性。因此,在教学过程中,应注重教学方法的科学性、艺术性和综合性的结合,形成良好的教学方法模式,并且要灵活进行变通。实践表明,教学方法都有其优点和缺点,适应于所用教学条件下的教学方法并不存在。因此,在选择教学方法时,应注重科学性、艺术性和综合性的结合。

在选择教学方法时,并不是随意选择的,必须具有一定的科学依据。在教学过程中,应以教学规律为根据来选用合适的教学方法。教学方法与教学目标、教学内容、教学对象等方面均具有一定的联系,在选择教学方法时,应分析和掌握这些因素之间的内在本质联系,从而确定科学教学方法。

在选择教学方法时,还应注重选择的艺术性。教学方法不仅要具有一定的科学性,还要保证在具体的教学实践过程中,采用的教学方法要具有灵活性、艺术性和创造性,避免机械、僵化地运用。在实践过程中,应根据具体的条件和教学需要,选择相应的教学方法,必要时,还要对相应的教学方法进行加工和创造。

在教学实践过程中,教学方法的选择具有综合性的特点。不同的教师会采用不同的教学方法体系,并取得一定的教学效果。在选择教学方法时,也不能要求所有的教师都要千篇一律。不同的教师会有不同的个性教法特色,只要其教学方法能够取得一定的教学效果,就值得使用和发展。

需要注意的是,体育教学的内容处在不断的发展和变化之中,教学对象也呈现变化性的特点,这就要求体育教学的方法也要不断进行发展和创新。因此,在选择相应的教学方法时,应用发展的眼光看问题,动态地去选择相应的体育教学方法。

（二）选择体育教学方法的具体参考依据

1. 参考体育教学目标

体育教学目标的主要特征之一是多层次性，身体发展目标、技能发展目标、知识发展目标、社会发展目标和情感发展目标等是体育教学目标的不同层次。为了实现不同的教学目标，应采用不同的教学方法。在体育教学中教学目标并不是孤立的，它是多种目标的综合，而每一单元、每一堂课目标的侧重点是不同的。因此，在教学过程中，应根据具体的课堂教学目标选择重点发展某一方面的教学方法。课时教学目标是体育教学总目标的具体化，这一目标具有很强的指导性。它既有相应的运动技能和运动理论方面的知识，也有心理和品质品格方面的内容，针对这些不同的教学目标，应选择与之相匹配的教学方法。

2. 参考体育教材内容

体育教学的内容与教学方法之间具有密切的关系，如对一些技术动作教学内容应采用主观的示范操作的方法，而对一些原理和知识结构方面的内容则应注重运用语言法进行讲解。不同性质的体育教学内容，应采取相应的教学方法。每一种教学方法为实现一定的目标而运用在某一教材内容时，其效果也会表现出一定的差异性。因此，在体育教学过程中，应注重教学方法的灵活性。

3. 参考体育教学环境

教学环境对教学方法的选择具有重要的影响。教学环境包括场地器材、班级人数、课时数等，同时，外界的社会文化环境也对教学环境具有重要的影响。教学环境必然会对教学方法产生制约作用。例如，一些直观教学方法需要借助一定的教学器材才能实现相应的教学目标，而学校体育教学资源的具体情况在一定程度上对教师采取的教学方法具有决定作用。

教师在体育教学过程中，应充分利用现有的教学环境，选择合理的教学方法，最大限度地利用现有的场地、器材条件。

4. 参考学生的实际情况

在教学过程中，教学方法的实施对象是学生，采用多种教学方法的最终目的是促进学生更好地学习。因此，在选择相应的体育教学方法时，应与学生特点及其实际情况相符合。学生的实际情况表现多方面的内容，包括学生的年龄特点、性别特征、身心发育状况以及相应的知识储备和学习能力等。

学生处于不同的年龄阶段,则其身心发展过程也有具有阶段性的特点。对于大学生而言,低年级学生和高年级的学生其身心发展特点会表现出鲜明的差异性。另外,男女性别上的差异性也会导致其对于体育的态度有所不同,因此,应采取合适的方法,充分调动学生体育学习的积极性。

学生的经验和知识储备以及其相应的学习能力也是教师选择不同的教学方法的重要依据。对于知识储备量较为丰富,已经掌握了基础的知识技能,并且学习能力较强的学生,其在学习新的体育技能时能够更快、更好地掌握。此时,教师可采用合理的教学方法促进学生的技能水平向着更高的水平发展。

5. 参考教师的自身条件

体育教师是各种教学方法的实施者,其自身的素质对于教学活动的效果具有重要的影响。体育教学如果能力和素质有限,则其将不能发挥相应的教学方法的作用,从而对教学活动产生消极的影响。因此,教师在选择相应的教学活动时,应对自身的专业素养、能力水平以及教法特点有着客观的理解。

一般而言,体育教师所熟练掌握的教学方法越多,则其越能够根据自身以及学生的实际情况选择出最佳的教学方法。不同教师根据学生实际状况采取同样的教学方法,也会得到不同的教学效果,可见教师自身条件极大地影响着体育教学活动。所以,教师要提高认识自身素质与教学风格的意识,并通过积极的学习增强自身的素质,尝试和掌握更多的教学方法。

(三)选择体育教学方法需要注意的事项

1. 注意师生之间的协调配合

在体育教学过程中,教师和学生的默契配合是取得良好教学效果的重要保证。教学活动不存在没有"教"的"学",也不存在没有"学"的"教"。因此,不管是何种教学方法,都应考虑到"如何教"和"如何学"这两方面的问题。

在传统体育教学过程中,片面强调以教师为中心,教学方法也只是注重教师"如何教"的问题,而对于学生在教学过程中的作用则选择性地忽略了。例如,教师在动作示范时,只考虑动作的优美和协调性,而没有考虑学生的感受,从而使得学生的学习效果不佳,影响教学活动的开展。

因此,体育教学方法的应用应考虑师生双方的合理配合,避免两者的相脱节。这样,才能取得良好的教学效果。

2. 注意学生内部与外部活动的配合

学生的学习过程是内部活动和外部活动的综合体现,因此,在选择相应的教学方法时,应注重两者之间的配合。所谓内部活动,即为学生的心理活动以及相应的生理生化反应等方面;外部活动则是其动作质量、情绪、注意力等方面。

在选择相应的体育教学方法时,应注重这两者之间的配合。教师应善于分析学生的内外活动变化,有机结合指导学生外部活动的方法与激发学生内部活动的教学方法,以促进学生主动积极地参与到体育学习中。

在选择体育教学的方法时,还应对多种教学方法进行对比分析,从而确定最佳的教学方法。在教学过程中,应明确不同的教学方法适应什么样的教学内容,能够解决什么样的教学问题,能够对什么样的教学对象起到更好的作用等。

3. 注意不同学习阶段的前后配合

学生在学习过程中,在不同的学习阶段会表现出不同的特点。体育教学方法的应用应考虑到学生学习知识的不同阶段的前后配合。例如,在动作学习过程中,应注重"模仿型"向"创造型"的过渡,并实现二者的有机结合。

学生的学习过程是由不了解到熟悉的过程。在学习的初始阶段,往往以模仿(模仿教师或他人)学习为主,之后,学生就会形成动作定式而完全摆脱模仿,从"模仿型"过渡到了"创造型"。这两个阶段之间具有一定的联系,又相互区别。因此,在运用教学方法时既要防止二者之间的互相代替,又要防止二者之间的割裂。

二、体育教学方法的运用

(一)运用体育教学方法的注意事项

良好教学效果的取得不仅要求教师要选择合适的教学方法,还要求教师具有良好的素养,能够有效运用体育教学方法。在对相应的体育教学方法加以运用时,有以下几个方面需要注意。

1. 注意体育教学方法效果的影响因素

在对体育教学方法进行合理应用时,为了取得良好的教学效果,体育教师要加强与学生之间的协调配合。在体育教学实践活动中,教学方法所产生的效果受体育教师的知识储备、人格魅力以及教学技艺等方面的影响。所以,提高教师的素养对于教学方法使用的效果将会产生积极的影响。

然而,需要强调的是,体育教学是教师与学生之间的双边互动,学生因素对于教学方法运用的效果也具有重要的影响。因此,学生的能动性的发挥情况对于教学方法的运用效果具有重要的影响。例如,当学生没有太大的兴趣参与到体育课教学中时,就会在课堂上表现出注意力不集中,即使体育教师使用正确、生动、形象的讲解方法或准确、协调、优美的动作示范,学生依然不会提高参与课堂学习的兴趣与积极性。

除了教师和学生因素之外,体育教学的物质条件和环境也在一定程度上影响着体育教学方法的运用。例如,在进行篮球运动教学时,如果是在较为干净的室内塑胶场地上,学生在奔跑和起跳时的心理状态与在水泥地面上时是不同的,室内塑胶场地上,当学生起跳落地时,可以做出相应的保护性动作,能够有效避免受伤。因此,在强调教学主体主观因素的同时,也不可以将物质和环境等客观因素忽略掉。

2. 注意体育教学方法有关理论的运用

有关体育教学的理论源于实践,但又高于实践,是科学总结体育教学实践的结果。因此,体育教学的相关的方法既要注重实践方面的问题,要注重理论方面的探索。如果体育教学的相关理论具有一定的片面性,则其体育教学的方法也会表现出一定的片面性。在体育教学过程中,体育教学方法方面的理论基础应综合考虑以下几方面。

(1)辩证唯物主义与唯物辩证法的基本观点。

(2)系统论原理,深化理解体育教学系统。

(3)教育学、心理学等与体育教学有关的学科理论知识。

(4)普通教学论和体育教学论,这是体育教学方法直接的理论基础。

(5)对当代各学科的先进理论成果进行借鉴和吸收,创造性地应用相应的理论和方法。

总而言之,在体育教学过程中,应用新观念、新理论指导体育教学工作,不断对体育教学的方法进行创新,并充分发挥各种教学方法的效用。

(二)体育教学方法的优化组合运用

1. 优化组合运用的原则

(1)最优性原则

不同的教学方法其特点、功能和应用范围都会有相应的差异性,各教学方法都有其优缺点。因此,在对教学方法进行组合运用时,会形成不同体系的综合教学方法,每一套教学方法也有其鲜明的特点。教师在进行教学方法的优化组合时,应根据实际情况,选择一套最符合实际情况的教学方法。教师在教学方法选择时,应从整体入手,将各种教学方法进行有机结合,充分发挥教学方法体系的整体功能。

(2)统一性原则

统一性原则要求教师在选择相应的教学方法时,应注重"教"与"学"的统一,使得两者之间密切结合,相互促进。如果只强调其中的一方面,则教学活动并不会取得良好的效果。另外,统一性原则还要求,在教学过程中,应将教学方法的多种功能充分地发挥出来,促进学生素质的全面发展。

(3)启发性原则

不管是何种形式的教学方法,其都应该能够更好地调动学生的积极性和自觉性,促进学生进行积极思考与探索,促进学生全面提高自身素质。在体育教学活动中,注重学生兴趣和动机的培养,发展其自主思维和学习的意识。

(4)创造性和灵活性原则

在选择体育教学方法时,应注重发挥教师和学生的创造性。应对教学方法进行积极的改进和创新,使其更加适用于自身的教学实践活动。只有这样,才能够使得教学方法的功能最大化,从而取得较好的教学效果。教师要对教学方法进行不断地发展和创新,这样才能与教学水平的发展相适应。

教学活动是一个动作的过程,教师在课前设计的相应教学方法可能在具体的教学实践中面临多方面的问题,这就需要教师进行灵活应变,根据实际教学情况,对所选的体育教学方法进行灵活地、创造性地运用。

2. 体育教学方法优化组合的程序

(1)将体育教学的任务进一步明确

选择不同的教学方法要以教学任务和教学目标为主要依据。因此,应将一节课的具体教学任务进行分析和细化,制定出相应的详细任务规划。

（2）根据实际情况将总体设想提出来

通过对教学任务、教学内容、学生的具体情况以及教学的外部情况等进行分析，对相应的教学方法进行评估和分析。在提出教学的总体设想时，应将教学方法的可行性和适用性充分考虑进来。

（3）对多种体育教学方法加以优化组合

制定教学方法和教学方法的具体方式和细节表，对于各种教学方法进行分析，并对其不完善的地方进行相应的补充。在此基础上，将优化组合后的教学方法应用于具体教学实践过程中去。

（4）对优化组合的教学方法进行实施与评价

在体育教学过程中，应对教学方法产生的效果进行跟踪了解，可通过学生反馈的形式了解具体情况。对于教学方法的反馈信息进行归纳和分析研究，并对教学方法做出相应的调整。在以后的教学过程中，要不断地总结经验和教训，促进教学方法的不断优化。

第四节　体育教学方法的发展研究

一、体育教学方法的发展历史

体育教学现象出现以后，才有了体育教学方法，然而这并不等于说在课堂体育教学出现之后才有了体育教学方法。在民间的传统体育传授过程中，一些方法就已经得到了应用，只是当时的人们缺乏对教学方法的科学性和系统性的认识。因此，现代意义上的体育教学方法是现代体育教学出现以后产生的。体育教学的方法具有鲜明的时代性特点。

（一）体操和兵操时代

在传统社会里，军事战争是体育运动发展的推动力之一。在封建社会和资本主义社会的早期，为了增强士兵的作战能力，士兵会进行相应的体育训练。这时的体育教学方法主要以训练式和注入式为主，较为单调。这种训练式和注入式的教学方法偏重于大运动量的不断重复，通过苦练来增加人体的运动记忆，并增强体能。

（二）竞技运动时代

近代以来，随着资本主义社会的不断发展，竞技运动也得到了快速的发展,竞技运动项目逐渐增多。竞技运动以公平、平等等思想为指导,并且融入了众多的文化因素,充满生机和活力。竞技运动要求运动员具有高超的运动技能,而一味地苦练并不能适应竞技体育发展的需要,体育教学方法的改进成为必然的趋势。这一阶段,教学效率明显提高,出现的一些新的教学方法有演示法、观察法以及小团体教学法等。

(三)体育教育时代

现代体育得到了很大的发展,并且成为学校教育的重要组成部分。体育成为一种文化现象,其内容也得到了极大的拓展,涉及健康教育、心理训练、安全教育、体育咨询、体育培训等,体育的知识和技能快速发展。人们针对体育教学的内容、方法的研究也逐渐深化。体育教学的方法不但要使得学生掌握相应的体育知识和技能,还要促进学生的全面发展,使其身体素质、心理健康、运动欣赏能力等方面都得到相应的发展。随着技术的发展,一些新的体育教学方法也随之出现。计算机、录像、电影等多媒体技术的发展,使得运动表象和感知等方法得到了快速的深化发展,体育教学的方法更加科学、规范,并向着更高层次发展。

需要注意的是,新的体育教学方法的出现并不意味着传统体育教学方法的消失。在不同的时代条件下,会出现与这一阶段的生产力和科学文化的发展相适应的体育教学方法。这些新的体育教学方法与传统体育教学方法相结合,相互借鉴,共同促进了体育教学的发展。体育教学的方法是一个不断发展的过程,随着教学环境、教学对象和教学内容的发展,呈现出不同的阶段性特点。

二、现阶段体育教学方法的发展特征

体育教学方法具有一定的时代性,现阶段,体育教学方法的发展呈现出以下几个方面的特征。

(一)科技进步促进了体育教学方法的创新

科学技术发展迅速,在不断丰富和方便人们日常生活的同时,在其他领域也发挥着重要的作用。在体育教学中,科学技术的进步对其教学方法的影响是极其深远的。随着计算机技术的快速发展,其在体育教学中迅速得到普及,这使得体育教学中的动作示范更加标准、科学,资料的搜集、整合更加便捷,并且学生在学习空间和时间方面的限制减弱,实现了实时的信息沟通。通过运用计算机进行动作示范,能够从不同的侧面,以不同的速度,对不同部位的动作进行细致的分析和研究,使得传统的讲解示范等方法更加科学、高效。

(二)体育教学内容的变革促进了教学方法的变革

为了适应时代的发展,满足学生的体育需求,体育教学的内容处于不断的发展和变革之中,这也导致了体育教学方法的变革。例如,随着定向运动和野外生存运动引入到体育教学之中,使得体育教学活动的野外组织和教学方法得到了更加广泛的开发。

(三)体育教学理论的发展促进了教学方法的改善

体育教学理论的发展有利于体育教学方法的创新与进步。在新的体育教学理论的指导下,体育教学方法逐步实现了发展和创新。传统的体育教学过程中,对于体育运动技能的分析有所欠缺,并且同一运动项目的教学方法相对较为固定,甚至在不同的运动项目中都采用统一的教学方法。所以,在种类繁多的运动项目面前,体育教学方法是"以不变应万变"。

(四)学生个性发展促进了体育教学方法的改进

时代环境不同,学生就会表现出不同的特点,并且学生的个性特点具有很多的变动性。因此,为了更好地促进体育教学目标的实现,促进体育教学效果的提高,应根据学生的具体情况,采用不同的体育教学方法。

学生各方面的变化主要体现在以下几个方面。

(1)随着接受的知识的增多,学生的认识能力逐渐增强。

(2)随着时间的变化,学生的身体逐渐发育、发展。

(3)随着学生知识和阅历的丰富,其个性越来越强,并且形成了相应的价值观念。

另外,社会的文化价值观念对学生也具有较为显著的影响。体育教学的方法也应随着学生各方面的变化而进行适当的调整。

三、体育教学方法的发展趋势

现代体育教学经过多年的发展,已经成为了一个较为成熟的学科。教学方法经过多年的发展,已经发展成为了具有自身特色的教法体系。随着经济社会的不断发展,其呈现出如下几方面的发展趋势。

（一）现代化趋势

现代教学方法的现代化过程中,体育教学的现代化十分明显。体育教学的重要表现之一是教学设备的现代化,通过采用先进的技术手段,使得教师能够更容易开展教学活动,学生能够更好学习。通过先进的现代化设备,教师能够对学生的身体素质进行更加深刻的了解,并能够更好地制定运动训练的负荷量。在教学管理方面,能够对学生的学习和生活提供更加便捷的服务。随着现代社会的发展,体育教学的各项技术逐渐发展,其教学方法也必然呈现出现代化的发展趋势。

（二）心理学化趋势

心理学认为,学习是一项复杂的心理过程。在体育教学过程中,学生学习是一项既要涉及相应知识的记忆,同时还有动作技术的记忆。随着心理学研究的发展,学习过程的各个方面被人们所认识,并且在具体教学实践过程中,心理学的相关理论逐渐受到重视。在体育教学方法的发展过程中,很多心理学的研究成果将会进一步得到应用,这对于体育教学效果的提高具有重要的意义。另外,体育教学还肩负着培养和发展学生的良好意志品质、促进学生的心理健康等方面的重要作用,通过运用相应的心理学方面的方法,能够更好地达成这方面的目的。

（三）个性化与民主化趋势

体育教学方法的个性化和民主化是其发展的主要趋势之一。在传统的教学过程中,教师是教学的主体,在教学过程中具有很强的统一性,教师的教学活动忽视了学生个体之间的差异性。随着教学活动的开展,社会越来越注重学生个性的发展,体育教学方法的发展也必然呈现个性化发展趋势。个性化的教学方法改革和创新对于学生和社会的发展均具有重要的意义。

体育教学的民主化也是大势所趋。随着教学过程中民主意识的崛起,民主化的体育教学方法也逐渐得到快速的发展。

第五章 体育教学手段的革新与发展

体育教学手段是体育教学活动顺利实施的重要保障。随着时代的发展,传统体育教学手段已然不能够满足现代体育教学的发展步伐,为此就需要逐步开展与时俱进的革新与发展。因此,本章就重点从体育教学手段的基本理论、运动方法以及手段创新等方面对这一问题进行详细研究。

第一节 体育教学手段的基本理论

一、体育教学手段的概念

手段,是指某种本领或技巧。从马克思对劳动手段的分析,可知手段的最大特征是以实体形态存在的,是一物或诸物的复合体,是通过自身所具有的机械属性、物理属性和化学属性作用于客观对象的。人类最早是把加工后的石头作为自己活动的物质手段,因而手段也被称为"工具",在现代也被称为"硬件"或"硬设备"。为了更好地理解手段的含义,对此问题的研究可以从马克思对劳动手段分析的基础上结合词典中的不同含义来发掘,为此,马克思将"手段"解释为是一种为实现最终目标而采用的某种实体工具。所谓的实体工具并不是一种可能为精神层面的事物,它真真正正是一种客观存在的实物,它所能够发挥的作用必须能够为目标的实现做出贡献,另外,它必须还要是人体器官之外的工具。这里强调了工具之于目标的作用,由此可见"目标"是使用何种工具的依据,如果目标不存在,那么即便存在手段也是毫无意义的。只有存在"目标","手段"才有被人们选择和使用的价值。

那么,手段与平时更加常用的"方法"之间的区别是什么。首先要明确的是它们之间有一个共同的特征,那就是"实现预期的目标"的要素,但在实现目标的过程中,突出的要素不同,则会导致方法与手段的先后关系或两者的重要程度不同。

如上所述,在实现目标的过程中,强调物质中介因素或手段的重要性,固然是无可非议的,但是这些物质中介因素如果没有精神中介因素或方法的参与、指挥,那也是一事无成的。例如,我国在实施现代化的过程中,曾大量引进外国先进设备,但由于缺乏管理先进设备的方法,结果一度遭遇挫折,不得不转向对现代管理方法的研究。上述事例无不说明了方法与手段都是实现目标过程中必不可少的关键要素。

通过上述的总结,可以归纳出教学手段的定义:即一种在教学活动中教师与学生相互之间传递信息的工具。这里指的工具包含很多种,最传统的工具莫过于语言和文字,最终形成了教材。随着科学技术的发展,越发新颖的教学手段应运而生,电子视听设备和多媒体网络技术等手段在现代教学活动中的使用也已经常规化。

有关体育教学手段的概念在过往的一些相关学者的研究中均有所涉及,不过从下表中的主要资料与来源来看,体育教学手段概念的确定还没有最终得到一致的认可和明确(表 5-1)①。

表 5-1　各教材与词典中有关体育教学手段概念的描述

来源	体育教学手段的概念
《体育科学词典》(中国体育科学学会编,高等教育出版社,2000)	没有概念
《学校体育学》(人民体育出版社,1991)	没有概念
《学校体育学》(李祥主编,高等教育出版社,2001)	广义概念:包括教学原则、教学内容、教学方法和一切组织与技术措施;狭义概念:特指为了达到体育教学目标所运用的物质方面的场地、器材、仪器、设备等
《学校体育学》(潘绍伟、于可红主编,高等教育出版社,2005)	没有概念
《体育教学论》(毛振明主编,高等教育出版社,2005)	没有概念

---

① 李启迪,邵伟德. 体育教学基本理论研究. 北京:北京师范大学出版社,2014.

从上表中可见，只有学者李祥在他主编的《学校体育学》一书中对体育教学手段做出了一个广义的概念说明，其他有关书籍中并没有对体育教学手段的问题进行细致研究。由此也可以看出，关于体育教学手段的问题还没有获得广大学者和相关体育教育部门的重视。实际上，李祥对体育教学手段概念的描述也只是一个宽泛的定义，其描述的内容也并不是最为严谨和被各方认定的。从实际当中看，狭义的体育教学手段更接近其本质，但遗憾的是尚没有能够很好地概括体育教学手段的外延。

通过研究"手段"与"教学手段"的概念，以此可以获得一些对于体育教学手段概念研究的借鉴。首先可以说，体育教学手段是达成体育教学目标的重要途径，它以教学目标为依据，以使用适应体育教学活动特点的工具为载体，以此配合师生教学中大量的身体练习活动。

二、体育教学手段的作用

（一）辅助运动教学功能

教学手段具有直观的功效。在体育教学中大量使用新颖实用的教学手段，可以辅助教师的教学。虽然教师在一节课中的动作示范是最重要的，但是体育教师不可能无限制地做示范，因此需要借助其他的教学手段，如学生示范、正确动作图示、助力与阻力、人体模型等。体育教师要善于寻找、发现、借用、创新各种教学手段，增加形声效果，促进学生对知识的记忆理解、发展智力、提高能力，为教学服务。

（二）更新教学观念功能

电子计算机、教学机的发展和普及，使教学过程中信息的传递和控制有了重大突破。虽然多媒体技术在体育课教学中普遍受到限制，但是体育课程借助多媒体教学的趋势是不可阻挡的。只是在形式上可以更加变通，如可以运用手提电脑，在讲解之余，让学生观看运动过程、标准动作技术，以增加学生的直感。总之，在体育教学中，体育教师要广开思路，不要局限于现成的教学手段，要勇于创新，开发出更多更好的教学手段。

（三）增加直观效果功能

教学手段主要是指教学硬件方面的内容，硬件方面的材料具有很强的直观性，教师的示范、人体模型、教学用具的演示，学生一看就能明白。有时学生出现了错误动作,教师的一推一拉、一拍一提就能产生奇效。这些教学手段都是非常直观、有效的,经常使用可增加学生对运动技术的直观感觉与体验,有助于快速有效地掌握运动技能。

(四)扩展信息反馈功能

由于教学手段具有非常直观的功效,教师可以获得来自学生身体的直接反馈,如视觉的直接反馈、肌肉本体的直接反馈、身体空间感觉等。通过各种教学手段的使用,可以拓展学生在体育教学过程中信息反馈的渠道与路径,而这些来自学生身体的反馈信息对于学习与掌握各种运动技能是必不可少的。

(五)加强师生合作功能

班级授课制表面上富有集体性,但其缺点也显而易见,它基本上属于组织与管理范畴,没有真正意义上的合作、分工与责任等,学生们完成教学任务基本是单独进行的,这与现代社会人与人之间高度合作的特征相悖。体育教学中大量使用的教学手段明显加强了师生之间的合作,体育教师可以使用各种直观的、手把手式的教学手段,增加师生身体之间的交流,传授身体运动方面的智慧,这对于运动教学来说具有特殊的价值与意义,在体育教学中应大力提倡。

三、体育教学手段的分类

由于过往体育教学相关书籍中鲜有关于体育教学手段的系统内容,因此就更缺乏对体育教学手段的分类的相关内容。在过往的体育教学中,由于技术的相对落后,体育教学手段并不如现在丰富,所以也就没有进行分门别类的必要。而面对现代科学技术的进步,多媒体、网络等技术的普遍应用,体育教学手段逐渐增加拓展,为此,为了更好地选择恰当的手段服务于体育教学工作,对相关手段进行归纳、汇总和分类就显得很有必要。

对于体育教学手段的划分要根据手段的具体方法和形式进行。目前较为可行的分类方法为采用"二分法"原理把体育教学手段划分为人体内部感官视角手段与人体外部视角手段,具体划分见图 5-1[①]。

---

① 李启迪,邵伟德.体育教学基本理论研究.北京:北京师范大学出版社,2014.

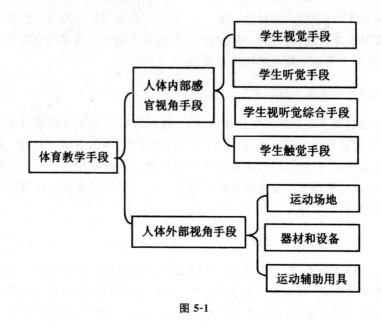

图 5-1

（一）体育教学的视觉手段

所谓视觉手段,顾名思义就是指运用人类的视觉器官——眼睛来感知外界事物的手段,如摄影、电视、电影、造型艺术、建筑物、各类设计、城市建筑以及各种文字等能用眼睛看到的都属于视觉手段。教学活动中的视觉手段有很多,如书本、黑板、板书、电视、电影、投影等。在体育教学中使用的教学视觉手段与其他课程教学有所不同,如更多趋向于教师的示范、学生的示范、学习卡片、教具、挂图、人体模型、标志物等,有条件的学校在体育教学中也可以使用多媒体、电视、幻灯片等手段。

（二）体育教学的听觉手段

教材的声音效果主要由教师讲解、音乐、音响三大类组成。一般情况下,表达思想感情、阐述科学道理时使用解说;调节课堂气氛、渲染氛围时使用音乐;让人产生身临其境的感觉时使用音响。当然,在各种声音中占主要地位的当属教师课堂讲解。体育课堂教学若能在教师良好讲解的基础上,配合美妙的音乐、强烈的节奏,则可以给学生"耳目一新"的感觉。在体育教学中广泛使用的听觉手段有收录机、播音机、手鼓、节拍器等。

（三）体育教学的视听觉综合手段

视听手段,顾名思义它只要通过眼睛的看和耳朵的听作为信息接收方式,将两者结合后能够形成一种双重感官同时接受信息的效果,强调在一定情境中听觉感知(录音)与视觉(图片影视)感知相结合,它是在听说的基础上,利用视听结合而形成的一种教学手段。

视听教学手段包括立体视觉教具、平面视觉教具。实验证明,相比传统的教学方式,视听教学效率可以提高 25%～40%。在体育教学中使用的视听手段可以具体分为视觉媒体,包括非投影视觉媒体(图片、图示、模型和教具等)和投影视觉媒体(投影、实物投影、显微投影、幻灯片),听觉媒体、视听媒体、综合媒体(多媒体)等。

(四)体育教学的触觉手段

触觉是接触、滑动、压觉等机械刺激的总称。人体的触觉器是遍布全身的,如人的皮肤位于人的体表,依靠表皮的游离神经末梢能感受温度。体育教学中的"手把手"教学就是一种非常好的教学手段,它在体育教学过程中的使用是非常普遍的。因为学生运动感知的获得有时是很困难的,除了参与必需的身体运动之外,还要体验身体在不同运动过程中的感觉,没有这种身体感觉,运动技能的获得将成为一句空话。在学生不断地学练技术过程中,教师若能将自身获得的身体感觉通过某种方式传递给学生,帮助学生建立与体会这种身体知觉,那么运动技能的掌握必将缩短很多时间。"手把手"教学手段就是依赖教师的身体对学生运动中的身体给予一个恰到好处的刺激,提醒学生动作的时机与要点,这样,学生就可以在自身努力练习的基础上,借助教师的点拨,加速对运动感觉的理解与体验。触觉手段除了包括教师给予学生身体上的阻力与助力之外,还包括一些限制物、障碍物等,它们的主要作用是通过学生对限制物的感知与反馈,调整运动行为。

(五)运动场地保障

运动场地是每一个学校都需要大力投资修建的,是学校的运动物质文化,是学校美丽的风景线,同时,教师可以将运动场地作为一个很好的教学手段。运动场地自身本来就是为了满足某种体育教学活动而存在的,但从实际应用的角度上来讲,除运动场地的"本职工作"外,它还可以作为其他一些体育教学的特殊手段来用,如体育馆内的墙壁可以作为排球垫球、扣球、传球的教学手段;室外的墙壁可以画上标志作为足球定位之用;室外运动场地的线条可以作为接力跑的线来用;台阶可以用于发展学生的跳跃能力等。这些教学手段都是学校内固有的,可以充分利用。这部分内容在后面的第三节中会有较为详细的研究。

（六）器材和设备保障

体育器材和设备本身是一种教学手段，同时还具有其他功能，如海绵垫可以用于做前滚翻和各种体操动作，也可以作为各种动作的保护与帮助手段；篮球可以用于篮球技术的教学，也可以用于篮球接力游戏，发展学生的协调能力；排球可以用于排球技术的教学，也可以当作障碍物，让学生在有障碍情况下完成规定动作，这些器材和设备的教学手段的开发不胜枚举。

第二节　体育教学手段的运用

体育教学手段多种多样，特别是近年来随着科学技术的进步和信息化时代的到来，使得体育教学手段更加丰富。然而，丰富的教学手段也会给体育教师的选择带来矛盾。因此，选择正确的体育教学手段就要依靠体育教师的教学经验和课程内容所需。

本节主要对图片、多媒体、教学用具、标志物、自制器材以及场馆与器材等体育教学手段的实践运用进行说明，以期为体育教师对体育教学手段的选择提出建议。

一、图片在体育教学中的使用

图片是较为直观的事物，直观的事物有助于使学生建立直观的印象。因此，在各级学校中的体育场馆内都会悬挂有内容多样的体育图片（多为单个或成套动作的分解图片）。这种图片在过往与现代的中小学中非常普遍，在学校中也非常多见。

在学校的体育教学中，图片（挂图）使用率较高，效果颇佳。这种图片可能是广播体操的分解动作，也可能是简化二十四式太极拳的套路动作，甚至还可能是篮球运动单项技术动作。图片在体育教学中的使用有助于加深学生对动作的直观印象，通过对图片、文字的直观感知，形成正确的动作表象。静态的图片有利于学生进行简单的模仿和学习，将成套动作或复杂的动作分解出许多图片环节还可以使学生清晰地了解运动动作的程序、结构、要领、方法，明确动作次序、各阶段的特征、身体运动的时间和空间的关系，从而促进动作技术的学习与掌握。

因此，为了更好地突出图片作为体育教学手段的作用，在使用过程中需要注意以下几种应用事项。

（1）在体育教学中使用图片手段并不是一种随意的行为。图片中的内容是什么，图片的内容形式是什么，图片教学使用的时机和时间是什么，诸多问题都是需要在教学开始前深思熟虑的。也就是说，这些内容都需要体育教师在备课阶段时就要仔细对待。

图片是静态的，它是通过多种静态形式展现出某项运动的动态模式。那么，能否将图片用"活"，就是图片体育教学手段能否获得理想效果的关键。以成套动作为例（广播操或武术套路），除长期挂于特定位置的图片外，体育教师向学生展示图片的时机可以是整套动作开始学习之前，以此使学生对全套动作内容有一个大体的认识；还可以是教师做完示范之后展示，以此达到使学生在初步体会动作后能更加直观地模仿动作；再有，就是当学生出现错误或不规范的动作时使用图片教学。

（2）图片教学手段的应用要具有针对性。根据走访发现，几乎所有学校中悬挂的体育教学图片内容都不是随意选择的。在绝大多数学校中，所悬挂的体育教学图片几乎都是在日常教学中经常出现的体育内容，如足、篮、排、乒、羽、网等常见球类运动，还有武术、广播操等套路动作。这些内容均是由体育教学大纲和详细的体育教学计划决定的。这就是我们很难在普通学校中看到棒球、橄榄球或高尔夫球的技术动作等内容被作为挂图的原因。而在某项运动的专项俱乐部中，这种挂图则就非常常见了。

这就是图片教学手段应用的针对性。它需要学校体育教学管理部分和体育教师进行全面的考虑。图片内容要突出重点，其所要展现的内容既要囊括某种运动技术的全过程，又要突出体现其某些技术要点。另外，在图片的绘画风格上也要有所要求，力争图文并茂，色彩充满暖意，如此可使图片与文字看起来更加生动、正确、清晰，给学生展现出更强的良好视觉效果。

（3）体育教学图片要能够对学生起到引导和启发作用。兴趣是最好的导师，对于体育教学图片来讲，只有真的有学生愿意来看，它才能真正发挥其本应有的作用。因此，特别需要注意图片应留给学生一定的观察图片文字的时间，与此同时也要结合具体的内容进行简单的讲解，启发学生对运动技术重点与难点的理解，从而防止使学生有一种走马观花的浏览感觉。

（4）通常图片中会有文字描写动作的做法和注意事项。因此，体育教学图片中文字的写法也是需要注意的内容。为了便于学生观看和记忆，图片中的文字表述可以运用口诀或顺口溜的形式，力求简洁，避免繁冗。

（5）注意图片的位置和用图时机。图片悬挂的位置也是一件需要考究的事情。首先应该保证的是图片的挂放位置不应离运动场所太远，并且高度应该适合人眼最方便的位置上以便于学生更加细致的看到图中的文字。这些事情的完成都需要一线体育教师的亲自参与，因为他们才是最了解体育教学和学生需要的群体。就图片摆放的位置来说,有些图片是便于移动的"图片教具",对于这种图片,可由体育教师带到操场,使用完毕后再移动图片,让它远离练习场地,不要影响学生的练习。

运用图片的时机通常为教师在示范前后,也可以运用于标注上课时的注意点,以强化学生对技术要点与要求的特别关注。教学内容通常具有一定的难度,并不是大多数学生都能很快理解教师的示范与讲解,如果教师的语言表达能力不属上成的话,可能越是对某个问题的解释就越会让学生感到困惑。此时,体育图片的作用就可以很好展现出来了。体育图片可以是专门订购的产品,几乎所有体育教学运动都有较为系统的体育图片供教学使用,然而这些图片对于众多体育教学难点来说仍旧显得不够用,并不能囊括所有学生提出的问题。为解决这一问题,体育教师可以现场绘制简单的"体育图片",即一种用于随机问题的简化教学图、组织教学的路线图、运动项目的战术图以及场地器材的运用图。使用如此直观的"图片"展示给学生,就会使答疑解惑的过程在一定程度上简单化,学生也会针对其中的疑问进行交流与改进。

二、多媒体在体育教学中的使用

信息化时代的到来使人们能够通过多媒体技术获取更多的信息,而这也给体育教学带来了更加丰富的教学手段。

当多媒体成为学校教育中不可缺少的手段后,一系列针对各种教学的多媒体设备、软件等应运而生,为教学提供了便捷、有效的方法。最明显的例子就要算是当初最为传统的学生上课做笔记的形式,已经变为了学生课上认真听讲,课下将老师讲课的课间用存储设备下载,日后慢慢研学。

目前,几乎各个学科都选用了多媒体教学手段。传统观念认为多媒体教学手段对学科类教育有所帮助,而对体育课程的教学用处不大。这种观点从表面来看不无道理,如体育教育的主要形式为身体力行,以活动学生的身体为主要方式。另外,就学校来说,其体育教育的主要目的为培养学生的身心健康,并不会像专业运动队那样对技战术动作或对对手进行细致的分析,因此,需要用到多媒体教学手段的机会并不多。

然而,运用机会不多不代表其的运用是完全没有意义的事。多媒体技术在现今已经渗透到人们生活中的各个领域、各个方面,不会有任何一个领域可以完全摆脱多媒体技术的需要,即便有,其发展也定会显得迟缓,甚至停滞。在实际的体育教学中,由于教学形式的不同,肯定不可能采用先在教室里看完由多媒体演示的运动技术,再到操场上进行运动实践的上课形式。但越来越便携的输出设备,使得学生在需要时可以观看视频或图片。

现代更加丰富的多媒体教学设备展现出了设备更便携、更方便、更快捷的特点,如平板电脑。以它作为设备核心的多媒体教学手段已经基本替代了传统意义的收录机、播音机、手鼓、节拍器等,综合了学生视觉、听觉、视听觉的各种内容,是一项有待开发的具有广阔发展空间的体育教学手段。

三、教学用具在体育教学中的使用

教学用具,简称"教具"。它是教师在课堂教学活动中,帮助学生掌握教学内容而使用的专门教学用具。体育教学不同于其他学科教学,体育教学的教学方法和形式,决定了在体育课教学中会使用到大量的教具和体育器材。在早年间由于经济条件有限,体育资源匮乏,使得许多学校中没有过多的体育教学用具,尽管也能开展一些体育教学活动,但这与教学用具丰富的现代学校来比,教学效果肯定是不言而喻的。

具体来说,教学用具是提高教学质量与效果的一种辅助性器材。在现代体育教学中,体育课堂教学中的教学用具包括各种球类、标志旗、固定设备类、辅助运动类器材,如多媒体设备、篮球、排球、足球、多种球类运动的球拍、垫子、海绵坑、实心球、跳绳、跳箱、双杠、单杠、平衡木等。除单杠、双杠这种固定器材外,其余可移动的器材在使用完毕后通常会收纳于体育器材室,随取随用,取用登记。

通过走访研究,发现现代学校体育教学中,教师对教具的使用已经有了明显的进步。但是,这种使用尚未达到预想中的状态,体育教师在使用教具方面还没有完全发挥现有教具的"效能",尚存较大的空间。这就要求学校体育教师还要细致研究具体的教材内容,充分地利用教具提高体育教学的效果。

通过分析体育教具的用途,可以将其作用归纳为障碍类、限制类、辅助类。其中障碍类有助于增大练习难度,发展学生体能;限制类可以帮助学生解决运动技术的问题;辅助类可以作为标志物,划分场地和多种接线,提醒学生的有意注意。例如,在篮球运动教学中为了增加学生投篮手臂的力量,可以采用提拉哑铃配重片的方式进行练习;在灵敏、速度和耐力等素质练习中,可以利用双杠做两人两端支撑上杠异向越杠下落相互追逐的游戏等。

四、标志物在体育教学中的使用

在体育教学中,各种各样的"标志物"绝对是不可缺少的工具。标志物的作用主要是提示学生在运动过程中注意到某种事物,这种事物包括活动区域的边界或者是安全警示等。不论是在以往的体育教学还是现代体育教学中,它都必不可少,应用非常广泛。有时在没有专门标志物的时候,一块石头、木板,甚至是树枝都能起到标志作用。因此,从这些性质可以看出,标志物并不完全归属于教具的范畴中。但是在教学过程中,标志物又是必不可少的辅助工具。例如,在足球运动教学中,战术训练内容需要用标志锥桶划分场区或战术执行区;在乒乓球的发球训练中,为了强化发球落点意识,教师会在球台的另一端用白色纸条贴出一个发球落点区;在体育舞蹈的教学中也会通过在场地中贴明显标志点的方式明确舞程行进的终点或起点。还有如在练习跳远时,为了避免学生产生厌跳心理,可以先让学生通过跳皮筋的方式转换一下心理。

五、场馆、器材在体育教学中的使用

体育场地和体育器材是体育教学中必然用到的。这两个事物是体育教学活动中的基础设施,也就是说,没有体育场馆和体育器材的教学,不能完全称其为体育教学,当然也就不能达到体育教学效果。作为体育教学的基础设施,自然就需要学校的资金投入用以建设和维护。但通过走访发现本就有限的学校体育资源中,许多场地或器材长时间处于闲置状态,没有发挥其本身的作用,更多时候的启用主要是为了配合某种检查或为了达到某项标准。对于这种情况校方给出的缘由多为保养维护费用昂贵、教学易出现安全隐患等。这是教学手段资源的浪费,体育教师应把这些场地器材运用于教学或锻炼之中,发挥它们应有的价值与作用,如体育教师可以安排一些支撑、悬垂、立定跳等以练习身体素质项目为主要目的的内容进行教学。

实际上,学校中还存在有很多看似完全不是体育场所或器材,但它也能在某些时候充当体育场地和器材的作用。例如,体育馆的墙壁、楼梯、室外活动设施等,其中楼梯可以被用来作为腿部力量练习的"天然"设施。此外,还可以在墙壁上画控制投掷高度的上、下限制线;利用体育馆的墙壁进行垫球练习;利用学校中可能存在的有坡度的地形,给学生的跑步练习增添负荷;利用肋木、平梯进行攀爬、穿越等障碍跑游戏,锻炼学生的力量等。这些都是充分利用校内场地设备资源作为良好教学手段的较好设想,也是节约体育活动财物、开发校内资源的重要举措。

六、自制器材在体育教学中的使用

体育教学是一项较为严谨和系统的以身体活动为主要方式的练习，尽管如此，在教学过程中也会遇到一些非常规的练习，但正规器材可能并不适合这些练习，因此为了应对这些练习，有时就需要通过教师与学生的手自制一些恰当的器材。特别是那些经验丰富的体育教师，经过多年的教学积累开发了许多非常实用的教学手段，对教学实践具有独特的作用，使用起来也很方便与简单，特别适合条件较差、教具不多的农村学校或偏远学校。

自制教学器材有诸多优点，如制作简易、实用性强，另外，制作自制体育器材的过程也是培养学生动手能力的过程。例如，自制沙包、自制锥桶标志，还可以用空矿泉水瓶装满沙子作为练习投掷项目的投掷物；用大小不一的轮胎制成"摇摆桥""铁索桥"等。

如巧制纸球提高学生实心球成绩。在日常的实心球教学中，学生往往会出现出手速度不够、实心球出手角度偏低等错误动作，对此，可以制作一种"纸球"作为实心球教学的辅助手段，对纠正错误动作、提高成绩具有积极的作用；自制排球垫球辅助带用于排球垫球的教学。由于松紧带具有伸缩性，将松紧带环套在两手腕上，有助于练习者夹紧两手掌根处，并促使练习者屈膝下蹲做好准备姿势。在练习过程中，在两臂由下而上抬臂击球时，松紧带产生了一个向下的牵引力，练习者可以体验以肩为轴，促使肘关节不弯曲，同时，手臂越抬高越费力，从而限制了手臂抬得过高的问题。此外，松紧带可以作为手上的标志，要求垫球位置在套在手腕上的松紧带以上部位。[①]

有效的"一物多用"可以使手边的器材充分发挥自身的作用。如栏架可以用来跨栏，也可以用来作"门"进行各种投掷、射门等活动；体操垫平放、竖放、"人"字形放可以用来做各种跳跃活动，也可进行搬运等活动；彩带可以改装成小彩球进行各种轻物投掷活动；毽球可以改装成"羽毛球"。巧妙利用周边环境中的物体也是自制器材的重要方法，如树木可用于摸高或攀登练习；甚至一颗小石子、一片树叶等都可以变成体育器材，如在换物接力时可以用一颗小石子、一片树叶来代替交接物等。

---

① 　叶海辉．排球垫球辅助带的制作与运用．中国学校体育，2010(3)．

第三节　体育教学手段的创新

创新是事物发展的根本,在 21 世纪的今天,创新更是各个领域非常关注的问题。就体育教学手段来说,它可以连带提升体育教学中其他环节的快速发展,因此体育教学手段的创新可以称得上是一种对体育教学整体前行的铺路石。鉴于它在体育教学领域的重要性,本章就重点对相关理论、创新过程中存在的问题以及创新途径进行探索。

一、体育教学手段创新的意义

现代科技发展速度日益加快,信息、事物连同诸多概念的更新速度也在提升。对于越发受到关注的体育教学来说,传统的体育教学手段显然已经表现出了陈旧和古板。因此,为了顺应时代的发展及体育教学的进步,将体育教学手段及时更新就成为不能忽视的问题。

现代技术的进步为体育教学手段创新提供了坚实助力,现代化教学手段拥有丰富的功能组合优势,包括声音、图像、动画、文字等多种组合,这些组合为体育教学带来了丰富、灵活的实践帮助,更加有利于学生通过接受这种手段的教学而顺利吸收体育知识或技能。由此可见,体育教学手段的创新对丰富和提高体育教学中的理论知识和实践联系具有重要的现实意义。

(一)激发学生参与体育教学的兴趣

从心理学角度来看,兴趣是吸引人们主动参与某种行为的关键因素。俗语中也有"兴趣是最好的导师"的说法。传统体育教学手段已经不能激发起现代学生对体育教学的需求和兴趣了。如果此时改变体育教学手段,可以给学生一种耳目一新的感觉,让学生感觉到体育锻炼变得更加活跃、有趣,给学生一个全新的学习角度,以此更充分地培养学生的学习兴趣和激发他们的求知欲望。

体育教学手段的选择与使用也是对体育教师综合能力的一种考验。合理的现代化体育教学手段的运用,能够创新性地创造一个与教学需求相吻合的学习氛围,让学生能够在由这种新的体育教学手段加入的课堂中产生对体育运动新的感悟。

创新体育教学手段还可以有效激发学生的学习兴趣和培养学生顽强的意志,另外,恰当的创新体育教学手段还可以在日常体育教学中培养学生对体育,甚至是某项特定的体育运动项目的兴趣,从而由此作为培养学生体育特长的起始点。而且新的教学手段也有利于重新集中起被传统教学手段消磨掉的注意力。

前面强调了兴趣之于学生在教学中的重要作用,那么对于可塑性较强的学生来说,注重对其在某方面的兴趣培养无疑为就其在该方面的最终培养开启了一扇方便之门。根据这个情况,体育教学手段的创新就要紧密围绕这一理念进行,创新出的体育教学手段要更倾向于对学生兴趣的培养,而不是更注重如何使学生能够学会某项体育知识或技能,这也是遵循体育教学注重启发和兴趣原则的。由于现代信息技术的迅速发展和逐步应用于教育教学,体育教学借助于它们的优势组合,培养学生的兴趣,调动学生的积极性。

(二)有效提升体育教学的直观性和准确性

体育教学不同于其他学科教学,它所考量的不仅是学生的智商,还包括除智商外的其他综合性能力,如学生对新事物的悟性、身体的协调性以及处理人际关系的能力等。

由于体育教学考量学生的方面众多,因此,在教学过程中几乎没有哪个学生的运动技能完全正确,不会出错。为此体育教师在教学中要随时关注学生的动作正确性和合理问题,不合理的动作不仅不能达到强身健体的目的,甚至还会给学生带来运动损伤的风险。要想使学生的动作正确,首先就要从最初的讲解和示范入手。传统的讲解示范由体育教师完成,不同体育教师的示范动作大体相同,但各有差异,因此学生对这些示范动作的再理解就更增添了对原本动作的偏差。实际上,可以说大部分学生在练习中动作不到位、错误的原因都可能与体育教师动作示范效果的不到位有关。那么,为了尽量杜绝这种情况的发生,就需要一种完全规范化的、量化的手段展现给学生,以减少和避免学生在练习中产生的错误。这就是体育手段创新要注重直观性和准确性。例如,在乒乓球教学中,由于乒乓球运动的快速特点,使得技术动作也要保持这一特点,教师在对快速动作的讲解中自然会放慢动作演示,此时学生通过观察动作获得表象信息传入大脑,从而建立动作图像。如果此时教师再通过利用优秀运动员的比赛视频,截取出所要讲授的动作并通过正常速度和慢速播放的方式让学生观看,就更能为这一动作的讲解提供一个强有力的、非常具有感官性的补充。而且学生们可以相互评价,这样能够避免许多常见错误动作的发生,既能让学生快速掌握动作。学生对运动技术的思考和讨论也是提高他们学习自主性的好机会。

体育教学已经成为现代素质教育的重点内容,为此,与之相关的多种样式的多媒体教学软件被设计出来并运用在教学实践中。多媒体教学软件的使用能避免很多体育教学中存在的问题,且运用时机较为灵活,一方面它可以作为课堂主要教学手段使用,另一方面也可以利用午休或课间的时间播放和对照讲解。多媒体软件是一种可以对某项体育运动进行针对性讲解和示范的教学手段,通过对关键点的展示和讲解,抓住动作的关键部分,反复播放这些难点动作,达到突出重点、难点的动作的目的。

以多媒体软件为代表的现代体育教学手段的应用,不仅有效提升了体育教学的直观性和准确性,弥补了在一些较有难度的动作技术上示范不标准的缺陷,同时还极大提高了体育教师的教学效率,缩短了教学课程,这些无疑都会使师生双方获得双赢。

(三)有利于教学内容中重点、难点的精研学习

相比于现代丰富多样的体育教学手段,传统的体育教学手段明显受到了来自较多因素的限制,相信体育教师也意识到无法在课堂上把所教授的内容能淋漓尽致地传授给学生,或者认为自己已经讲解得非常透彻了,可学生为什么还是有很多不理解的地方。除此之外,由于在教学课堂上的多次讲解和师范,其中会出现引起学生产生误解的可能。而现代体育教学手段的出现,就可以有效解决这类问题,如利用现代化的教学手段,教师可以在幻灯片或者影片当中突出重点和难点动作的过程,或者可以在课堂教学开始之前播放一些有利于学生理解的视听教材以提高教学效率。这就是体育教学手段创新的一个重要目标。

以多媒体技术为例,通过多媒体可以将文字、图像或声音有机地组合在一起,把知识、技能等信息传递给学生,学生可以从更多的角度方位捕捉到动作要领,这使得一些在传统的教学手段下无法体现的动作过程显示出来,直观形象的信息非常便于学生对事物的理解和模仿。因此,这就使得过往一些被体育教师认为是"老、大、难"的技术教学变得简单,如此则大大节约了教学时间,提高了体育教学的效率。

二、体育教学手段创新过程中存在的问题

(一)传统教学理念的影响

在我国,包括体育教学在内的一切学科教学几乎都是以教师为中心开展的。这在我国长期的教学活动中都是一种普遍的共识。然而时至今日,时代的变化使得继续沿用这种模式显露出教学活动的局限性。

现代教育的理念更加注重在教学活动中体现出"教"与"学"的双边互动,更能激发学生勤于思考的习惯,同时也会将教师一贯的灌输式教学理念转变为启发式教学理念。不过这种理念的转换需要有一定的时间来适应,当然,这个适应的时间越长,对体育教学手段的创新带来的局限性就越大。

受"以教师为中心"传统教学模式的影响,过往教育更加重视学生的智商而忽视情商,这显然对学生的全面发展不利,特别是在现代竞争激烈的社会,高智商低情商的人才无法完全适应社会需要。因此,转变传统教学理念是当务之急的事情。然而,由于种种原因,离学生最近的一线体育教师对探索现代教学理念的积极性并不高,由此对体育教学手段的创新就带来了阻碍。

(二)硬件设施缺陷的影响

对于体育教学手段的创新来说,它最终的目的在于可以用于教学实践。因此,对于它的创新工作都要始终以实际应用为依据,尽量避免那些理论性的、构想性的创新。例如,多媒体教学手段的创新对体育教学,尤其是体育运动技术领域教学的影响是革命性的。但是,多媒体手段的使用有一个关键的前提,那就是要具备非常完备的电子设备,具体包括计算机、网络、投影仪。这些设备在现代学校中较为常见,但该类设备通常只在教室中安装,体育教学的场所主要在面积较大的体育场等地方,因此这些多媒体设备如何进入场馆就成为了大多数学校难以解决的问题。体育教学设备不能到位和正常使用,在一定程度上影响了多媒体手段在教学中的效果。同理在运用其他种类的体育手段时也会遇到类似的问题,给体育教学手段的创新带来了阻碍。

(三)软件普遍匮乏的影响

硬件设施是体育教学手段创新的客观事物,而与之相配的一些软件也是能否发挥硬件功能效果的关键。

仍旧以多媒体教学手段为例,当硬件提供齐备后,相应的软件也要配齐。体育教学软件目前阶段在我国的开发处在刚刚起步的阶段,开发此类软件的机构主要以教育部门或教育部门外聘的软件开发人员为主。对此类软件的开发和应用需要通过较为专业和具有丰富经验的体育工作者及计算机编程人员的相互协作共同完成。然而目前对软件的开发之于使用需求来讲显得相当匮乏。在体育教学中,要想找到丰富的图片、动画或视频等资料并不难,由此可见充足的素材是课件制作的重要基础。素材的缺乏直接影响了课件设计思想的实现,作为经验最为丰富的一线体育教师,他们具有最佳的资料素材,不过鉴于专业所限,他们独立制作素材的能力以及计算机编程水平如何就成为影响课件质量和使用效果的关键要素。

三、体育教学手段创新的途径

为了不断对体育教学手段进行有益的更新,正确的创新思路和途径是必不可少的,它是一个新型体育教学手段能够起到实际效果的重要保证。因此,通过研究与归纳,总结出了以下几个创新体育教学手段的途径。

(一)加快转变体育教学理念

随着我国迈入信息化时代,网络教学已经开始用于教育实践当中。从实际效果上来看获得了不错的教学效果和评价。为了与之相适应,体育教学理念也要紧随其后,为此学校体育教育管理部门和一线体育教师都要敢于接受新鲜理念和事物,积极为新型体育教学手段应用提供便利条件。特别是体育教师要不断完善自我,坚持学习现代教学设备的使用方法,这是新形势对现代体育专业教师的一个基本要求。只有加强高校体育教师的计算机应用水平和独自制作教学素材的能力,在体育教学中充分发挥多媒体信息现代化教学手段的优势,为现有的计算机网络设备提供相应的技术支持力量,才能最终发挥出现代化体育教学手段应有的巨大潜力与作用。

(二)强化体育教学手段的创新意识

要想得到良好的创新成果,首先要具有良好的创新意识。学校体育现代化的教学手段能否摆脱传统体育教学的束缚,真正地转变为与时俱进,不断更新和发展的现代化体育教学模式,关键在于学校体育教学手段的创新性[①]。

另外,强化体育教学手段创新意识的参与者还包括一线体育教师和学校体育教学管理部门,他们能否形成正确的思维方法和创新意识也是手段创新成功与否的关键。以教师为例,如果他具有创新精神,在教学中甚至在与学生平日的接触中他都会从各个角度和层面激发学生对体育运动的兴趣,并能不失时机、随时随地进行创造型素质培养。不过仍有许多体育教师对体育教学手段的创新并没有产生太大兴趣,表现出了安于现状、不思进取的态度,如此自然影响了体育教学创新思维的发展。研究表明,教师只有具

---

① 李琳琳. 高校体育教学创新方法及改革途径策略研究. 辽宁教育行政学院学报,2007,24(12).

有高度的工作责任感,激发学生的创造欲望,满足学生的心理需要,并能够不失时机、随时随地进行创造型素质培养,才能使现代化教学手段获得创新的保证。

（三）着力完善体育教学硬件设施

在我国多媒体计算机技术进入体育术科教学领域的时间不长,在应用过程中,开展体育术科现代化多媒体辅助教学的硬件资源建设相对较弱。有些高校的体育教学,多是借助其他学科多媒体教室或教学场馆,专业的体育术科教学实验室或多媒体教学场馆。因此,高校专业体育教学应加大资金的投入和建设力度,使与体育教学相关的场地设施器材装备齐全,保证体育多媒体教室设备及体育教学实验室仪器数量、质量和功能的完整。现代化、完善的体育教学设施,是实现体育术科教学手段现代化的先决条件和坚实基础。

体育专业教学在保证硬件设施的同时,应重视利用这些现代化教学设备,使其更好地为体育术科教学服务。在以往的体育教学中,技能、技术的传授主要依靠体育教师的示范与讲解。虽然老师能很好地完成示范动作,但也会因完成动作示范的周期时间过短使学生很难清楚地了解该动作的整个过程。如果在学习这些技术动作之前,老师先带领学生利用多媒体教室,采用现代化技术,观看完整的技术动作分析,或者在室外实践学习之后利用多媒体仪器记录并分析学生的技术动作,就可以对错误进行及时的改正,比如利用现代化多媒体慢放功能,可以使学生观看到完整示范、逐帧分散示范和不同难度动作示范[1],使快速多变、连贯的动作变为缓慢、分解、停留的画面,看得清,记得牢,有助于学生了解动作之间的内在关系,化繁为简,把客观事物具体化、形象化;它的形、声、色直接诉诸学生的感官,刺激和激发大脑皮层的兴奋,比传统的教师示范讲解、学生实践模仿的教学方法更容易被学生所接受。又如,体操项目中的多媒体教学可采取摄像的形式,通过标准动作讲解、录像示范、不同角度拍摄学生的练习,也可在教学训练过程中采用体育 CAI 课件,通过在训练馆内设置专门的同步摄像与 PC 机相连[2],CAI 课件会自动地把学生的动作记录下来再通过反复回放、定格或慢放等手段与课件内标准示范进行对比分析,使学生找到错误所在并加以纠正,最终达到良好的学习效果。

---

① 彭鹰,谢艳林.浅析信息化教育中的体育教学.信息技术,2008,16(1).
② 张萍,付哲敏,李维国.术科教学训练中现代化技术手段的运用.沈阳体育学院学报,2008,27(3).

此外,在大多数高校体育院校中,体育教学实验室多被应用到测量或者理论教学实验中,对体育技术课教学的运用少之又少,这就大大减少了体育教学实验室的利用价值。笔者认为应该把体育教学实验室合理利用到体育术科教学中去,使体育教学手段成为一种由体育多媒体、教学实验室和室外技术实践有机结合而成的术科教学模式,这种教学优化组合的教学手段能更实际地为现代化体育教学所用,如排球的扣球教学,由于动作快,且在空中完成,其技术最为复杂,学生学习难度大[1],因此,教师可先通过媒体观看录像,示范讲解优秀运动员的扣球技术,同时利用实验室来让学生体会扣球技术动作中的背弓和手臂的鞭打技术特点,最后在实践中,结合运用音乐媒体来控制学生练习时的抛球及扣球的时间和节奏。选择该教学组合模式不仅能使学生掌握正确的技术动作、时空感、节奏感,同时也达到了提高学习效果的目的。

(四)加大体育教学软件的开发工作

随着教学基础设施条件的改善,教育技术现代化进程的加快,体育术科教学辅助软件的开发也必然要随之加大力度。笔者经调查发现,目前常用于体育教学多媒体电子教案的制作软件相对单一,这些多媒体电子教案中多以理论文字教学方面的制作为主,实践性技术的制作软件及素材相对较少,其表现形式也相对较弱,这使体育电子教案制作产生了一定的局限性。目前健美操电子教案的表现形式较为丰富,其他体育项目在电子制作上都较为死板,这就大大缩小了体育多媒体电子教学在体育术科教学中实际利用率及自身的价值体现[2]。为此笔者认为体育教学中应加大开发体育术科教学软件的力度,使其能更好地配合硬件设施,使现代化教学手段能更好地发挥作用。我们可以把体育教学中集计算机、投影仪、录像播放于一体的多媒体技术作为基础设施,把难度较大的动作技术经过软件整理,制成电脑动画,编辑成可重复的、慢速的、多方位的、动静画面相结合的演示,再配以简洁生动的文字说明,来代替教师的示范或进行技术剖析,使学生清楚地了解所学动作的技术要领和动作结构,从而加速学生正确动作概念的形成,提高教学效率。

制作好的教学软件,可读性强,能激发学生的学习兴趣,为此教学软件

---

① 杜雷.串连技术在高校排球教学中的探讨.齐齐哈尔大学学报(哲学社会科学版),2007(5).

② 陈晓华,李峰.多媒体电子教案在健美操教学中的应用.成都大学学报(教育科学版),2008,22(1).

的开发利用对体育教学具有非常重要的意义。例如在篮球的体能教学训练中,如果只依靠个人进行单纯的体能训练,或者运用多媒体幻灯片进行大量的理论文字讲解对课堂而言都是枯燥和乏味的。如果我们在体能电子教案中以大量的动画制作为主要内容,并编辑录制或采集一些精彩的体能训练视频,利用一定的软件制作来进行反复的观摩,使其具备更多的观赏性,最后以文字理论或教师的讲解为辅助教学,就能够更直接地刺激学生的感官神经,使其对该课产生好奇和兴趣。这种越来越先进的体育教学软件的开发,对改善体育教学内容的主要表现形式、学生对所学内容的领悟方式以及体育术科教学的教学模式都将产生较为积极的影响。此外,学校应建立并丰富相应的网上教学资源库,学生可以通过校园网从本校或校外课件库和教学资源库中在线点击获取自己感兴趣的知识,从被动接受知识的模式中解放出来与高度互动、个性化的智能环境相适应。校园网、体育教学信息库的不断改善以及师生目前所拥有的高科技产品的不断增多,都极大地方便了现代化体育术科教学软件的研制、创新和传播。因此加快体育教学软件的开发,这对实现体育术科教学手段的现代化起着十分重要的作用。

第六章 体育教学模式的革新与发展

教学模式是在长期教学实践活动中形成的一种带有系统化和稳定化特点的操作样式。体育作为学校教育的重要组成部分,近几年来,体育教学模式的革新与发展越来越多地引起有关专家和学者的重视,由此可以看出体育教学模式在现代体育教学中的重要作用。本章主要研究体育教学模式的基本理论,几种典型的体育教学模式、新型体育教学模式的构建与运用以及体育教学模式的改革与发展。

第一节 体育教学模式的基本理论

一、体育教学模式的界定

有关体育教学模式的界定,是从 20 世纪 80 年代才开始进行专门的探讨的。目前,体育教学模式的概念并未统一,其规范化程度还有待于进一步提高。在体育教学模式的研究中,许多学者对体育教学模式的定义都提出了自己的认识和观点,下面就列出几种比较具有代表性的。

(1)李杰凯认为,体育教学模式"是蕴含特定的教学思想,针对特定的教学目标,在特定教学环境下实现其特定功能的有效教学活动与框架,是以简洁形式表达的体育教学思想理论和教学组织策略,是联系体育理论与体育教学实践的纽带"①。

(2)杨楠认为,体育教学模式是"体现某种教学思想或规律的体育活动的策略和方式,它包括相对稳定的教学群体和教材、相对独特的教学过程和相应的教学方法体系"②。

(3)毛振明认为,体育教学模式是"按照一定的体育教学理论或教学思

---

① 龚坚．现代体育教学论．重庆:西南师范大学出版社,2009.
② 同上．

想设计,具有相应结构和功能的体育教学理论或教学活动模型"。[1]

（4）樊临虎认为,"体育教学模式是指在一定的教学思想或理论指导下,设计和组织体育教学而在实践中建立起来的各种类型体育教学活动的范型,它以简化的形式稳定地表现出来。"[2]

综上所述,体育教学模式能够有一个初步统一或认可度较高的概念,即"体育教学思想特定,用以完成体育教学单元目标而实施的稳定性较好的教学程序就是所谓的体育教学模式"。

二、体育教学模式的特点

（一）整体性

体育教学模式对体育教学的处理是从整体上进行的,具体来说,它不仅要明确规定教学活动中的教学主体（体育教师与学生）、教学客体（教学目标、教学内容等）等主要因素的地位与作用,而且还要对教学物质条件、组织形式、时空条件、师生互动关系或生生合作关系等影响体育教学活动并在教学活动中起重要作用的其他因素进行相应的说明。由此可以看出,这几乎把体育教学论体系中的基本内容都涵盖了,因此,人们也将体育教学模式称为"体育微型教学论"。体育教学模式的整体性特征要求人们在对体育教学模式做出正确地认识及运用时,一定要将体育教师的教学风格、学生的年龄特点、体育基础特点、课程内容特点等体育教学模式的主要要素整体全面地确定下来并熟练把握。除此之外,教学场地条件、环境条件、教学班级人数、气候特点等一些次要要素也要列入考虑的范围内,同时还要清楚地认识到它们之间的相互关系,对各环节的相互配合、相互衔接也要引起足够的重视,从而使教学模式成为系统的教学程序。这种多部分、多要素、多环节的有机组合将体育教学整体性充分体现了出来,同时也对体育教学模式并非是多环节、多要素的简单堆积进行了说明,因此,可以说体育教学模式是具有一定科学性的。

（二）优效性

一定的理论基础是建立体育教学模式的基础条件,但同时,体育教学模式的构建与完善离不开体育教学实践的不断修正与补充。因此,促进体育

---

[1]　龚坚.现代体育教学论.重庆:西南师范大学出版社,2009.

[2]　同上.

教学质量的提高,逐步改进体育教学过程,不断更新与完善体育教学的各个环节,避免教学资源的浪费与缺失,是完善体育教学模式的主要着眼点。从这一角度上来说,体育教学模式充分体现出了其显著的优效性特点。

（三）针对性

无论何种体育教学模式,其建立都是针对体育教学实践过程中的某个具体问题或问题的某一方面而进行的,针对体育教学内容、体育教学对象,体育教学环境等不同要素所形成的体育教学模式是很大有区别的。从这一点来看,体育教学模式有其特定的教学目标和使用范围,是不能包罗万象的。比如,情境教学模式是针对小学生理解能力较差、体育基础不够,而以体育故事形式把各种简单的体育活动动作组合起来进行教学的,因此,这种教学形式对于中学高年级的学生是不适合的;又如,快乐体育教学模式是与传统体育教学中的强制性教学相对立的,学生在强制性体育教学中是体验不到快乐的,所以设计了快乐体育教学模式,因此,这种教学模式对于学练一些简单的体育活动动作是较为适合的,而对于体育复杂动作的教学则是不适合的。由此可以看出,普遍有效的全能模式或者最优的模式是不存在的。然而教学模式与目标往往是一对多或多对一的关系,而绝非是一对一的关系。

通常来说,一种模式的目标是多种多样的,而多样化目标又可以进行主、次的划分,其中主要的目标不仅是此模式与彼模式相区别的主要特征之一,同时也是人们有针对性地选用模式的一个重要依据。比如,启发式教学模式与快乐体育教学模式中都有发展学生技能、运动参与、情感方面等目标,但是,这些方面的主要目标并不是一样的,而是有一定的差异性的。具体来说,开启学生的学习智力,使学生的运动思维得到有效的发展,从而对运动技能的学习与掌握产生积极有利的影响,是启发式教学模式的主要目标;而使学生在学练一些较为简单的体育活动动作中体验运动的乐趣,并创造性地组合一些简单的动作,体验运动成功的感觉,使其自信心有所增加,则是快乐体育教学模式的主要教学目标。

（四）可操作性

这里所说的可操作性主要包括两个方面的内容。

一方面,体育教学模式易被教师模仿。究其原因,主要是由于教学模式不仅是教学理论的操作化,同时还是教学实践的概括化。体育教学活动在时间上的开展以及每一教学步骤的具体做法都需要教学模式提供相应的逻辑结构与思维,也就是所说的操作程序。这样,教师在教学中应该先做什么，再做什么，最后做什么，就非常条理化，操作性较强。

另一方面，体育教学模式的操作程序是处于基本稳定状态的，究其原因，主要是因为体育教学活动的特殊性、复杂性以及影响体育教学的主要因素不能受到精确控制。关于此，比较具有代表性的是魏书生同志创立的"六阶段教学论"，从总体上看，教学是按照"提出教学要求→组织学生自学→师生讨论启发→开展实践运用→及时做出评价→系统总结"这样的程序进行的；运动技能类教学模式是按照"教师的示范讲解→动作分解教学→学生初步练习→纠正错误动作→再次练习→动作部分的结合练习→纠正错误动作→完整动作练习→强化练习、过渡练习→掌握动作"这样的程序进行的，而且需要强调的是，它们的教学程序是不可逆转的，但是，其中某些步骤可以以教学实际情况为主要依据进行压缩、省略和重叠。这就充分体现了体育教学模式的可操作性特征。

虽然体育教学模式具有较强的针对性，但在不同条件与环境下开展体育教学，其产生的体育教学模式也表现出一定的差异性，也会因不同的教学指导思想和理论而表现出一定的差异性。但是一旦确立了体育教学模式，就可以代表一定的教学思想和理念，也就表明某一特定的条件下的具体操作的稳定性和可模仿性，具体相同的理念和外在条件，便可以容易地被体育教师所模仿，这就是体育教学迷失的稳定性特点。需要注意的是，随着时代的变迁，指导思想与外在条件等发生质的变化，这就要求适当调整和变更体育教学模式，由此可以看出，体育教学模式的稳定性并不是绝对的，而是相对的。

（五）简洁概括性

体育教学模式并非是"复写"体育教学活动，而是在能将自己个性充分显示出来的基础上，将教学目标、教学方法、组织形式等开展某一教学活动的不重要因素省去，从理论高度简明系统地将模式自身反映出来。由此可以看出，它是对某一理论的浓缩，对实践的精简，表现出一定的简洁性与概括性。一定的体育教学模式能够将特定的体育教学思想充分反映出来，而且也在一定程度上简化教学模式的各环节，通过教学程序的方式将其展现出来，因此，充分体现出了体育教学模式显著的简洁概括性特征。

教学模式的概括性主要在教学模式的表现形式、表现内容和表现种类等方面得到体现。具体来说，每一个方面的概括性都有着不同的特点，具体如下。

（1）表现形式的概括性，就是用较少的笔墨、少许的线条、符号或图表就能够将整个教学模式大致反映出来。

（2）表现内容的概括性，就是浓缩、提炼单元体育教学活动的理论或实践。

（3）表现种类的概括性，就是把具有共同特征的模式归结为一类，从而达到将某一体育教学模式的教学目标更明确地表达出来的目的，也可以在体育教学实践中使体育教师对体育教学模式有更加明了的理解与选择，从而使对多种体育教学模式产生相互混淆的现象得到有效避免。

三、体育教学模式的结构

体育教学模式的结构主要包括教学思想、教学目标、操作程序、实现条件以及评价方式等，具体内容如下。

（一）教学思想

作为体育教学模式的灵魂，教学思想是建立体育教学模式所应具备的基本理论与思想基础。也就是说，要想建立体育教学模式，就需要有一定的理论知识对其进行指导，在不同理论指导下所建立起来的体育教学模式是有所差异的。例如，我国在 20 世纪 80 年代所建立起来的愉快教育与日本的快乐体育，这两种教学模式都是根据当时学生学习时的具体需求产生的，有利于学生参与学习活动的积极性和主动性的充分调动，并能够通过体育教育养成终身体育的习惯。

（二）教学目标

在体育教学过程中，建立体育教学模式的目的就是更好地实现体育教学目标。如果没有体育教学目标，也就没有体育教学模式存在的必要和价值了。"体育教学模式所能够达到的教学效果是体育教师对某项教学活动在学生身上将产生的效果所作出的预先估计。"[①]体育教学目标是具体化了的体育教学主题的表现，体育教学模式要以教学目标为核心，教学目标能够制约体育教学模式的其他结构要素。

（三）操作程序

教学活动中的教学环节或步骤就是所谓的操作程序。在体育教学活动中，操作程序主要指的是在时间上展开的逻辑步骤以及各逻辑步骤的具体做法等。无论哪种体育教学模式，其操作程序都是独特的，是与其他教学模

---

① 龚坚．现代体育教学论．重庆：西南师范大学出版社，2009.

式不同的。操作程序并不是一成不变的,但它一定是基本的和相对稳定的。

(四)实现条件

所谓实现条件是指体育教学模式中所采用的策略和手段,它是对操作程序的补充说明,并能够使体育教师选择合理的、正确的教学方法和策略。人力条件、物力条件和动力条件三个方面是体育教学模式中实现条件的主要内容。具体就是体育教师与学生、体育教学内容与时空以及学校的基础设施等。

(五)评价方式

不同的体育教学模式所要完成的体育教学目标不相同,而且所采用的教学程序和条件也存在差异。因此,不同的体育教学模式也具有不同的评价标准和评价方式。每一种教学模式的评价标准和评价方法都是特定的,如果使用统一的标准进行评价,就会使评价不具备科学性,评价结果失去说服力。例如,与标准化评价相比,群体合作教学模式的评价标准是采用计算个人和小组合计总分的评价方式。

四、体育教学模式的功能

(一)简化功能

体育教学活动有着较为显著的特殊性和复杂性的特征,因此,要想取得较为理想的处理这种特殊性和复杂性的效果,除了需要人们的思辨和文字的处理方式外,还需要其他一些简单明了的方式。图示就是这样一种方式,它能够将各系统之间的次序及其作用和相互关系较为清晰地表达出来,这样往往就能够使人们对事物有一个整体的印象。体育教学结构能够反映出各环节各要素的关系,除此之外,也能够将其组织结构和流程框架反映出来,这种结构的主要特点在于注重原则、原理,而且也较为重视行为技能的学习。因此,从客观的角度上来说,体育教学模式有着非常重要的作用和意义,与现代体育教学任务是相符的,具体来说,主要表现在三个方面:第一,对体育知识的学习和体育技术、体育技能的学习与掌握非常重视;第二,对学生的学习目标和教师的设计方案非常重视;第三,在充分反映教学理念的同时,对具体的操作策略也非常重视。由此可以看出,体育教学模式具有较强的可操作性,其结构和机制也较为完整。另外,体育教学模式比抽象的理论更具体、简化,不仅与教学实际更为接近,而且它能够为体育教师提供基本操作框架,使教师明确具体的教学程序,因此较容易被教师理解、选用、操作与认可,受到教师的欢迎。

(二)预测功能

体育教学模式是以体育教学活动中的内在规律与逻辑关系为基础的,因此,它有利于准确地对体育教学进程和结果作出判断,即使不能准确判断,也能对体育教学进程和结果进行合理估计,甚至可以对教学结果假说进行建立。通常以某种教学模式内在与本质的规律及其现象为主要依据,来对该模式进行预测。例如,快乐体育教学模式,这种教学模式既要注重学生在学习过程中的学习体验,也要使学生对运动技能加以掌握,从而为学生的终身体育打下良好基础。这种模式的预测功能主要体现为两个方面:一方面,如果在教学过程中没有达到预期的教学目标,说明实际与预测存在一定的差距,需要进行合理、正确地调整;另一方面,如果在教学过程中达到了预期的教学目标,说明与事先的预测是相吻合的,证明理论与实践是相统一的。

(三)解释与启发功能

体育教学模式的功能和作用主要表现在通过简洁明了的方法来解释相当复杂的现象。比较常见的一种体育教学模式是发展体能教学模式,这一教学模式的建立给人以整体的框架,其中文字的解释让我们能够更加深入理解教学模式,具体来说,发展体能教学模式中所蕴含的理论知识主要在以下三个方面得到体现。

首先,阶段性的体能目标实施与反馈控制理论。

其次,体育教学系统地、长期地发展体能的指导思想。

最后,非智力、非体力因素参与体育活动并促进技能教学的发展理论。具体来说,体能的发展是比较枯燥的,因此,如何激发发展体能的兴趣就成为一项关键性因素,需要注意的是,这一关键因素是非智力、非体力的。

除此之外,对于整个教学活动来说,具体的某种教学模式的核心环节具有非常重要的作用和意义,其主要在教学目标的制定与教学过程实施的形成性评价中得到一定的体现。具体来说,主要包括以下几个方面。

第一,预先进行体能测验,实施诊断性评价。

第二,以学生的身体条件与身体素质的侧重点为主要依据来对教学单元进行合理的安排。

第三,有针对性地对单元中诸体能目标进行练习,并力争达成目标。

第四,对学习效果进行总结,实施总结性评价。

第五,以评价的结果为主要依据来使矫正措施得以实施。

(四)调节与反馈功能

马克思主义唯物观认为实践是检验真理的唯一标准,因而体育教学模式是否科学也要通过实践的体育教学活动对其进行检验才能得知。体育教学模式是依据具体的教学指导思想、教学条件和教学环境来进行安排的。例如,在实际的运用过程中,如果某一种体育教学模式没有达到预先制定的教学目标,就需要具体分析教学模式操作过程中的各个环节与因素,并找出其中的利弊关系,深入地分析其原因并提出相关对策,以使体育教学活动更加科学、合理。

第二节 体育教学中典型的教学模式

由于体育教师各具特点,再加上学生的实际情况也有所不同,因此在体育教学过程中,所采用的体育教学模式也是千差万别,各有侧重。下面主要分析几种常见体育教学模式的建立背景、指导思想、操作程序以及存在的优缺点。

一、主动性体育教学模式

(一)建立背景

在现代教育中,学生是整个教学活动的主体,所以主动性体育教学模式能更好地引导学生通过思考、体验来进行交流和合作,从而进一步发展自身的社会技能、社会情感以及创造能力。在体育教学中,要想取得较为理想的教学效果,必须要有良好的课堂环境和氛围作为保证。因此,主动性体育教学模式在这样的环境和需求下应运而生。

(二)指导思想

主动性体育教学模式的指导思想主要包括以下几个方面。

(1)培养学生的参与能力。只有使学生参与到教学活动中来,才能有机会使学生的主动性得到进一步发展。

(2)培养学生的教学能力。引导学生站在教师的角度上去思考问题,有利于提升学生的教学能力和主动性。

（3）培养学生的合作精神。要使学生认识到团队合作的重要性，培养学生的团结合作精神，同时还可创造出理解、尊重、宽容、信任、合作、民主的课堂氛围。

（4）培养学生的创新意识。要想发展就必须进行创新，教师应根据教学实际和学生的具体情况，有针对性地培养学生的创新意识和创造能力。

（三）操作程序

主动性体育教学模式的操作程序如图 6-1 所示。

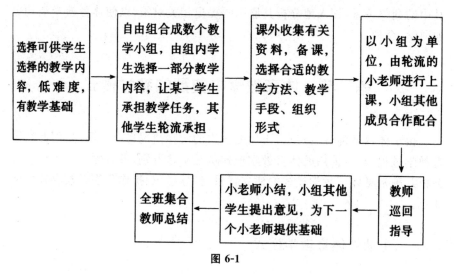

图 6-1

（四）主要优缺点

1. 优点

（1）体育教学中运用主体性体育教学模式能够实事求是地、有针对性地发展学生的主体意识。

（2）有利于提高和发展学生的学习主动性和自我学习能力。

2. 缺点

主动性体育教学模式要求学生有一定的自觉性基础，并且要求学生具有自我设计教学计划、教学方法、教学手段、组织措施的能力，更要求学生的自学能力要强，否则，运用主动性体育教学模式就不会取得理想的效果。

二、小群体体育教学模式

(一)建立背景

这种小群体的学习形式来源于日本的"小集团学习"理论。小群体体育教学模式是指在体育教学中,将学生进行分组,并在教师的指导下,同组学生之间、小集团与小集团之间通过互动、互助、互争,增强学生学习的主动性,从而提高教学效率的一种教学模式。小集团学习法起初是在其他学科中产生的,到了20世纪50年代开始应用于体育教学中。这种模式在体育教学中的运用,除了取得较为理想的效果外,还进一步促进了体育教学的发展和完善。

(二)指导思想

小群体体育教学模式的主要指导思想是在遵循体育学习机体发展和发挥教育作用的规律的基础上,通过体育教学中的集体因素和学生间交流的社会性作用,促进学生交往,提高学生的社会性。此外,在运用这种模式的过程中,还要注意培养学生自主学习能力,并要适应学生的个体差异表现。因此,小群体教学模式的指导思想具体体现在以下几个方面。

(1)有针对性地培养学生的良好品质。

(2)强调集中注意力,并要求学生相互帮助、团结,以有效地提高组内的竞争力。

(3)通过教导学生相互帮助、合理竞争,从而提高学生的身心健康和社会适应能力。

(4)要在条件基本均等的情况下,使组与组之间的学生合理竞技,从而激发学生学习的兴趣,提高学习的效果。

(三)操作程序

小群体体育教学模式的操作程序如图6-2所示。

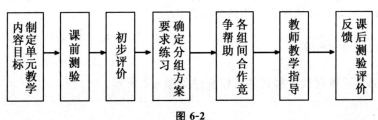

制定内容目标单元教学 → 课前测验 → 初步评价 → 确定分组方案要求练习 → 各组间合作竞争帮助 → 教师教学指导 → 课后测验评价反馈

图6-2

（四）主要优缺点

1. 优点

（1）小群体教学侧重于培养学生的团结性，有利于充分调动学生学习的积极性和竞争性，也有利于培养和提高学生的社会适应能力。

（2）通过小群体教学，既可以提高组内团队间的合作能力，又可以提高团队与其他团队之间的竞争能力，增强学生的竞争意识。

2. 缺点

由于这种教学模式更注重于培养学生的社会适应能力，这就可能会导致在教学中将大量的时间消耗在这一方面，从而使得学生对教学内容的学习时间相对减少。

三、选择式体育教学模式

（一）建立背景

在"健康第一"思想和新课程标准的影响下，为了更好地体现以学生为主体的教学观念，现代体育教学模式中出现了选项课。选项课的出现可以使学生在体育学习过程中依据自己的喜好和需要选择适当的项目学习。由于这种教学模式具有较高的可行性和良好的教学效果，近年来在多所学校中已普遍使用，并受到体育教育工作者的高度重视。

（二）指导思想

选择式体育教学模式可以使学生自主选择的优势得到充分体现，自主选择所要学习的内容、学习进度、学习参考资料、学习伙伴、学习难度等，这样才能使学生的兴趣得到提高，同时也可以充分调动学生学习的积极性和主动性，从而更好地培养学生的学习能力。

（三）操作程序

选择式体育教学模式的操作程序如图 6-3 所示。

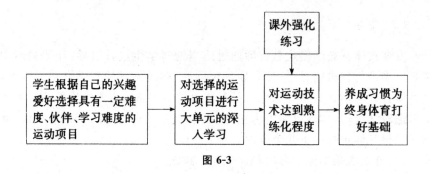

图 6-3

（四）主要优缺点

1. 优点

（1）学生自主选择学习内容，这不仅是学生主体地位的充分体现，而且也有利于提高学生的学习兴趣。

（2）通过学生根据自身的兴趣和需求来选择学习内容，能够更好地培养学生的自觉性、学习热情、学习态度、情感体验、克服困难的意志力等，也能提高学生的责任感。

2. 缺点

（1）根据目前相关教学实践来看，选择式体育教学模式虽然对有运动兴趣的学生有积极作用，但对于那些暂时还没有特别兴趣的学生在选择上会出现盲目性，也就是说，这种教学模式在目前还不适用于全体学生。

（2）由于受到技术难度、趣味性、运动量以及考核评价等方面的影响，学习内容可能会导致学生功利性地选择运动项目，从而使得选择内容不均等，不利于教学活动的顺利进行。

四、发现式体育教学模式

（一）建立背景

发现式体育教学模式是指通过体育教师的指导，学生能够独立地研究和发现事实和问题，从而可以更加深刻地掌握相关原理和知识的一种教学模式。这种教学模式主要强调学生的直觉思维、内在的学习动机以及教学过程三个方面。

（二）指导思想

发现式体育教学模式是教师通过适当地对学生进行引导，让他们运用主观思维进行积极的思考，独立地发现问题、解决问题的教学方式。因此，这种体育教学模式的指导思想就是在体育教学中通过遵循学生的认知规律来考虑教学过程，体现以学生为主体，以学生为中心的思想。具体来说，其指导思想具体包括以下几个方面。

（1）着重增强学生学习的积极性和趣味性。

（2）调动学生思维的主动性，开发学生的智力。

（3）在以学生为主体的前提下，对学生进行指导。

（4）在揭晓答案之前，要让学生自己去探索问题的答案。

（5）设置问题情境，并使学生较为自然地进入教学情境之中，激发学生的学习热情与积极性。

（6）可以提高学生学习运动技能的效率，使学生更加深刻地领悟技能和知识，记忆更加牢靠。

（三）操作程序

发现式体育教学模式的操作程序如图 6-4 所示。

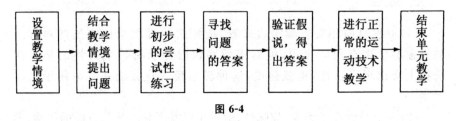

图 6-4

（四）主要优缺点

1. 优点

（1）发现式体育教学模式能调动学生学习的热情和积极性，提高学生的学习效率。

（2）发现式体育教学模式有利于开发学生智力，提高学生智力水平。发现式体育教学模式非常重视学生的智力发展，通过在学习过程中设置问题情境，激发学生学习的好奇心，进而提高其智力水平。

2. 缺点

（1）发现式体育教学模式会在问题的提出、讨论、解决等环节占用大部分的教学时间,从而使得运动技能练习与巩固的时间相对减少,因此会对学生学习和掌握运动技能的效果产生影响。

(2)发现式体育教学模式还会受到不稳定因素的影响,所以从教学模式的评价来看,无法在短时间内对其他教学模式进行比较。

五、领会式体育教学模式

（一）建立背景

领会式体育教学模式是在 20 世纪 80 年代由英国学者提出的。在当时,这种教学模式主要运用于改造体育教学的教学过程结构,在应用过程中试图通过从整体开始学习或领会新教程,并且对以往只追求技能,忽略学生对整个运动项目的认知和对运动特点把握的缺陷进行改进和完善,以达到提高体育教学质量的目的。

（二）指导思想

领会式体育教学模式的指导思想主要包括以下几个方面。
(1)这种教学模式强调先尝试,后学习。
(2)要在尝试的过程中了解学习运动技术的重要性,进而提高学生学习的主动性。
(3)强调先进行完整教学,然后再分解教学,在掌握各部分分解动作的基础上再完整尝试,从而比较学习前后的效果。
(4)竞赛是开展体育教学活动最主要的组织形式,这有利于提高学生学习的积极性和实用性。

（三）操作程序

领会式体育教学模式的操作程序如图 6-5 所示。

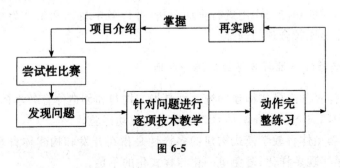

图 6-5

（四）主要优缺点

1. 优点

领会式体育教学模式通过先让学生初步进行体验，体会出学习正确动作的必要性，然后根据学生的实际情况，教师选择合理的教学方法，来促使学生产生强烈的学习动作的动机和需要，进而调动学生学习的积极性，提高学习效率。

2. 缺点

在尝试性比赛中，学生因对这项运动缺乏深刻的了解，很可能会使比赛无法顺利进行。在一些尝试性的比赛中，要想避免这种情况的发生，可以通过降低难度和要求，使学生慢慢进入活动的角色，从而使比赛更为有序，以此来保证常识性比赛的顺利进行。

第三节　新型体育教学模式的构建与运用

一、新型体育教学模式的构建

（一）构建原则

1. 坚持教学目标、内容、形式、结构与功能的统一原则

从本质上讲，新型体育教学模式的建构是处理好体育教学活动中形式与内容、结构与功能的关键问题。所以，体育教师应该对各类体育教学课堂结构和形式的功能与作用进行全面分析，并以教学目标和条件为根据对教学模式作出比较合理的选择。

2. 坚持统一性与多样性的统一原则

（1）体育教学模式构建的统一性是指在构建和创造体育教学模式时，要继承新中国成立以来我国体育教学思想和成功经验。

（2）新型体育教学模式构建的多样性是指在开发和构建体育教学模式时应尽量实现多样化，避免单一化与程式化的不足。

3. 坚持借鉴与创新的统一原则

体育教学模式要坚持创新与借鉴的统一性。这里所说的借鉴具体是指借鉴两方面的内容，一方面要借鉴国外的先进教学模式理论；另一方面是要借鉴国内的先进教学模式理论与成功教学经验。随着全球化趋势的加强，学校体育教学也必然要受到教育全球化的影响，不对国外先进教学模式理论加以借鉴或借鉴之后缺乏创新都是故步自封的落后表现。因此要有机结合创新与借鉴，这样才能运用成功的经验，吸取失败的教训，不走或少走弯路。具体来说，统一借鉴与创新，就是要以正确的体育教学思想为指导，革新原有的落后的体育教学模式，借鉴前人和他人的成功经验和理论，结合教学中的客观实际，提高体育教学的效率。

(二)构建步骤

概括地讲，新型体育教学模式的构建步骤主要如下。

(1)明确指导思想。选择用什么教学思想作为构建模式的依据，使教学模式更突出主题思想，并具有理论基础。

(2)确定构建模式的目的。在明确指导思想的基础上，确立建构体育教学模式所达到的目的。

(3)寻找典型经验。在完成第一步的基础上，通过调查研究，寻找恰当的典型经验或原型作为教学案例，案例要符合模式构建思想与目的。

(4)抓住基本特征。运用模式方法分析教学案例，对教学案例的基本特征与教学的基本过程进行概括。

(5)确定关键词语。确定表述这一体育教学模式的关键词。

(6)简要定性表述。对这一体育教学模式进行简要的定性表述。

(7)对照模式实施。对照这一体育教学模式具体实践教学，进行实践检验。

(8)总结评价反馈。通过体育教学实践验证，对实践检验的结果进行归纳总结，通过初步实践调整修正模式，并反复实践以不断完善。

二、新型体育教学模式运用的参考依据

新型体育教学模式的选择与运用主要把握以下几个参考依据。

(一)参考体育教材性质

体育教学以教材为基本工具，体育教师教学、学生学习都要借助教材这

一基本教学工具。体育教材也是体育教师与学生共同完成体育教学目标的内容载体。通常把体育教材分为概括性教材与分析性教材两大类,这主要是以体育教材内容的性质为依据划分的,具体分析如下。

(1)概括性教材:这一类教材中没有较难学习的运动技术需要学生掌握,对概括性教材进行讲解的主要目的是使学生对体育项目有简单的了解、培养学生体育学习的兴趣、促进学生的身心健康。学生在学习该类教材时主要是注重体验乐趣,获取快乐,所以要选择运用快乐式教学模式、情境式教学模式以及成功教学模式进行教学。

(2)分析性教材:这一类教材中的运动技术具有一定的难度,对这类教材进行讲解的主要目的是提高学生的自主学习能力与创新能力,促进学生体育知识与技能的增长,学生在学习该类教材时注重培养学习兴趣与创造力,所以要选择运用主动性体育教学模式、发现式教学模式以及领会式体育教学模式等进行教学。

(二)参考体育教学目标

体育教学模式构建与运用的关键是教学目标,体育教学模式需要体育教学思想与目标为其提供活力、指明方向。体育教学思想与目标也是区分教学模式的一个标准。体育教学目标在新课程改革之后有所变化,主要涵盖了四个方面,具体如下。

(1)提高学生运动参与能力与积极性的目标。

(2)促进学生身心健康的目标。

(3)促进学生正确掌握运动技能的目标。

(4)提高学生社会适应能力的目标。

上述体育教学目标要求在体育教学中采用情境体育教学模式、探究体育教学模式以及成功式教学模式等进行教学。

(三)参考体育教学对象

体育教学活动离不开学生这一教学主体,体育教学活动中,学生也是其中非常重要的一个组成部分,所以要针对不同学生的具体情况与特点来对教学模式进行运用。学生的学习阶段按年龄大致可以分为小学、中学、大学三个时期。不同学习时期,学生的身体与心理情况是有明显不同的,所以体育教学模式的运用要考虑到不同学习阶段的学生的具体情况,具体如下。

(1)学生在小学时期,其身心特点具有游戏性,因此适合这一时期的体育教学模式有快乐式教学模式与游戏体育教学模式。

(2)学生在中学时期,对不同种类的体育运动项目比较热衷,而且其也具备了相应的思维与逻辑分析能力,因此适合这一时期的体育教学模式有小群体体育教学模式及探究式体育教学模式。

(3)学生在大学时期,主要是接受专项体育运功教学训练,因此适合这一时期的体育教学模式有技能性体育教学模式,同时也要发挥体能性体育教学模式的辅助作用。

(四)参考体育教学条件

体育教学模式不同,其相应的教学条件也会有差异。不同地区或学校的体育教学条件具有明显的复杂性与差异性。以城市和农村地区为例,两个地区的经济水平差距很大,因此体育教学场所、设施与器材也有差距。针对这一情况,体育教师要实事求是,从实际出发,选用恰当的体育教学模式来完成教学目标与任务。农村学校的教学水平与条件有限,因此不宜采用要求外部教学条件十分良好的小群体教学模式。

三、两种新型体育教学模式的构建与运用

(一)启发式体育教学模式的构建与运用

"启发式体育教学模式指的是在体育教学活动中,教师以体育教学目标、教学规律以及学生的认知水平和年龄特点为主要依据,通过采取各种教学手段来引导学生独立思考、积极主动地获取知识、解决学习问题的过程。"[1]解决教学中出现的问题、提高体育教学的质量以及促进学生体育学习积极性的发展是体育教学模式的实质。

1. 启发式体育教学模式的构建

(1)对问题情境进行创设

体育教师在对问题情境进行创设时,要具体以体育教材的重点和学生的客观实际为依据。在创设问题情境的过程中,体育教师不仅仅要解决学生在学习中出现的问题,更要采取一定的方法与措施来引起学生的好奇心,使其主动提出疑惑,并积极思考解决疑惑,这样有利于学生学习热情的充分调动,有利于提高学生逻辑思考与客观分析及解决问题的能力。

(2)采用直观教学手段

体育教师在对学生进行启发的过程中,要尽量采用直观的教学方法手

---

① 潘凌云.体育教学模式探讨.华中师范大学,2002.

段,减少抽象概念的使用。直观手段具体是指多媒体、录像、图片等直观教具的使用,直观教学方法有利于学生学习兴趣的激发与提高,有利于学生以最为简单的方式清晰地掌握学习内容。

(3)采用多样化的练习手段

体育教师在引导学生进行练习的过程中,要以体育教学任务、目的和要求为主要依据,并要擅于采取一些有助于启发教学的练习方式作为辅助学习的手段。除此之外,体育教师还可以以教材内容为依据对多样化的练习手段加以运用,以此来促进学生学习兴趣的提高,同时也能够提高学生的学习效果。

2. 启发式教学模式在体育教学中运用的注意事项

(1)对教材重点与难点有所明确

体育教材重点是学生要掌握的关键内容,教材难点是学生不容易掌握的教材内容。教师运用启发式教学模式进行教学时要以教材重点为中心,通过口头叙述、动作示范等各种教学方式来引起学生对教材重点内容的思考。体育教师也可以针对重点动作做一些生动、逼真的模仿,这样学生也能比较容易地掌握教学内容。除此之外,教师也要把学生的身心特点、认知能力和学习基础重视起来,遵循因材施教的教学原则,使每个学生的学习效率都能得到保障。

(2)对多元评价体系进行科学构建

评价学生的学习过程或结果主要是为了总结学生的学习效果,对学生学习体育起到一种督促与激励的效果。合理的评价有利于提高学生学习的积极性和主动性。评价的实施步骤具体为:评价标准的确定——评价情境的创设——评价手段的选用——评价结果的利用。评价讲究合理,不要求过于死板地对标准答案有严格的限制,根据具体情况保留一定的评价空间。教师在对学生的学习技能做出评价的同时,也要引导学生进行自我评价或学生之间的互相评价。

(二)合作式体育教学模式的构建与运用

体育教学活动中,合作教学模式的运用有利于学生合作意识与能力的提高,有利于学生交往、实践及协调能力的增强,也有利于学生个性发展和终身体育意识的形成。

1. 合作体育教学模式的构建

(1)构建程序

首先,要以体育教学大纲规定的教学时间与教学内容为主要依据,对上课时间进行合理的分配与安排。通常,在体育教学活动中,体育理论知识教学占总教学时间的 25％;学生体育能力培养占总教学时间的 30％;体育技战术教学占总教学时间的 45％。

其次,体育课堂教学之前,教师要做好课堂教学计划,即教案。制定教学计划时教师要加强与学生的合作,与学生一起探讨教学方法的选用。

(2)具体实施

①明确教学目标

体育教学过程的第一环节就是要明确并呈现教学目标,这一环节中,体育教师的口头讲解与动作示范要有机结合学生的观察体验与思考,加强师生之间的沟通与交流。

②对学生进行集体讲授

对学生进行集体授课时,体育教师要适当缩短授课时间,提高教学效率,从而留出更多的时间为下一环节(小组合作)做准备,教师要注意提高学生的学习积极性,擅于运用一些新颖的问题来使学生的注意力集中到课堂中。

③加强小组合作学习

学生的学习主体性以及学生之间的沟通与交流是小组合作环节的重点,学生要在小组合作学习中积极发表自己的意见,提高自己的主动性、积极性以及创新性。

④实施阶段测验

体育教师在学生学习一个阶段后,对各个学习小组进行阶段测验,从而对学生在这一阶段的学习情况与效果有一个初步了解。

⑤积极反馈

在反馈阶段,体育教师要综合评价学生在这一学习阶段的具体表现。学生在小组合作学习中获取的知识比较零散,系统性很差,所以教师要正确引导学生归纳所学知识,使之成为一个系统的知识体系,便于学生掌握与记忆。小组测试也是反馈的一个重要手段,通过测试反映出学生学习的不足,从而有针对性地对其进行纠正与完善。

2. 合作教学模式在体育教学中运用的注意事项

(1)更新教学观念

合作教学模式在体育教学活动中的运用要求对传统的体育教学观念进行更新,对学生的重要性进行重新认识,重视学生的主体地位,引导学生充分发挥自身的主观能动性,尊重学生的人格,教师在教学中加强与学生的合作交流,以学生的具体情况为依据进行教学。

（2）注重学生主体意识的培养

首先,体育教师在体育教学活动中要想法设法来激发学生的思维与学习热情,然后引导学生积极发现与探索新问题、新情况,在引导过程中,注重学生自主意识和独立能力的培养。

其次,教师要注重自身的引导作用,通过提问、质疑等手段,引导学生把注意力集中到课堂教学中。

最后,教师主导性的发挥要以实现体育教学目标为出发点,倘若没有从教学目标出发,就谈不上学生主体性的培养了。

第四节　体育教学模式的改革与发展

一、体育教学模式的改革

目前常见的体育教学模式是有限的,但随着体育教学改革的不断推进和创新,还会有更多的教学模式不断出现,并且在体育教学中得到应用。而关于未来体育教学模式的改革,其改革侧重点与趋势主要表现在以下几个方面。

（一）重视学生的主体性

传统的教学模式对教师的主导作用的重视程度比较好,其将教学过程片面地归结于教师的教,而将学生的学忽视掉了,这就使得学生在教学过程中处于被动地位,对学生主观能动性和能力的培养产生了一定的阻碍作用。

随着以学为中心的教学理论的发展,传统意义上的师生关系有了较大程度的变化,他们的地位和作用也有了一定的改变。"教师中心论"逐渐被"教师主导学生主体论"取代。在这种新的教学观的影响下,体育教学模式也要进行了一定的改变。具体来说,主要改革趋势为:由教师中心教学模式向教师主导学生主体的教学模式的转变。教师主导学生主体的教学模式,对于学生创新能力、自学能力、探索能力的培养较为有利,在一定程度上调动起学生学习的能动性和积极性,除此之外,还需要强调的是,这与现代人才的培养理念是相符的,因此,可以将其作为体育教学模式的一个重要的改革方向。

(二)注重学生能力的培养

现代社会科学技术发展迅猛,知识增长迅速,终身教育的普及以及竞争压力的不断加大,这些都对人们的能力提出了更高的要求,单一的知识积累已经不能使当今社会的需求得到满足。因此,在体育教学过程中,必须在教学模式上进行一定的改进,因为只有这样才能够更好地培养学生的运动能力、一般能力、创造能力、自学能力和社交能力。

另外,在普及九年义务教育初期,就已经开始强调要使学生全面发展德智体美劳,而且在越来越多的实践活动中,人们已经充分认识到了能力的重要性。在这样的条件下,从强调知识的传授逐渐转向重视能力的培养就成为体育教学模式改革的一个重要方向,这样能够使学生在参与实践活动的同时,对自己有更加全面的认识,从而不断挖掘和培养自身的各项能力。

(三)保留演绎型教学模式

教学模式形成的方法主要有由概括实践经验而成的归纳法和靠逻辑生成的演绎法两种。从一种思想或理论假设出发设计成的一种教学模式,就是所谓的演绎教学模式,其中,20 世纪 50 年代以后产生的教学模式大都属于这一类型。演绎教学模式是从理论假设开始的,形成于演绎,其对科学理论基础非常重视。演绎教学模式的这一特点不仅为人们自觉地利用科学理论作指导提供了一定的可能,而且还为主动设计和建构一定的教学模式来达到预期的目的奠定了一定的基础。由此可以看出,演绎型的体育教学模式的发展是教学模式发展的一个重要趋势,是与教学理论的发展和研究方向相符的,因此改革中要注意保留演绎型的体育教学模式。

二、体育教学模式的发展

(一)理论研究的精细化

研究体育教学理论,其目的既是为了更好地指导体育教学实践,也能起到对体育教学实践进行总结的作用。如果没有理论研究,又或者缺乏体育实践,那么整个体育教学就会失去意义。因此,必须将体育教学的理论研究与实践研究相结合,来加强理论研究的力度与成效。

(1)与其他理论相同的是,体育教学模式的研究必将从对一般教学模式的研究走向学科教学模式的研究,再到课堂教学模式的研究。

(2)对体育课堂教学模式的研究又趋向于精细化,包括学期教学模式、单元教学模式、课时教学模式。精细化是体育教学模式研究的必然趋势。

(二)教学目标的情意化

教学实践研究表明,智力因素和非智力因素对学生的学习活动起着非常重要的作用。现代体育教学模式的不断发展也逐渐对传统教学活动中过于强调智力因素,而忽视非智力因素的作用等状况进行了改善,并取得了良好的效果。现代体育教学模式的目标在使学生增长知识,培养学生能力的同时,更加注重人格教育、品德教育、情感教育与知识教育结合在一起。随着人们对人本主义心理学越来越重视,学生的情感陶冶也开始备受关注,并将情感活动视为心理活动的基础,对学生独立性、情感性和独创性进行了更加全面的培养。例如,情境式体育教学模式和快乐式教学模式通过问题情境的创设,提高教学过程的新奇与趣味性,使学生的学习兴趣得到有效激发,从而产生一种强烈的学习动机,这种动机下学习和掌握体育知识技能带有很强的情意色彩。

(三)教学形式的综合化

体育教学形式的综合化是指体育教学模式向着课内和课外一体化发展。由于受到时间的限制,课内的时间不能充分培养和发展学生自动化的运动技能与锻炼身体的习惯。这就需要在教学中,安排充足的课外时间进行练习和巩固,而课内的主要任务就是学习新知识,并针对错误的动作做进一步改进。只有这样才能更加熟练地掌握运动技能,实现个体运动技能的自动化。但从目前情况来看,我国各高校对课外体育活动的重视程度相比于体育课本身要弱很多,有的甚至处于放任自流的状态,这对体育教学效果有着非常严重的影响。

从体育教学模式发展的角度来看,由于目前对课外体育活动的不够重视,使得有关这一方面的研究也受到了很大的影响。"课内外一体化"教学模式虽然设计了课内与课外相结合的教学,但在实际的运用过程中还不够成熟,也没有形成明确的操作模式。因此,目前并没有将其列入现有的体育教学模式体系中。只有当这种模式的理论与实践发展成熟后,其自然能够成为一种重要的体育教学模式。

(四)教学实践的现代化

随着现代教育和科技的快速发展,高校体育教育在教学手段方面也得到了很大程度的突破,各种教学实践活动呈现出较为明显的现代化特点,并逐渐实现了对传统体育教学方法的改革和创新。在现代体育教学活动中,先进技术产品和手段的运用也在很大程度上提高了体育教师的授课效率，同时也进一步增强了学生学习的兴趣，调动了他们主动学习的积极性。目前，现代体育教学模式已经开始与现代教学技术手段相融合。由此可以看出，在体育教学模式中引入和运用先进的技术手段是其发展的重要趋势。

（五）评价标准的多元化

体育教学模式的不同，其评价的方式也会有所差异。随着现代教育改革的不断深入，体育教学模式也发生了较为明显的变化。单一的评价方式是很难对某一体育教学模式的科学性做出全面、客观的反映的。这就要求在评价时要采用全面的评价方式，所选择的评价指标也必须多元化。

传统的体育教学模式过于重视结果评价，而忽视了对学生学习和实践过程中的评价，这就使得学生的学习兴趣、爱好、情感反应等方面都很难得到全面的体现和反馈。而现代的体育教学模式逐渐摆脱了单一的终结评价方式，开始重视学生的学习过程评价、单元评价以及学生的自我评价等。

第七章　体育教学设计的革新与发展

良好的体育教学离不开前期进行的相关教学设计。合理的体育教学设计可以给体育教学的顺利进行提供保障。设计是一项严谨、周密的工作,它是现代教学活动中运用系统、科学的方法发现、分析和解决各种教学过程中出现的问题,从而实现教学效果最优化的过程。现如今面对体育教学改革的势头,体育教学设计也要随之做出诸多适应性的改变与完善。因此,本章就主要对体育教学设计的基本知识、评价以及相关改革与发展等内容进行研究。

第一节　体育教学设计的基本理论

一、教学设计与体育教学设计

(一)教学设计

对于体育教学设计定义的归纳,首先要看一看教学设计的概念。目前学术界对教学设计定义的认识还没有达成一个认识,不过一些学者的研究使得教学设计获得了下列几种描述。

(1)外国学者对教学设计概念的描述。学者布里格斯(Leslie J. Briggs)认为教学设计是"分析学习需要和目标以形成民族学习需要的传送系统的全过程";加涅(R. M. Gagne)则认为"教学设计是一个系统化地规划教学系统的过程";瑞达·瑞奇(Rita Richey)则认为教学设计是"为了便于学习各种大小不同的学科单元而对学习情景的发展、评价和保持进行详细规划的科学"。

(2)我国学者对教学设计概念的描述。在我国,关于教学设计的概念描述主要有两种观点,一种观点将教学设计看作是"为了达到一定的教学目的,对教什么(课程、内容等)和怎么教(组织、方法传媒的使用等)进行设计"

的过程；另一种观点则认为教学设计"是以获得优化的教学效果为目的，以学习理论、教学理论和传播理论为理论基础，运用系统方法分析教学问题、确定教学目标、建立解决教学问题的策略方案、试行解决方案、评价试行结果和修改解决方案的过程"。

通过对上述国内外学者对教学设计概念的表述可以总结出，教学设计是在进行教学活动之前，由教学执行者（通常为教育管理部门）根据教学目标的要求，运用系统方法对教学活动要素进行分析和策划的过程。

（二）体育教学设计

在研究了教学设计的概念后，将之与体育教学的特点相结合，就可以大体确定体育教学设计的概念。体育教学设计，是指教学管理部门在体育教学活动之前，以系统的思想和科学的方法为指导，结合与体育课程有关学科以及体育教学特点，制定的一种科学的、切实可行的体育教学实践操作方案。

二、体育教学设计的理论基础

要想顺利完成体育教学设计工作，首先就要拥有扎实的理论基础，以使得设计工作能够沿着正确的思路进行，最终获得预期的实用效果。对于体育教学设计来说，这个过程非常严谨、科学和系统，再加上与体育教学特点的结合以及考虑到多种体育教学要素的影响，这个过程有时甚至显得较为复杂。因此，在这种情况下，就更加需要教学设计者应用许多学科理论作为设计依据。

通过分析认为，与现代体育教学设计相关的理论很多，大多数体育教学设计的要素和方法都建立在这些理论基础上。具体来说，体育教学设计的理论基础主要包括系统理论、学习理论和教学理论三种。

（一）体育教学设计的系统理论

1. 系统理论概述

从"系统"这个词的词义上来说，"统"字意为多种元素的相关总和。美籍奥地利学者贝塔朗菲（L. V. Bertalanffy）是一般系统论的创始人，他所认为的系统是"相互作用的诸要素的复合体"。在系统论中，他认为万物都是在一种系统的形式下存在，人类所生存的自然界就是由不同层次的等级结构组成的开放系统，而在其中的客体也都是由诸要素以一定结构组成的具有相对功能的系统，这些客体处于不断运动之中。

系统的规模可大可小,应根据实际需要而定。例如,规格较为庞大的主体其所蕴含的系统自然较大,而较小的主体对应的系统也相对较小。不过,不论是大系统还是小系统,它的构成都应该满足下列三个条件。

(1)特定的环境。系统的存在需要一些能够满足系统存在的特定环境。只有在这种情况下它才能在这个环境中发生作用。没有环境则没有系统。

(2)特定的元素。元素是构成系统的基本内容,这种元素被称为"必要要素"。这些必要要素之间并不是相互独立的,而是在彼此之间也有一些联系,各要素之间相互依存,相互制约,共同形成结构。

(3)特定的结构。系统之所以成为系统是因为构成系统的各元素之间存在着一定的相互联系,元素之间没有联系,则不能构成系统。

完整的系统有其独到的特征,具体体现在以下六个方面。

(1)系统的集合性。多种事物(子系统)集合为一个系统,因此可以说任何一个系统都不是单一存在的,而是由不同子系统组成的。

(2)系统的整体性。从系统整体往内部看,系统是不同要素的统一体,两个或多个可以相互区别、具有不同功能的要素根据逻辑统一性构成系统。要素的不同特点相加构成系统的功能,由此看来系统的功能要大于各要素的功能之和。而从外部看系统,它只是一个整体,人们关注的是整体的功能与表现,并不会深挖其内部各要素的功能。这就是系统的整体性特征。

(3)系统的相关性。系统的相关性主要是描述了系统中各要素之间的关系。它们彼此相互联系、相互依赖、相互作用,共同为整体系统服务。

(4)系统的目的性。任何系统的存在都有其特定的目标,为了达到这一目标就要合理调配内部的系统功能。

(5)系统的反馈性。系统的存在并不是一件恒定的事物,系统从总体上看有一定的稳定性,但是,由于一切事物都是处在运动中的原理,使得系统为了保证自身的正常运行,必须要通过反馈自我调节,使自己处于一种相对稳定、平衡的状态。

(6)系统的适应性。系统要依托环境而存在,环境为系统提供一定的物质、能量要素;另一方面,系统还会受到环境的限制。由此可见,系统与外部环境之间存在着相互作用。因此,系统要不断适应外部环境的变化来维持自身的完整性和正常运转。

2. 系统理论对体育教学设计的支持

之所以系统理论被确定为体育教学设计的理论基础,关键就在于这一理论可以为体育教学设计提供较为系统的分析方法。系统整体性与系统内部的相关性均与体育教学设计的需要相吻合,使体育教师能以一种整体观去把握和进行体育教学设计。

根据系统理论的观点,可以将体育教学系统的构成划分为五个要素,每一个构成要素都是学习教学系统的一个子系统。具体如下。

(1)教学主体。这里的教学主体主要是体育教师。作为体育知识或技能的传授者,他们是教学活动中的重要人物。在体育教学中,教师群体就是一个集体,其中有带头人、骨干和助手等要素;教师作为个体,他需要掌握丰富的体育知识、运用技能、教学技巧以及主观努力程度等要素。

(2)教学对象。这里的教学对象是接受体育教学的学生。学生作为知识的学习者和接受者,是体育教学系统中必不可少的要素之一,如果没有学生,那么教师也就没有存在的必要,教学也就无从谈起了。

(3)教学内容。体育教学内容是多方面的。在学校体育教学中,体育教学内容主要通过教材的形式来表现。在体育教学实践中,教学内容是教师传授知识的依据。目前在体育教学中的主要内容包括如体育与健康知识、体育与健康技能、提高学生社会适应能力、培养学生体育运动兴趣等。

(4)教学方法。教学方法是指教师和学生为达到体育教学目的和完成教学任务,所采取的方式、途径、手段、程序的总和。常见的学校体育教学方法主要有动作示范、教具和模型演示、多媒体演示阻力和助推力、定向和领先等、讲解法、口令指示、间歇法、持续法、重复法、循环法、游戏法、比赛法等。可以概括为直观法、语言法和练习法。

(5)教学手段。教学手段,是指师生在体育教学过程中交换信息时承载和传递信息的工具。传统体育教学手段主要包含语言、文字、动作示范等。随着科学技术的发展,越来越多的载体被体育教学所运用,如视频、电影、电脑模拟和数据分析等。

体育教学系统的各个子系统是相互联系、相辅相成、有机统一的,它们在体育教学目标的支配下共同发生作用,缺一不可。总之,构成体育教学系统的各个子系统的构成要素的素质和结构决定了体育教学系统的整体功能和主要特点。

(二)体育教学设计的学习理论

1. 学习理论概述

学习理论是研究人类学习行为、阐述学习基本规律的理论学说。它主要研究的对象为人类学习的本质及其形成的机制。从现代科学划分来看,它属于心理学理论研究的范畴。学习理论强调的学习泛指有机体因经验而发生的行为变化。

现代学习理论主要有三大学派，即行为主义学派、认知主义学派和人本主义学派。不同学派对学习的性质有不同的理解和认识："行为主义的学习理论强调学习刺激与反应的联结，主张通过强化和模仿来形成和改变行为；认知主义的学习理论强调学习是认知结构的建立与组织的过程，重视整体性和发展式学习；人本主义的学习理论讲到学习是发挥人的潜能、实现人的价值的过程，要求学生愉快地、创造性地学习"。①

通过对上述三大学派对学习性质的不同理解的分析后，通过总结得出行为主义心理学家认为学习是"由经验引起的行为相对持久的变化"；认知心理学家认为学习是人自发的某种倾向性变化，且这种变化要保持一定时期以及不能仅仅是由于生存的需要；人本主义者认为学习应"以学习者为中心"，重视学生潜力的发展和自学能力的发展。

2. 学习理论对体育教学设计的支持

学生是体育教学的客体，教学的目标也是以学生获得知识或掌握技能的水平作为评定标准的。因此，体育教学的设计也必须要以尊重学生、重视学生的体育学习需求为基本，遵循学习的基本规律。因此，学习理论是学校体育教学设计的重要理论基础之一。

结合学习理论的基本原理，体育教学设计应根据学生的体育学习需要，确定学校体育的教学目标、教学策略、实施方案和教学媒体，充分发挥体育教学的教育功能，提高体育教学质量，促进学生身心的全面发展。

学习理论主要有行为主义、认知主义和人本主义三大学派，不同学派对体育教学设计的支持具体如下。

(1)行为主义学派对体育教学设计的支持主要体现在它重视对学生作业的分析、对教材逻辑顺序的研究以及对学生行为目标的分析。在此基础上，它还会考虑一些在教学中更为复杂的因素，从而优中择优，力求设计最优教学策略。此外，行为主义学派支持下的体育教学设计还强调及时对教学做出客观的评价，如此循环往复，获得正确的反馈以使程序设计更符合逻辑性，为体育教学设计的分析、设计和评价提供必要的理论基础。

(2)认知主义学派对体育教学设计的支持主要体现在以下几个方面。第一是在体育教学设计中教师应重视学生特征对教学的影响，重视对体育教材内容的研究，并在充分研究了教材与学生实际情况后做两者之间的协调，以期能够更具针对性地使学生顺利接受教材内容；第二是教师对体育教学设计模式、教学方法和手段的选择，以达到以学生在原有体育知识和技能

---

① 袁振国. 当代教育学. 北京:科学教育出版社,1998.

以及认知结构的基础上,顺利完成对新知识和技能的同化和认知结构的重新构建,提高学生学习体育的积极性和主动性,促进学生全面发展的目的。

(3)人本主义学派对体育教学设计的支持主要体现在教学实践中充分挖掘学生的潜能、激发学生的主观思考意识,使学生能够在体育教学中真正获得快乐。人本主义在现代体育教学中的直观展现就是"以人为本"的体育教学原则。这对于体育教学设计来说也是要遵循的原则之一。由此使得在体育教学设计实践中,管理部门或体育教师必须重视对学生学习需要以及学习兴趣的分析,重视对体育教学策略和学校体育教学过程的分析,培养学生对体育学习的积极情感和良好动机,变"要我学"为"我要学",使学生通过体育学习获得对自己有价值、有意义的体育与健康的知识和技能。

(三)体育教学设计的教学理论

1.教学理论概述

教学理论可谓是体育教学的本体理论,它是研究教学行为的本质和一般性的教学规律的学科。教学理论的主要研究内容是通过规律性的认识来确定优化学习的各种教学条件与方法,进而解决教学行为中教的内容、教的方法以及教的行为结束后学生获得教学信息的结果等。

国内外在较长一段时间内都有关于教学理论的研究。例如,我国孔孟的"学而不思则罔,思而不学则殆""循序渐进""举一反三""因材施教""循循善诱"等儒家教学思想以及近现代时期,蔡元培、陶行知等倡导教学要重视发展儿童的个性、发挥儿童主观能动性的教育思想都是比较实用的教学理论。国外如教学理论经历了萌芽时期、近代形成期、现代发展期三个时期等。

古今中外教学理论的研究和发展,对现代学校体育教学设计具有重要的指导作用。概括来讲,教学理论的研究对象和范畴主要包括以下几个方面。

(1)教学本质。解释教学过程的影响因素、组成结构及规律。

(2)教学价值、教学目的和教学目标。探讨教学目的、教学目的的制定依据以及教学活动的关系。

(3)教学内容。分析教师、学生与教学内容的关系,科学选择、调整和合理编排教学内容。

(4)教学模式、教学原则和教学组织形式,重点研究教学的手段和方法。

(5)教学评价。主要包括教学评价的标准、要求、手段和反馈。

2.教学理论对体育教学设计的支持

教学理论对体育教学设计的支持主要在于作为教学理论与教学实践之

间的一座桥梁,体育教学设计需要设计者通过对教学理论研究的对象和范畴等的认识及其相互之间的关系分析,完成体育教学设计。而教学理论刚好能够合理解释其中遇到的种种问题。在体育教学实践中,教学设计是科学解决体育教学问题、提出解决方法的过程,它以教学理论为基础,结合体育教学设计的各项要素,如体育教学指导思想、体育教学目标、体育教学方法、体育教学活动程序、体育教学组织形式、学校体育教学媒体等进行体育教学设计。

三、体育教学设计的特点

教学设计在加入了体育教学的特点和诸多要素外便具有其区别于其他教学设计的特点。教学设计在与体育教学相结合后,形成的特点主要有超前性、差距性和创造性。

(一)超前性

体育教学设计的概念已经表达出了它的超前性特征,即体育教学设计都是要在体育教学开始前完成,有些甚至要早早完成设计环节的多项工作,此后便有专门部门对设计成果进行评估,甚至是实验。因此,体育教学设计是一种对教学活动中可能出现的一切问题和情况进行的预测。

在体育教学实践中,"体育教学设计在前,体育教学在后",也就是说,体育教师应该上体育课前先设计出该体育课的教学方案。从本质上讲,体育教学设计只是体育教学活动的一种设想和预测,它是对即将进行的体育教学中可能产生的问题进行分析,并根据体育教育、教学理论和学生的学习需求针对教学活动中可能发生的问题提出解决方法的一种构想,是体育教师在进行体育教学之前对体育教学所做的安排或策划。因此,体育教学设计具有一定的超前性。

(二)差距性

体育教学囊括的要素较多,在教学活动开始后,不管是课时教学还是周教学、月教学、学期教学都会与先前计划的内容有所偏离。事实上,体育教学设计本身就是一种对未来教学实施方案的构想,它依据多种可能的要素预估而成,体育教学的"变数"使得体育教学设计难免会和体育教学实践之间存在一定的差距。

鉴于这种特点,就需要体育教师在教学中根据实际教学情况不断对教学计划进行调整和弥补。主要表现在以下两个方面。一方面,体育教学设计是以体育与健康课程理念为基础,以学生的体育学习需要为基础,对体育教学实践具有指导意义;另一方面,体育教学过程的复杂性和多变性使得在实际的教学过程中很可能会出现这样或那样的问题,教师在体育教学设计中有可能不能考虑周全,体育教学设计者对体育教学中可能出现的问题的理解、对现有条件的分析、所采取的解决问题的方法等不能全面概括教学实践。

(三)创造性

现代体育教学目标的多元化、体育教材的多功能性、体育教学方法和手段的多样性以及这些要素之间复杂的关系,决定了体育教学过程具有复杂性和不确定性的特点。因此,现代体育教学是动态的、非线性的、复杂的,体育教师在教学活动之前想完全控制和使之按照既定的计划发生、发展是不现实的。尽管体育教学设计要依据现有实际情况进行,但是为了体育教学发展的需要,在进行教学设计的过程中还要有意识地做出一些富有创造性的设计。

教学活动经常变化在过往的教育理念中是一种大忌。而现代体育教学设计则认为,体育教学拥有一定的变化特性并非缺点,这与体育教学的本质相关联,为体育教学设计提供了创造性地设计教学的开放空间。因此,体育教学过程就是发展学生创造能力的过程,体育教学设计过程就是培养教师的创新精神的过程。

在体育教学实践中,体育教师创造性地解决教学过程的问题的能力,对培养和提高学生的创新意识和创新能力具有重要意义。体育教师要具备一定的创新性和创造能力,必须具备一定的文化基础知识和较扎实的专业知识,具备主动适应基础教育的意识与能力,具备创造性的想象力和创造性的思维,才能设计、创造出多元、有效的体育教学方案。

第二节 体育教学设计的评价与策略构想

一、体育教学设计的评价

(一)体育教学设计方案的评价

1. 体育教学设计方案评价的作用

完善体育教学设计方案需要良好的方案评价,对于方案评价的最大作用就在于两者相互的互动反馈可以使之更加与体育教学规律与实际的特点相符合。因此,合理的体育教学设计方案评价可以有效促进设计理论可持续发展、教学方案完整科学,以及促进教师对体育教学过程整体性的再认识。除此之外,对体育教学设计方案进行评价还有利于体育教师对体育教学的流程、体育教学法与手段的选择等相关技术更加熟练,对提高体育教学质量起到非常重要的作用。

2. 体育教学设计方案评价的内容

体育教学设计方案评价的内容几乎囊括了所有与体育教学相关的元素,具体包括体育教学目标、体育教学主体(教师与学生)、体育教材内容、体育教学策略、体育教学过程,以及影响体育教学实施效果的教学模式、课程类型、课程结构等要素。

3. 体育教学设计方案评价的方法

对体育教学设计方案的评价需要使用特殊的评价理念与方法,鉴于体育教学的诸多特殊性质,就使得对体育教学设计方案的评价不能等同于对其他学科教学方案评价的方法。另外,鉴于教学技术都有能够检验自身缺陷的方法,因此,体育教学设计方案也不例外,它也具备发掘自身设计缺陷的能力与方法,这就是所谓的"教学设计缺陷分析法",详见图7-1。不过在体育教学设计方案的评价中,针对教学设计缺陷的分析评价的关键核心不在于方案本身的优点,而是实实在在教学设计方案的缺陷,由此需要在评价中对优点部分做暂时性的过滤,防止晕轮效应对最终的客观整体评价产生影响。发现教学设计方案的缺陷是促进体育教师进行体育教学设计技术进步的有效方法,体育教师在进行体育教学方案设计时应注意自我检查和自我纠错分析。

(二)体育教学设计方案实施的评价

当体育教学设计方案制定完毕后,就可以着手准备进入到方案的实施阶段。对于方案的应用是否与预期相一致就需要经过教学实践的检验才行。因此,对体育教学设计方案实施的评价是检验教学设计方案是否合理的重要环节。对方案实施的评价的具体环节如下。

1. 教学实施

在教学设计方案完整的基础上,通过对不同组别的受试者进行教学,对受试者的学习水平应达到预期的教学效果(教学目标的要求)进行分析。教学过程中应尽量避免人为因素的影响。

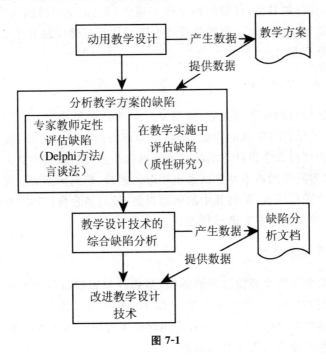

图 7-1

2. 观察教学

体育教学方案的实施是一个动态的过程,要想对这一过程进行准确的评价,就需要在教学过程中进行教学观察。开展教学观察的人员可以是体育教师本人,也可以是学校体育教学管理部门的工作人员。观察者在观察整个教学过程的同时,需要对教学过程中的情况做如实记录,具体的记录内容以下。

(1)教学过程中各项体育教学活动花费的时间。

(2)教师对各项教学内容的组织和安排方法、风格及特点。

(3)学习者提出的问题的性质和类型。

(4)教师是如何处理学习者提出的问题的。

(5)在整个教学过程中,学习者的注意力、态度是怎样的。

3. 后期测试和问卷调查

后期测试和问卷调查是教学评估的重要手段,在实践中运用非常广泛。对于体育教学设计方案来说,在方案执行后的一段时期内就可以着手对教学效果(学生的学习成绩)进行测试或是问卷调查,这个周期单位可以是月,也可以是学期,甚至是学年。不同周期的测评可以反映出不同的方案效果,周期越短,评价越具体,评价的结果越相近。但无论是怎样的周期,测试与问卷调查都便于全方面了解教学设计方案对体育与健康知识和动作技能的保持是否具有意义。

4. 归纳和分析资料

在测试与问卷调查结束后,就要及时对测试结果和问卷进行收纳和规整,以便统计出富有实效的数据,以此作为评价的依据。另外,教学设计方案的评价者可对教学设计方案的实施作出初步的分析并找寻其中可能存在的问题,思考问题的由来并尝试做出相应的解释,遇到困惑的问题时还可以与被试师生进行访谈,洞察其中的问题根源,最后整合自己的分析结果和咨询,对体育教学设计方案进行修改。

5. 评价结果报告

评价报告是整个评价过程的终结,最终评价通过报告的形式供相关人员进行研究和分析。为此,评价报告中的内容必须做到全面、准确、客观和完善。具体来看,体育教学设计方案的评价报告应包括下列内容,缺少其中任意一项都不能称其为完整的报告。

(1)方案名称。

(2)方案宗旨、范围与要求。

(3)方案评价项目。

(4)方案评价。

(5)方案改进意见。

(6)方案评价者的姓名、职称。

(7)方案评价时间。

体育教学设计方案的评价结果后应附上评价数据概述表、采访记录、有关分析说明等书面材料,以便于后续分析、总结。

二、体育教学设计的策略构想

(一)体育教学设计策略概述

1. 体育教学设计策略的概念

体育教学设计要想获得与时俱进的发展,就必定需要制定一系列切实有效的策略,为此,首先了解体育教学设计策略的概念就显得很有必要。体育教学策略,是指体育教师为有效地完成特定的体育教学目标而采用的体育教学组织形式、教学方法、教学手段等因素的总体思路、谋略或智慧。

通过定义就可以看出体育教学策略在体育教学设计的过程中就居于重要地位,是关键的一个环节,其目的就在于解决体育教学中的"教"与"学"的问题。

2. 体育教学设计策略的特点

(1)目标性

体育教学策略的目标是为了解决体育教学中实际发生的问题而提出的具体方案。因此,体育教学设计策略一定要有明确的目标,这就是它的目标性特点。

(2)多样性

体育教学设计策略是为了解决教学问题而提供的方法。因此,只有多样的策略才能为解决问题提供坚实的基础,才能适应复杂多变的体育教学过程。

(3)实践性

前面多次提到了体育教学设计策略是为了解决实际教学过程中出现的问题而存在的。因此,体育教学设计策略的依据要从教学实践中来,那么自然由此产生的策略也就要带有实践性的特点以求在教学过程中能够发挥实效,具有充足的可操作性。

(4)可控性

体育教学策略的可调控性表现在通过它可以使体育教师良好地掌控和管理体育教学过程,灵活组织体育教学活动。

(5)综合性

体育教学策略不是单一方面的教学谋划,而是某一范畴内具体教学方式、措施等的优化组合。因此,体育教学设计策略应全方位地考虑体育教学中的所有构成要素及其之间的关系,以达到切实能够适应体育教学实践的目的。

(二)体育教学设计策略与实施

1. 体育教学设计策略的原则

(1)体育教学策略的设计应逻辑清晰、层次分明、内容完整,使学校体育教学内容的层次与学生的学习程序有机结合起来。

(2)体育教学策略的设计应具有一定的指导作用,在学生尝试做出所要学习的行为表现时给予指导和提示,同时避免学生过分依赖教师。

(3)体育教学策略的设计应明确阐述教学目标,并尽量展示出学生在学习结束后应产生或完成的行为表现,使学生对需要掌握的知识技能有学习的方向性。

（4）体育教学策略的设计应调动学生的学习兴趣和积极性,使学生产生学习的欲望,增进其进行学习的内驱力。

（5）体育教学策略要使学生能在学习中获得成功,为进一步的学习新知识、完成新的学习任务奠定基础。

（6）体育教学策略的设计应注重不断或定期地练习新学的知识和技能能够促进记忆和迁移,不断提高学生知识和技能的运用能力。

（7）体育教学策略的设计应体现"以人为本"的体育教学特点,充分考虑不同学生的差异性,重视学生的身心健康发展,促进每一个学生都能在各自的原有基础上不断有所提高和进步。

2. 体育教学策略设计的依据

（1）教学目标

体育教学策略可以为体育教师制定课堂教学策略提供一个大的方向,体育教学策略是完成特定学校体育教学目标的方式,教学策略应符合体育教学目标的要求。

（2）学习和教学理论

体育教学策略的设计应以教师的教学理论与学生的学习理论为理论基础,突出科学性。

（3）教学内容

内容决定方式,体育教学策略就是高校学校体育教学内容的方式。

（4）教师能力

教师是教学策略的执行者,体育教学策略的设计必须充分考虑教师的条件,再完善的教学策略,如果教师不能驾驭,也是无效的。

（5）学生特点

教学策略的执行对象是学生,因此教学策略必须围绕学生展开,充分考虑学生的特点。

（6）教学条件

教学策略的实施会受到学校客观教学条件的制约,因此,制定学校体育教学策略要充分考虑学校的客观条件。

3. 体育教学策略设计的步骤

（1）确定体育教学顺序

体育教学的顺序是指教学过程进行的前后次序,主要包括体育教学内容呈现顺序、体育教师活动顺序、学生活动顺序三方面内容。这三方面相互联系、相互配合。其中,体育教学内容呈现顺序是主线,体育教师活动顺序和学生活动顺序是第二位的。

(2)设计体育教学组织形式

体育教学组织形式是教师与学生为实现体育教学目标所采用的各种方式,主要包括班级教学组织形式(或称全班教学)、分组教学组织形式、个别教学和复式教学四种。科学地确定学校体育教学组织形式,有助于培养学生的体育情感、提高学生的学习质量、发展学生的个性。

(3)选择体育教学方法

现代体育教学实践中,合理选择体育教学方法有利于调动学生的积极性和主动性,提高体育教学质量,优化教学效果。教师在选择体育教学方法时,应充分考虑具体的教学目标和任务,教材内容的性质和特点,学生的实际情况,教师自身条件,教学条件,教学方法的功能、适用范围和使用条件等(表 7-1)。

表 7-1 常见体育教学方法及内容

体育教学方法	内容
以语言传递信息为主的体育教学方法	讲解法、问答法和讨论法等
以直接感知为主的体育教学方法	动作示范法、演示法、保护与帮助法、视听引导法等
以身体练习为主的体育教学方法	分解法、完整练习法、领会教学法和循环练习法等
以探究活动为主的体育教学方法	发现法和小群体教学法
以情景和竞赛为主的体育教学方法	运动游戏法、运动竞赛法和情景教学法

第三节 体育教学设计改革研究

一、以学习主体为依据的体育教学设计改革

(一)起点能力分析

学生的学习起点能力与体育学习内容息息相关,因此体育教学设计的改革也要关注学生学习起点能力的问题,否则将很容易导致所设计的体育教学内容脱离学生学习的实际。如果设计的起点过高,依靠学生自身的努

力便很难达到,如此一来会重挫学生参与体育教学的积极性,但如果这个起点定得太低,让学生有一种很容易就能达标的心理,其结果也是适得其反的。因此,准确地确定学生的起点能力,对于教学设计来说是很重要的。

1. 学生知识起点能力的分析

分析学生知识起点能力,主要是判断学生原来具有的知识结构的状态。认知结构指"学生现有知识的数量、清晰度和组织方式,它是由学生眼下能回想出的事实、概念、命题、理论等构成的"。学生的认知结构是影响体育课堂教学中意义接受的最重要的因素,学生把自己的认知结构与教学内容联系起来,就会产生巨大的作用。也就是说,要促进新知识的学习,就要增强学生认知结构与新知识的有关联系。因而,了解学生的原有认知结构,分析学生知识起点能力非常重要。美国学者约瑟夫·D·诺瓦克提供一种绘制"概念图"的判断学生认知结构的方法。"概念图"是一种知识结构的表现方式,知识被视为由各种概念和这些概念所形成的各种关系。每个学生因为自身的实际情况不同,绘制的概念图也不相同,而体育教学就是不断完善这个概念图的过程。描述概念图的步骤主要由以下几项构成。

第一步,让学生确定已经掌握的内容中所有有关的概念,依据自己学过的体育知识内容列出概念一览表。

第二步,将列出的概念符号排序,从最广泛、最一般的概念开始排列,直到最具体、最狭窄的概念为止。

第三步,按金字塔结构排列所列的概念,顶端是一般的概念,具体的概念放在较低层次上。

第四步,分析确定各概念之间的关系。要在每一对概念间画一条线,并选定符号来表示两概念的关系。

第五步,在图中找出不同部分概念之间的关系,图上标出交叉的连接线。

第六步,学习一段时间,重新考虑和绘制概念图。

2. 学生技能起点能力的分析

学生技能起点能力分析判断常用"技能先决条件"的分析方法,由加涅和布里格斯等人提出。"技能先决条件"法从终点能力着手,逐步分析达到终点能力所需要的从属知识和技能,分析到能够判断从属技能确实被学生所掌握为止。体育教学设计可通过学生能否完成这些最简单的技能来判断学生技能起点能力水平。另外,也可以通过测试了解学生的掌握程度,据此确定学生技能起点水平。

3. 学生态度起点的分析

态度是指特定情况下以特定方式反应的内部准备状态,受到情感、认知和行为倾向各成分之间关系的影响,往往表现为喜爱与厌恶、趋向与回避、接受与排斥等,是"习得的、影响个人对特定对象做出行为选择的有组织的内部准备状态或反应的倾向性"。态度包括情感成分、认知成分、行为倾向成分三方面。情感成分则与伴随于概念或命题的情绪或情感有关,被认为是态度的核心部分;认知成分与表达情境和态度对象之间关系的概念或命题有关;行为倾向成分与行为的预先安排或准备有关。

(二)一般特点分析

学生的起点能力对体育教学将产生直接的影响,而一般特点则将产生间接的影响。学生的一般特点可以通过认知发展阶段学说来分析。皮亚杰把儿童的心理发展分四个阶段。

1. 感觉运动阶段

感觉运动阶段属于第一阶段,它是指的感觉运动阶段。一般来说,这个阶段是 0—2 岁婴幼儿感觉和运动协调发展的阶段。

2. 前运算阶段

前运算阶段属于第二阶段,在这一发展阶段中,主要指 2—7 岁儿童,其头脑中有事物表象,且能够用一定的词代表头脑中的表象。这一阶段的学生能够进行初级的想象,可以理解运用初级概念及其相互之间的关系。这一阶段的学生能设想过去和未来的事物,能进行直觉思维和半逻辑思维。

3. 具体运算阶段

具体运算阶段属于第三阶段,这一发展阶段主要是 7—12 岁的儿童学生。这时,其思维会发生质的变化。与前运算阶段单凭知觉表象考虑问题不同,具体运算阶段能进行逻辑推理或逻辑转换。处在这时期的儿童学生只是通过具体的材料或客体来进行推理或转换,需要实际经验和具体的形象为基础,并不是抽象的命题。

4. 形式运算阶段

形式运算阶段属于第四阶段,是指的形式运算阶段,主要是 12—15 岁年龄段的学生。儿童日趋成熟,认知发展从具体向抽象过渡,逐渐摆脱具体经验支持,能够理解并使用相互关联的抽象概念。

体育教学设计中,儿童认知发展阶学说有重要意义。儿童认知最主要的变化为从具体认知向抽象认知的过渡,这就决定着各个年龄段学生体育学习内容的选择和体育教学方法的采用。对于处在各个认知发展阶段的学生进行体育教学设计,必须将具体的事物作为认识抽象事物的基础,按照这样的思想来进行体育教学设计,引导学生的思维逐渐向抽象的逻辑思维过渡。

(三)学习风格分析

学生的学习需要通过自己接收、处理信息,并做出反馈。如果接收信息和处理信息速度不同,反馈方式也就不相同。比如同一个知识内容,有的学生只要五分钟就能掌握,而有的学生却需要十分钟。学生学习,在本质上是有差异的,有的学生动手能力强,有的学生善于思考,那么在教学的时候,就应该个别化的体育教学,给每个学生设计适合其特点的学习规划,这正是现代教育所追求的也是体育教学所追求的。引起学生学习存在差异的原因有很多,学习风格占有极为重要的比重。学习风格"是个人喜好掌握的信息和加工信息的方式",是"心智加工个性化的一般行为倾向,它是智力的个性特征"。总地来说,学习风格是个体灵活的喜好、习惯或个性特征。也就是说,体育教学设计要符合学生的特点,就需要对学生进行学习特征测验,学习风格则是学生所具有的特征的重要组成部分。为体育教学设计能适应学生各自的特点,需要了解学生的学习风格。有关学生的学习风格可以从以下几个方面来把握。

1. 社会性需求

(1)喜欢与同龄学生一起学习。
(2)喜欢向同龄同学学习。
(3)需要得到同龄同学经常地赞同。

2. 感情的需求

(1)能自动激发动机。
(2)具有负责精神。
(3)能坚持不懈。
(4)需要经常受到鼓励和安慰。

3. 感知或接受刺激所用的感官

(1)喜欢听觉刺激学习。
(2)通过动态视觉刺激学习效果最佳。
(3)喜欢多种刺激同时作用的学习。
(4)喜欢从印刷材料中学习。

4. 信息加工的风格

(1)喜欢自定步调。
(2)喜欢在训练中有大量正面强化手段。
(3)用归纳法展示内容时,学习效果最佳。
(4)喜欢高冗余度。
(5)喜欢通过触觉和动手活动学习。
(6)喜欢使用训练材料主动学习。

5. 环境和情绪的需求

(1)喜欢零食。
(2)喜欢弱光、低反差。
(3)喜欢安静。
(4)喜欢一定的室温。
(5)希望有背景声音和音乐。
(6)喜欢视觉上的隔离状态。
(7)喜欢四处走动。

二、以学习需要为依据的体育教学设计改革

学生的学习需要也是体育教学设计改革需要关注的问题。在开展体育教学设计改革之前,相关人员务必要深入到体育教学实践当中,并且与一线体育教师有深刻的交流,以便真切地了解教学中存在的问题。如果这个了解过程简单、粗略,那么即便教学设计改革多么卓有成效,其最终结果也必定是脱离教学实际需要的。

就目前在体育教学工作中人们的固定思维主要是过于注重在方法、形式以及宣传上下功夫,至于体育教学目标是否符合客观的实际需要方面,很少被考虑到,更鲜出现听取学生的意见。在现在和未来的体育教学设计改革中,这仍旧是需要着重解决的问题之一。由此可见,对体育教学设计的学

习需要分析是非常有必要的。

（一）学习需要的概念

学习需要，是指学生在学习领域中的现在水平与预期水平之间的差。这一定义刚好为教学提供了目标，即可以认为学生的学习需要就是教学的目标，当然，教学目标的内容不仅仅如此，它还包含更多的内容与预期。另外，从需求的角度上来说，既作为学习需要，那么就表现出学生的"学"的情绪更高，而教师的"教"只是为学生的"学"提供某种信息传输上的支持。

对于学生学习需要进行分析，主要是指在充分的调查研究基础之上，发现在教学过程中存在的问题并分析其性质，论证解决该问题的必要性和可行性的过程，其核心在于了解问题，具体来说主要目的有如下四个方面。

（1）在体育教学的学习中发现学生可能会出现的问题以及已经存在的问题。

（2）细致分析原因，力求在体育教学设计时就预先确定几种解决问题的方案。

（3）分析优势与不足，论证解决问题的可能性。

（4）分析关键问题的重要性，力争在有条不紊的节奏中有秩序性地优先解决的体育教学设计课题。

（二）学习需要的类型分析

1. 标准的需要

标准的需要，是指个体或集体在某方面的现状与既定标准比较而显示出来的差距。国家各种类型的标准测试便是既定标准。

标准的需要可以通过下面三步来确定。

（1）获取标准。如《体育与健康课程标准》《体育教学大纲》《国家体育锻炼标准》《中考标准及分数线》等。

（2）收集对象与标准相比较的资料和数据。

（3）比较后确定标准需要。

2. 比较的需要

比较的需要，是指同类个体或集体通过相互比较而显示出来的差距。

比较的需要可以通过下面四步来确定。

（1）确定比较的事物是什么，如是比较体育考核成绩还是学生对运动技能的掌握程度等。

(2)收集比较对象和参照对象的相关资料和数据。

(3)比较确定两者之间的差距,并做详细记录。

(4)为了确定是否满足这种需要,还需要分析判断这种需要的重要程度。

3. 感到的需要

感到的需要,是指个体认为的需要。它是个体必须改进自己的行为或某个对象行为的需要和渴望,其显示的是行为或技能水平与渴望达到的行为或技能水平之间的差距。体育教学设计要明确并改进与行为有关的需要和由于某种渴望而激发的需要之间的区别。

4. 表达的需要

表达的需要,是指个体把感到的需要表达出来的一种愿望。这一需要,人们往往愿意尽力满足。确定表达的需要,要收集资料和数据。可采用方法有问卷调查、面谈、填写登记表、座谈等。另外,是否满足表达的需要,体育教学设计还要做出价值判断。

5. 预期的需要

预期的需要,是指以考虑学习后将要达到的学习效果为主的愿望。与之相比,过往长期的体育教学设计通常更多考虑现实的需要。因此,在体育教学设计改革中要特别注重对预期需要的设计,它是体育教学设计的重要组成部分。

6. 危机事件的需要

危机事件的需要在现代大部分教学设计中都较少出现,或者并没有将这部分内容当作主要教学项目,经常只是一语带过式的点到为止。然而,在体育教学中设计一些处理危机事件的教学内容也是非常恰当的,如如何在火灾、地震等多种自然灾害中脱身或增加生存的概率等。

(三)学习需要分析应注意的问题

在学习需要分析中需要对多方面问题予以关注,如果忽视了如下问题,则可能导致对学习需要分析的不全面。下面对此做一些简单的探讨。

1. 起点的分析正确与否

体育教学是在学生一定起点的基础上进行的,所以分析、掌握学生的起点非常重要。体育教师在学生学习新知识、技术技能前,一定要分析其知识技能准备情况,并且要在体育教学中组织复习,以旧引新,加强新旧知识技能的联系,将新知识技能纳入学生的原有知识技能的结构中。

2. 教师所采用教学策略有效与否

体育教师上课前应该精心策划安排课型、体育教学程序、体育教学形式,确定的体育教学活动、使用的体育教学方法,采用有效的教学策略。教师采用的教学策略有效使用,才能够取得良好的教学效果,完成体育教学目标。

3. 体育教师所用教学手段有效与否

学生的个体学习是存在差异的,但是绝大多数不会存在学习能力的高低问题。在体育教学中,多数学生能达标;而在某些情况下,有相当部分的学生不能达标。出现这样的情况就要考虑教学手段是否有问题,可否需要改变教学手段。

4. 体育学习内容难易情况

体育学习内容应该随着年级增高而逐步加大难度,但难易程度并不好确定。体育教学中,体育教学内容的难易情况往往和教师传授的方式有关。体育教师教学应该做到化难为易、化繁为简、化深为浅,这样学生也可以掌握较难的体育学习内容。

5. 学生达到体育教学目标与否

体育教师在确定体育教学目标时要根据学生的实际情况、体育教学大纲的规定和体育与健康课程标准的要求三方面来定。因而,要找出学生与教学目标之间的差距。寻找差距可以通过听课、对学生运动技能评估来进行。大多数学生达标,说明体育教学目标符合实际。

6. 学生在体育教学的学习上获得成功与否

体育教学要使学生在体育教学的学习中获得成功,这是重要的教学任务。学生在学习上获得成功,心理上就会产生愉悦感,从而使得学习兴趣得到提高,增强学习动力,增加学习的信心。这样,学生学习就有内在动力,也就是能动性,这对终身体育会产生巨大的作用。因此,体育教师分析学习需要时,要看重学生在教学中是否获得成功。

第四节　体育教学设计的现状及发展

一、体育教学设计的现状

高校是我国最高等级的人才教育培养基地。正是凭此优势使得高校在与教育有关的多种领域都具有示范性和带头性的特点,对于体育教学设计来讲也是如此。因此,对于体育教学涉及现状问题的研究,就主要以我国高校为例开展。

从目前来看,尽管我国在极力推进体育教育改革,但是大部分高校的体育教学仍旧以传统体育教学理论、模式和实践为主,迅速抛弃传统的体育教学方法并不是一件短时间内可以达到的目标。另外,在体育教学设计方面为了达到一定的教学目的,以一线体育教师为例,采取的准备工作可以概括为"两背一写",即背教材、背教法和写教案。而从教学模式上来说,大多数高校体育教学内容为某项竞技项目,模式较为传统,对于教学的反馈也是以较为传统的"两率",即达标率、优秀率来评价。如此单调、古板的模式,再加上枯燥的量化评定标准,自然会让学生逐渐失去对体育教学的兴趣。这种情况显然与现代越发强调的"以人为本"的教学理念相违背。从实际效果上来看也难以塑造学生体育学习的兴趣和能力,无法达到全面教育的目的,更不要提培养学生的终身体育意识了。

在研究体育教学设计的现状过程中,还发现了诸多影响教学设计工作的问题。随着体育教学改革的不断深入,这些问题给体育教学设计带来的矛盾越发凸显。因此,为了获得最佳的体育教学设计效果,就必须首先洞悉问题所在,并排除问题或将问题的影响程度降至最低。这些问题具体如下。

(1)体育教学内容分配不平衡。体育教学内容的分配不平衡主要体现在现代学校在体育教学中过于注重对竞技体育项目技能的教学,连同最终的考核也主要以对运动技能量化标准的形式进行。如此就使得一些诸如体育理论知识和运动意识培养方面的教学占据次等地位。例如,传统的田径运动普遍被用来作为体育教学的内容,具体包括短跑、长跑和跳远,在学期末的考核中的指标也就是完成跑步的用时和跳跃的最远距离。尽管在体育教学改革后,一些高校出现了自主选择式教学模式,如乒乓球、羽毛球、足球等项目供学生选择,但课程中仍旧以对相应项目的技战术能力的培养为主。实际上这本无可厚非,可从整体上来看,这对于改变教学内容的分配方面与当初的田径教学没有本质上的差别,改变的只有运动项目,仍旧缺乏系统的理论知识的传授。这定会导致我国大学生普遍体育理论知识较匮乏,不能形成规律的锻炼日程,不利于学生的身体素质整体提高。

(2)教学方法与手段单一。随着科学技术的发展,现代体育教学手段的丰富程度与过去已经天壤之别。从理论上来说,现代体育教学方法与手段显然更加丰富一些,然而从实际当中来看,大多数体育教学过程中体育教师仍旧更青睐选择最为便捷和方便的语言法和示范法进行教学。传统的教学方法与手段之所以能够延续至今一定有它优势的地方,我们并不是批评传统教学方法与手段的不利,时代在变化,学生的需求也在逐渐提升,而一贯地使用这种方法会致使学生在教学活动中总会产生出一种被动的接受感觉,学生的主动性、创造性得不到有效的发挥,其学习热情无法主动释放,无法体会到从体验到运动的快乐和成就感,缺乏被引导到自主学习的机制中。

(3)教学安排局限性较强。进入到 21 世纪后,信息社会的高速发展使得全球信息快速传递,这使得许多国际上较为流行的如瑜伽、拓展运动等体育运动传入我国,被更多人们所知晓。学生作为对新鲜事物较为青睐的群体无疑对新型体育运动表现出更多兴趣。但是就目前我国高校体育教学的安排来看,仍旧过多依赖课堂授课,场地也基本局限于篮球场、足球场等场所,这显然无法满足大学生对运动范围扩大的要求,更不要提新颖的体育运动项目了。在课堂教学中,教师的主导地位仍是大多数体育教学的共识,尽管学生这一教学主体的自主性越发加强,但与预期还相差甚远。教学安排的局限性影响导致体育教学课程的单一、授课方式的呆板,更使得教师安于现状、不求思索,在体育课程备课和实施教学中固守教材和大纲,缺乏创新。

二、体育教学设计的发展

(一)体育教学设计的发展要点

1. 体育教学设计遵循"以人为本"的原则

"以人为本"作为体育教学的原则之一,不仅对体育教学活动起到作用,还对与体育教学相关的一切事物有指导作用,体育教学设计也是其中一项。

在遵循以人为本原则开展的体育教学设计工作必定会在设计中关注人文精神在体育教学中的存在意义,使得体育教学不仅仅是一个领域的知识或技能的培养这么简单,而是要成为培养人的良好生活习惯和健全人格的教育行为。

过于注重传授体育知识或技能的教学设计不免太过简单粗暴,是一种"重教轻育"的行为。我国体育教学长期延续这种理念,不过在新时代下,特别是对素质教育的重新定义后,体育育人的关键在于"育",而学习运动技术或知识只是育人的一个载体。因此,体育教育工作者应坚持"以学生为本"进行教学设计,在课堂教学中多引入丰富多彩的群众体育形式,不断丰富大学体育课程的教学资源,致力于构建以"运动计划能力"和"身体素质"为核心的体育课评价指标体系,不断促进大学体育教学的发展。

2. 在体育教学设计中加入现代教育技术

时至今日,社会已经迈入了现代化信息时代,支撑信息传输的媒介就是电子计算机和互联网,凭此契机,多媒体技术的发展也日新月异。这些技术手段的不断翻新为高校体育课程的教学设计提供了强有力的技术支持,有形中为高校体育教学工作注入了新的活力。

现代教育技术在体育教学设计中的应用主要体现在辅助和支持作用上,以此为高校学生自主学习体育课程,进行个性化发展搭建网络信息平台。多媒体教室的建立以及将便携的多媒体终端带到各种教学场所,更展现了现代教育技术在实践中较强的适应能力。另外,体育教师紧随潮流,激励自身在学习的行为,掌握多媒体设备和软件制作等能力,制作出生动有趣的、个性化的课件对学生进行理论知识的讲授,结合模拟运动教学,丰富体育课程的教学方法。

3. 体育教学设计要注重对学生"终身体育"意识的培养

"终身体育"是现代体育教学的目标之一,这一目标也符合素质教育的要求。因此,在体育教学设计中要将"终身体育"的培养理念融入进来,最终以通过向学生传授体育知识、运功技巧、技能以及方法等教学行为使学生清楚地知道一个健康的身体对人的一生幸福生活的重要意义。为此,要力求建立有利于形成终身体育的项目自主选择机制和教学模式,注重引导和培养学生"终身体育"意识,并通过多种形式巩固教学成果。

(二)体育教学设计的发展趋势

体育教学设计处在不断的发展之中,国内外教育领域均对此有较多关注。纵观现代体育教学设计的现状与发展方向,可以想见未来体育教学设计的发展趋势,具体如下。

1. 教学设计越发注重跨学科研究与跨领域应用

现代的学科研究几乎不存在单一领域单一研究的情况了,更多的则是相关多领域的共同合作研究。这种跨学科共同研究的趋势也在体育教学设计的研究中出现。

目前,对于体育教学设计研究的关注点在于当代的学习理论本体论和认识论基础完全不同于传统教学设计的客观主义基础。由此就使得在对"以人为本"的教学理念的研究中更加关注问题始发、项目始发以及探究式的学习环境,还有认知学徒方式、建构主义学习环境、基于目标的情境等。

除跨学科研究外,体育教学设计的应用范围也更加广阔。首先应该明确的是教学设计是一种有效设计和制造学习环境的方法,其产生的目的在于加强学生参与教学活动时学习环境的形成。所以,体育教学设计的过程使用到了诸多(如测量和管理等)技术和知识。这种持续发展是教学设计领域内外一系列推动和发展的结果。

2. 教学设计越发注重技术与教育理念的结合

技术与理念之间是相辅相成的关系,两者互相促进。对体育教学设计来说也是如此,如若没有先进的技术,教育理论很难被推动前行,而教育理论若发展到一定高度,势必又会带动相应的技术发展。

至此可以看出,教学设计的变化来自于技术对教学内容和方法的影响。在此情况下,教学设计如果没有达到特定程度,技术就不会在本质上自动改进教育。一些最有魅力的技术应用拓展了可以呈现的问题本质和可以被评估的知识和认知进程。技术提供的新能力包括了直接跟踪和支撑问题解决技能、建模和模拟复杂推理任务等。除此之外,技术还可以对概念组织和学生知识结构的其他方面进行数据收集,使得他们参与讨论和小组项目的表征成为可能。这些都是教学设计开始逐渐注重技术与教学理念结合的发展趋势表现。

3. 教学设计越发注重对学习环境的构建

学习环境是开展教学活动的另类载体。学习环境包括有形的体育教学场地、体育器材等,无形体育教学环境包括体育教学软实力、教学氛围以及校园体育文化等。现代教育学认为学习已经不再像过往那样单纯只是对知识的传输或接受的过程,而是已经将学习的行为认定为需要有强大意志性、意图性、自主性的建构实践。知识和技能的获得需要在个体运用知识和技能的"情境"中得到,因此,为了获得所需知识或技能,就需要为这一目标特别创建与之相适应的环境。

4. 教学设计越发注重评估理念和方法

教学理念是指导教学行为的基础,而教学方法则是实现教学目标的途径。因此,这两个因素必定是未来教学设计要关注的重点,进而对于教学设计的评估也要关注好对这些内容的评估。

具体来说,教学设计将会把个体差异的分析、社会文化差异的分析、对学生学习需求的分析、信息和方法的结构分析作为评估的重要内容,而将信息技术选为评估工具。评估需要超越对局部技能和离散的知识点的关注,而要把推动学生进步的更复杂的方面包含进来,具体方面主要为对元素认知的评估、对实践和反馈的评估、对"情境"与迁移的评估、对社会文化大环境的评估等。

第八章　体育教学管理的革新与发展

体育教学的科学管理有助于体育教学活动和教学科研的顺利进行。本章主要就体育教学管理的相关知识进行重点研究,内容主要包括体育教学管理的基本理论、内容、方法以及体育教学管理的发展与完善。

第一节　体育教学管理的基本理论

一、体育教学管理原理

（一）系统原理

管理是一个大的系统,系统中包含着多个要素,这些要素之间相互依存、相互联系。它们按照一定的结构动态地相互结合在一起,据据整体目标的要求进行组合。通过对系统理论的运用,细致的系统分析管理对象,从而使现代科学管理的优化目标得以实现,这就是系统原理。

根据系统原理,可以总结出体育管理的管理原则,将这些原则应用于体育管理,可以促进体育管理工作的顺利完成。

(1)"整—分—合"原则。具体来说就是对整体工作进行详细的了解,并以此为基础,将整体分解为若干个基本要素,进行明确分工,使每项工作规范化,建立责任制,然后进行科学的组织综合,最终提高管理功效。

(2)优化组合原则。对体育教学系统各要素的组合(组织、目标、人才、环境的优化组合)要科学,只有这样才能提高教学管理系统整体的效益。

(3)相对封闭原则。管理系统具有系统各要素之间的关系、相关系统外部之间的关系两大基本方面的关系。使系统内的管理手段、措施构成一个连续的封闭回路,进而构成完整的管理,形成有效的管理运动。

（二）动态原理

动态原理是指系统管理目标的实现受人、财、物、时间、信息等因素的影响，再加上管理对象的变化，系统的计划、组织、控制、协调等各个环节必须相应地进行变化，以对管理对象的变化进行动态的适应，从而保证管理目标的实现。

在体育教学中，动态原理要求管理者在管理中要给予下级一定的权利，保证管理的弹性，以便及时采取应对措施，保证管理活动的正常进行。此外，还要重视管理过程中反馈信息的收集与控制，通过信息的反馈，控制未来的行进速度，并最终实现管理目标。

（三）效益原理

体育教学管理要想实现管理效益的最大化，就必须在对各个环节、工作进行管理时，都要以提高效益为中心，科学地、节省地、有效地使用有限的人力、财力、物力、智力和时间信息等资源，这就是效益原理。

从本质上讲，管理的根本目的就是效益，因此，体育教学管理也要重视社会经济效益的实现，确定管理活动的效益观，从不同的主体和不同的角度去评估管理效益，并在管理过程中及时协调影响管理效益的各因素的关系，促进最佳效益的实现。

（四）人本原理

人本原理是指一切管理活动均应以调动人的积极性、做好人的工作为根本，要求管理者在管理活动中做到以人为根本。

人是管理活动的核心和主体，在体育教学管理系统中，要以人为本，重视人的工作态度、工作动力、工作能力的观察和挖掘，根据人的能力水平安排工作，从物质、精神、信息等方面为工作人员提供动力支持，使人性得到最完善的发展，以促进体育管理活动的顺利开展。

二、体育教学管理组织

组织自人类历史开始后便开始存在，在古代主要表现为群体联合狩猎，在现代主要表现为个人与他人的合作。随着人类社会的不断进步，在现代文明高度发达的今天，人们的各种活动仍旧会以不同组织和团体的形式出现。

（一）体育教学管理组织的类型

管理学中的组织主要有两种形式,即静态组织和动态组织。静态组织指组织结构,它是一种反映人、职位、任务以及它们之间的特定关系的体系。动态组织是指保持组织体系中各要素的正常运转及其变革,组织的各构成要素在相互关系的配合下共同完成组织目标,完成目标的过程是一个动态的过程。

学校的组织结构的科学性对于调动教职工的积极性,发挥学校的功能,实现学校体育组织目标和提高管理效率都具有重要意义。当前,学校体育教学管理组织主要包括以下几种类型。

（1）直线式组织:各级行政单位从上到下实行垂直领导,下属部门只接受一个上级领导者的指令,组织机构的业务比较简单。

（2）职能式组织:此类管理组织的行政单位中设有主管负责人,同时还相应地设立一些基本的职能机构。如在主管负责人下面设立职能机构和人员,协助主管从事具体的职能管理工作。在组织中,下级接受上级行政及其他各职能机构的共同领导。

（3）直线职能式组织:又称"直线参谋式组织",它吸取了直线制和职能制组织两种形式的优点,取长补短,是当前绝大多数学校体育教学管理所采取的组织形式。

（4）矩阵式组织:既有按职能划分的垂直领导系统,又有按任务或项目划分的横向领导关系的结构,强调纵向的信息沟通和横向的信息流动。

组织形式和结构不同,体育教学管理工作的重点也不同,不同组织结构类型各有优缺点(表 8-1),各学校可以结合自己的情况灵活选用。

表 8-1　不同组织结构类型优缺点

组织结构类型	优点	缺点
直线式管理结构	结构比较简单,权责分明,决策迅速,指挥及时,效率高	要求行政主管通晓多种知识和技能,亲自处理各种业务。这在业务比较复杂、组织规模比较大的情况下,就比较困难
职能式管理结构	能适应业务比较复杂,管理工作比较精细的特点;能充分发挥职能机构的专业管理作用,减轻直线领导人员的工作负担	容易导致多头领导,在一定程度上影响了必要的集中领导和统一指挥,不利于建立和健全各级行政负责人和职能科室的责任制,在中间管理层有可能出现有功大家抢,有过大家推的现象;在上级行政领导和职能机构的指导和命令发生矛盾时,会影响下级工作的正常进行

组织结构类型	优点	缺点
直线职能式管理结构	既保证了企业管理体系的集中统一,又可以在各级行政负责人的领导下,充分发挥各管理机构的作用	职能部门之间的协作和配合性较差,职能部门的许多工作要直接向上层领导报告请示才能处理,这一方面加重了上层领导的工作负担;另一方面也造成办事效率低
矩阵制管理组织结构	组织内信息的纵向和横向沟通顺畅,各部门联系紧密	管理组织结构划分比较复杂,各部门之间的关系交叉

（二）体育教学管理组织机构的建立

体育教学组织结构的建立和完善应以培养学生体育运动技能为核心,遵循以下原则。

1. 统一原则

体育教学管理组织机构建立的统一原则针对的主要对象是那些最为复杂的体育教学活动,要求各管理部门的建立及运转做好保持管理目标及系统中命令传递的统一两个方面的工作。首先,统一的目标是体育教学管理系统内各部门、各层次的管理活动得以有计划、有序进行的重要保障和方向。当前,学校体育教学管理的最基本目标是保证体育教学的顺利开展正常秩序,最高目标是体育教学内容符合学生的终身体育需求。体育教学的科学管理必须做到基本目标与最高目标的统一,要求管理系统中的工作人员为实现这两个目标而共同努力。其次,在体育教学的管理系统内部,各个部门、各个管理人员应只接受一个上级的领导的"命令"并对其负责,要做到这点,要求体育教学管理组织中应避免多人管理现象的出现,在体育教学的规章制度的制定、执行、修订、废除等方面都应该统一,不因人、因部门而异。

2. 效率原则

效率原则是衡量一个组织结构是否科学合理的重要原则。体育教学管理组织机构建立的效率原则要求管理组织系统应想方设法地通过协调和控制提高工作效率和经济效益。现阶段,我国学校体育教学管理组织结构的设置存在着学校的集权与分权、分工与协作等问题。提高学校教学管理工作的效率是处理这些问题的最基本的前提。

3. 精简原则

精简原则主要是指机构和人员的精简,且关键在于精,精简是高效的前提。一般来说,精简的学校体育教学组织机构应具备以下特征。

(1)机构设置合理。避免不同机构之间工作任务的交叉,在保证体育教学工作顺利完成的基础上,尽量减少机构数量。

(2)层次划分科学。岗位的设立一定有其必要管理的职责范围,可有可无的管理环节尽量省去不要,以免造成组织机构的繁冗和管理成本的增加。

(3)部门分工恰当。每个部门都有明确的分工,因岗设人,职责明确,减少了工作相互推诿情况的发生。

(4)人员配备合理。体育教学管理系统内的每个人都有明确的职责和饱满的工作量,杜绝人浮于事和无所事事。

(5)人员素质较高。精简原则中的"精"和"简"二者必须有机结合,这就要求教学管理人员素质的不断提高,以实现人员的精干,强化整个体育教学管理系统的管理能力,进而真正实现精简。

4. 责权一致原则

在建立组织结构过程中,既要对每个部门规定明确的职责,又要根据职责大小赋予相对等的权力。这就是体育教学管理的责权一致原则。在体育教学实践中,要完成某一项工作就一定要确立具体部门的具体职责,并保证部门为了完成这一职责拥有与之相匹配的权力,这是体育教学的管理系统内部各部门、各层次履行管理职能的基本条件之一,是充分发挥各部门和人员的积极性和主动性,保证体育教学管理工作科学、有序进行和积极开展的基础,是提高体育管理效率和教学效率的前提。

5. 弹性原则

体育教学管理组织机构建立的弹性原则是指管理系统中的每个部门、每个环节和每个管理人员为完成特定工作,都能自主地履行自己的职责,能够根据客观情况的变化自动地调整履行职责的方式、方法。在体育教学实践中,弹性原则要求在体育教学管理组织结构的设置中,要给每个部门、每个层次以必要的弹性权力,使他们能在自己的职权范围内根据实际情况,灵活自主调节工作。

三、体育教学管理机制

"机制"一词的本意是"机器的构造和动作原理",被引入到管理学的领域之后,"机制"的本意并没有更改,只是与管理学进行了结合,构成了"管理机制"这一新的名词。"管理机制"具体是指管理系统内各构成要素之间相互联系和作用及其调节方式。机制是否能保证系统内的各要素的作用能正常且充分地发挥是评判一个管理机制是否优秀的主要依据,具体是指该机制的建立是否人尽其才、物尽其用。

（一）体育教学管理体系的类型

体育教学管理机制是指为保证体育教学的进行所涉及的各级与体育教学相关的组织或机构、各利益相关主体之间为一个共同目标相互作用的关系体系。一个完善的体育教学管理体系及管理机制对学校的教学质量上台阶上水平具有重要意义。我国学校体育教学管理体系主要分为以下两种。

1. 广义的体育教学管理体系

广义的体育教学管理体系是指在学校内与学校外实施体育教学过程中所涉及到的全部要素。从校外的各构成要素来看,体育教学涉及的内容包括政府部门和企业、行业、社区、家长等。

2. 狭义的体育教学管理体系

狭义的体育教学管理体系是指专门针对在学校内实施体育教学过程中所涉及的要素。从校内的各构成因素来看,各级各类学校的历史发展和实际情况不同,该学校的校园机构设置及其管理层次也必然会具有不同的特点,但不管这些内容有多少不同,各构成要素在涉及的利益主体问题上都是共同的,其共同的主体均为学生、教师和管理人员。

系统的管理体系及其运行机制的建立,必须要考虑到不同利益主体之间的关系。从这个角度来讲,凡是与体育教学相关的各级管理机构的设置,管理人员的配备,体系制度的制定等都应围绕更好的实现学校体育教学的培养目标来确定。长期以来,关于体育教学管理的研究多是从狭义的体育教学管理的层面进行的,而学校体育教学工作在实践中受到多种因素的影响,再加上体育教育与社会需求之间的关系日益紧密,社会对人才的要求越来越高,因此,体育教学管理必须更多地考虑社会因素,考虑体育教学人才的培养是否满足现代社会对人才的素质的要求,可见,从广义的体育教学管理体系来建立和完善体育教学管理机制是时代赋予体育教学管理改革的重要任务。

（二）体育教学管理体系机制的建立

体育教学管理机制通过有关制度制定和实施,体育教学组织机构管理机制的建立是规范现代体育教学组织机构日常工作、提高现代体育教学组织人员工作积极性的重要前提和基础,规范的体育教学管理机制有助于调动管理系统内部工作人员的积极性,保证整个管理体系的正常有序运转。

当前,我国体育教学管理体系机制主要包括以下三个。

1. 激励机制

激励是体育教学中经常用到的教育手段,一般来说,体育教学主要涉及三个因素,即教师、学生、管理者。其中,老师、教员通常是激励活动的组织者发起者,是体育教学的激励机制中激励的主体;学生则是体育教学中被激励的对象,是激励的客体。而在体育教学管理的激励机制中,管理者和被管理者都是相对的,如教练员相对于运动员而言是管理者,但相对于机构领导而言就是被管理者。因此,教师、学生、管理者既是激励主体,也是激励客体。

在体育教学管理中,常用的激励方式主要有两种,即物质激励和精神激励。这两种激励方式在现代体育教学管理体系中的应用具体如下。

（1）物质激励:以适量的物质刺激来尽可能的调动工作人员的积极性,其中物质刺激主要包括工资、奖金、福利等,还有职务、职称、工资的晋升等。要有效地发挥物质动力,就要把工作成果与物质利益有机结合起来,按劳分配。

（2）精神激励:主要是通过精神的力量来激发个体的积极性。任何个体都会具有一定的精神支柱,并受到一些思想、信仰的支配。因此,个体精神状况的好坏,将对其行为产生很大的影响。良好的精神状态,还可以在一定程度上弥补物质动力的不足。体育教学管理中的精神激励是通过对激励客体(如在体育教学工作中表现突出的先进人物)授予某种荣誉称号来实施的。

物质激励和精神激励两种方式都有各自的优势和特点,要想合理运用以发挥最佳激励效果,在实际的运用过程中应注意做到激励机制要公平透明,避免暗箱操作,以免造成个体或群体对组织机构的不信任和工作(或学习)积极性的降低。此外,应该认识到,单纯的激励机制不能从根本上推动日常工作的有效进行,因此,必须把激励机制与日常考核结合起来,将激励所激发的内在动力与考核的外在约束形成合力,以发挥组织机构人员的最大潜能。在教学管理实践中,应重视不同激励方式的结合使用,以满足不同的人的不同需求,进而使教师更加主动地参与社会实践,学生更加坚持不懈地继续朝着自己崇高的理想前进,学校体育教学管理者更加积极地开展本职工作,促进整个学校体育教学质量和管理工作水平的提高。

2. 保障机制

体育教学管理工作需要与之相符的机制做保障,这主要给予以下两点考虑,首先,随着现代科技的发展,新材料和高科技器材被不断应用于现代体育教学中,因此,学校体育教学中的体育教学设备应该得到必要的升级而重新进行购置。其次,经费短缺是各学校教学所遇到的共同课题,是目前影响我国教育发展的主要"瓶颈",再加上在有限的教育资金中,如何保障体育教学分配教育资金的合理比例,也需要学校建立必需的机制保障,以满足当前体育教学的需要。

可见,保障机制的建立对于保障学校体育教育的健康发展意义重大,具体来说,现代体育教学管理体系中保障机制的建立应做好以下两个方面的工作。

首先,国家应加强对教育的立法,完善教育投入的法制体系建设,要在国家层面将教育投入在国内生产总值中所占比例通过立法的形式予以解决,以保证我国学校教育投入。

其次,各级各类学校可以结合本校的实际情况采取院系两级管理的财务预算管理,或是学院一级的财务预算管理方式,切实保障一线体育教学的经费需要。尤其是要使学生的体育教学设备、实训、校外参赛经费得到保障。

3. 风险处理机制

和其他学科的教学不同,体育教学中学生的身体活动较多,因此应重视和加强对学生的安全管理,严格观察学生的每一种行为,随时排除风险隐患。这就需要在现代体育教学实践中建立风险处理机制,以保证体育教学始终能够在安全的基础上,顺利有序进行。

一般来说,体育教学中的风险由客观事物和人为主体构成。其中,客观事物构成的风险是指体育教学周边环境所带来安全隐患的风险。如篮球架是否牢固,单双杠是否结实,场地周边是否有障碍物或利器等。其次,人为主体构成的风险是指由于学生安全意识不强、身体状况不适、对于所学运动技能的掌握不扎实等导致的运动中出现错误动作而引发受伤等安全隐患的风险。如学生因为没有掌握正确的技术动作而在动作练习过程中产生的损伤。

四、体育教学管理决策

"决策"意为"做出决定或选择",具体是指通过分析、比较,结合实际情况选定最优方案的动态过程。现代管理理论认为,决策包括提出问题、确立目标、设计多种方案,在综合分析不确定条件下发生的偶发事件(既无先例,又没有可遵循的规律)的基础上,从几种备选的行动方案中做出最终抉择等阶段。体育教学管理中的决策是领导者的基本职能,科学、合理的决策对于解决关系到学校体育教学工作的顺利开展、有序运行以及未来发展等重大问题具有重要作用。

(一)体育教学管理决策的类型

现代体育教学管理涉及众多因素,工作内容多、活动复杂,因此做好决策对于管理者的考验是很大的,不同情况会使他们的决策呈现出不同的种类。常见体育教学管理决策具体分类如表 8-2 所示。

表 8-2　体育教学管理决策的类型划分

分类依据	类别	内容
决策性质	程序化决策	有关常规的、反复发生的问题的决策
	非程序化决策	偶然发生的或首次出现的而又带有一定重要性的非重复性决策
决策作用	管理决策	为保证体系内总体战略目标的实现而解决局部问题的重要决策
	业务决策	体育教学的基层管理人员和教师为解决日常体育教学工作中的问题所做的决策
	战略决策	由最高层管理人员做出的有关发展方向的重大全局决策
决策问题的条件	确定型决策	可供选择的方案中只有一种是自然状态时的决策
	风险型决策	可供选择的方案中存在两种或两种以上的自然状态的决策
	不确定型决策	可供选择的方案中存在两种或两种以上的自然状态的决策
决策采用的方法	经验决策	通过丰富的经验做出的判断而进行的决策
	科学决策	结合科学的思维方法、科学的决策技术、科学的决策程序做出的决策

（二）体育教学管理决策程序的建立

合理的、科学化的决策是保证体育教学管理系统的完整统一、保证体育教学工作顺利进行的重要依据。因此，为了保证决策的科学化和制度化，建立科学合理的决策程序是十分必要的。科学的体育教学管理决策程序的建立应包括以下几个步骤。

1. 确定体育教学管理决策的目标

一般地，决策目标是根据所要解决的问题来确定的。只有明确了决策目标，把握好问题的本质，才能避免决策的失误，才能从本质入手解决问题的主要矛盾，促进管理目标的实现。

2. 制定备选方案

根据决策目标制定备选方案是科学进行体育教学管理决策的第二步。备选方案的拟定既要分析和研究目标实现的外部因素和内部条件，积极因素和消极因素，以及决策事物的运动和发展状况；还要结合各种不利因素和有利因素对决策事物未来发展状况的各种估计进行排列组合，拟订、选出若干个可行方案。

3. 评价备选方案

根据是否有利于决策目标的实现为评价标准，通过经验判断法、数学分析法、实验法综合评价几个备选方案。

4. 选择最佳方案

对备选方案权衡利弊，最后由决策者挑选出一个最佳方案执行。

第二节　体育教学管理的内容

一、体育教学人员的管理

学校体育教学管理中的人员包括很多，最重要的是对教师和学生的管理，这里重点介绍如下。

（一）体育教师的管理

对体育教师进行管理的目的是为了全面贯彻体育教育方针，并通过管理来提高体育教师的思想与业务素质，调动体育教师工作积极性。

1. 教师规划管理

（1）制定体育教师编制计划。对体育教师的科学编制是体育教学工作顺利开展的基础性工作。科学编制要求体育教师的编制符合国家教委颁布的相关条例，并与在校学生的比例以及学校的体育教学工作量匹配，数量适当。

（2）制定体育课时工作计划。根据全日制在校学生或继续教育学生的必修体育课、选修体育课，课外体育活动指导、课余体育训练工作及校内外体育比赛，学生各种《达标》测试等公平、合理安排每位体育教师体育工作全年任务。

（3）制定体育教师培训计划。制定体育教师培训计划包括制定短期培训计划与制定攻读学位计划，安排体育教师参加专业培训或出国深造，以满足我国不同学校教育层次对体育教师的学历达标的要求，促进学校体育水平的提高。

（4）制定体育教师引进计划。根据本校体育教师的编制情况、教师的离休及退休情况、体育项目需要情况等，有计划地引进高学历的专业体育教师。

（5）制定体育学术交流计划。安排体育教师参加学术交流活动，提高体育教师的科研水平和综合素质。

2. 教师选拔管理

在体育教学管理中，教师选拔的质量直接影响体育教学的管理工作，因此，在选拔体育教师时应切实遵循以下两个原则。

首先，坚持广泛选拔。通过多方面努力，不断开辟新的渠道，广泛选拔体育教师。不管是本校还是外校，是本地还是外地，是国内还是国外，只要符合体育教师的选拔资格都应予以考虑。其次，选拔教师，要充分考量其思想政治、道德品质、业务技术水平，注重德与才的统一，不可偏颇其一。

3. 教师聘任管理

对优秀教师合理聘任能有效促进教学工作的进行和教学工作质量的提高。具体来说，对体育教师的聘任要遵循以下几点原则。

(1)按岗聘任。逐渐从"以人为中心"向"以事为中心"转变,从注重个体发展转变为注重整体结构与功能的优化。避免岗位设置不明确,职责不分明,因人设置岗位等现象的存在,强化教师的岗位意识,明确教师的职责。

(2)职能相称。不同的体育教师具有不同的专业特长与兴趣爱好,对教师的聘任应做到使教师各尽其职,能发挥各自的特长。

(3)职称评定。职称评定原则即使体育教师都能享有符合自身素质水平的职称,以此激励教师最大工作热情和工作潜能的发挥。

4. 教师培训管理

通过参加不同形式或不同机构的培训来不断提高体育教学能力,提高科研水平能力,提高体育教师的综合素质水平,并最终改善体育教学效果。目前,常见的体育教师培训机构主要有体育学院、体育教师进修学校、自学考试机构、单位体育机构等。对体育教师的培训主要采取以下两种形式进行。

(1)在职培训。具体是指体育教师在原来的职务岗位上参加培训的形式,通常采用的培训方式是业余时间自学、指定专人培训或在夜大、电视大学、函授学校等进行脱产与半脱产的学习。

(2)岗位培训。根据当下体育岗位工作的需要和岗位人员的素质要求,对体育教师进行的一种有目的组织性培训活动,培训目的是使体育教师获得本岗位工作所要求的基本知识和教学技能。

5. 教师考核管理

当前,对学校体育教师的考核需要遵守如下原则。

(1)实事求是原则。在考核体育教师的工作中要从实际出发,充分考虑主观因素(体育教师)与客观条件(教学环境、教学目标)的共同影响。实事求是,公平公正地考核。

(2)发展性原则。要坚持发展的原则来考核体育教师,其主要依据是体育教师的思想品德、意志品质、业务水平是不断变化发展的。

(3)全面性与侧重性相结合的原则。考核体育教师的指标要全面,既要看硬指标(工作量、科研成果等),也要看软指标(科研成果水平、教学效果等),在全面考核中注意侧重性,依据具体的考核目标选择具体的指标进行重点考核。

6. 教师评价管理

对体育教师的评价主要是在系统的信息收集和定性与定量的分析基础

上进行的,常见的体育教师评价方法具体如下。

(1)自我评价。体育教师依据一定的评价标准,如实地对自己的工作质量水平做出评价。注意评价要客观,避免夸大成绩。

(2)领导与同行评价。通常情况下,领导评价往往较为严格,评价结果较自我评价的准确性高。而同行比较了解教师的工作内容,评价准确度较高。

(3)学生评价。一般来说,学生对体育教师的评价比较直观,具有说服力。但由于受学生的知识水平、理解能力、喜好等影响,评价的主观性强。

(二)学生的管理

体育教学中学生的管理的目的是促进学生身心健康,顺利高效完成体育教学工作,主要管理内容包括以下几个方面。

1. 学生体质健康管理

目前,我国大学生的体质状况不是很好,而学生体质是否健康,对学校培养人才的质量造成直接影响,因此,对学生体质健康管理十分必要。这要求学校有关部门与工作者要积极向学生宣传教育有关体质健康方面的知识,定期对学生进行体质健康检查,建立健全学生健康管理制度,并将健全组织机构纳入体育工作计划,并分班、分人整理学生的体质与健康档案,将检查结果纳入学生档案,编写登记后汇入总登记册。此外,还要针对体弱、伤残的学生建立专门的体育活动制度,开设体弱、伤残体育与保健康复体育课,做好此类学生的体质健康管理工作。同时,深入分析研究全体学生的体质与健康状况,采取有效措施促进学生身体健康。

2. 学生课堂纪律管理

学生课堂纪律是体育课堂教学效果的重要保证,要保证良好的体育课堂纪律,主要做好两个方面的工作。一方面,体育教师在体育课中应注意培养学生的自觉性。另一方面,学校应通过制定统一的规定,使体育教师向学生提出一致的要求,并在各方面给予密切的配合和支持。

3. 学生课外体育活动管理

学生课外体育活动管理的目的是增强学生体质,提高体育文化素质,促使学生体育活动可持续发展,促进学生身心和谐发展。[①] 学生课外体育活

---

① 肖林鹏. 现代体育管理. 北京:北京体育大学出版社,2009.

动管理原则主要包括如下几种。

（1）需要性原则。课外体育活动的安排应有助于满足学生提高技能的需要、强身健体的需要、实现自我的需要、交往的需要和休闲娱乐的需要。

（2）多样性原则。体育教师在安排课外体育活动项目时，要以不同学生的实际需求为依据，应多安排既有利于促进学生健康，又利于学生终身体育练习的项目，突出多样性，以供学生选择。

（3）指导性原则。在课堂体育活动中，教师要耐心地对学生进行必要的指导，让学生充分地了解、认识、正确掌握活动内容和保护方法。

（4）可操作性原则。课外体育活动项目的安排要充分考虑学校的体育条件，结合学校的运动场地、器材、设备等实际条件进行安排。

4. 学生学习评价管理

（1）教师对学生学习评价。教师结合学生的日常体育学习态度、技术动作的掌握、出勤情况以及运动潜力，同时充分考虑体育教学任务以及教学预期，按照统一的评价标准，对学生进行"优、良、可、差"（等级的评定或给予每一个学生一定的分数。

（2）学生的自我学习评价。学生的自我评价适合在期末或学年末的评价时使用。由于学生出于自尊往往会过高估计自己。因此，体育教师应注意对学生进行评价指导，把学生的自我评价与功利性分离开来。

（3）学生间的学习互评。主要围绕技能学习与问题学习的讨论进行互评、互议，学习同伴优点、指出同伴不足。学生互评开始前，教师要教育学生端正对他人正确评价的态度和能力。

二、体育教学活动的管理

（一）体育课堂教学管理

体育课堂是学生获得知识的重要途径，进行体育课堂教学管理的目的在于向学生传授体育文化、体育理论知识和体育运动技能，培养学生主动参与体育锻炼的兴趣，提高健康素质和活动能力，帮助学生培养和形成"终身体育"的思想观念，为社会造就全面素质的人才。因此，加强体育课堂教学的管理，对整个学校体育教学及学生自身的发展都具有重要的作用和意义。

1. 备课管理

备课是体育教师所必须要做的功课，是体育课堂管理的重要内容，体育教师进行教学，必须要备课。因而，管理者要对教师备课提出具体要求，如教案规范、详略程度等。另外，学校相关方面的管理者要定期或不定期对体育教师的教案进行评比，或者可以组织一定的集体备课来提高教师的备课规范性。

体育教师备课应尽量做到精练、准确、真实、详尽，具体来说，应根据教学大纲的要求和学校的有关规定来进行。体育教师应根据学生的实际情况，如体育基础、体育骨干、伤病情况等备课，同时要考虑到场地、器材的实际情况等，并如实详细记录，要求备课文字精练、准确。

2. 上课管理

一方面，高校体育管理者要关心和支持体育课的教学，并提出一定的要求，通过课堂看课、听课，并组织一定的公开课、观摩课，加强对体育课的检查督导。管理者同时要尽可能为体育课提供必要的条件，帮助体育教师解决一些实际问题，创造良好的教学环境。

另一方面，体育教师对体育课的管理质量起决定的作用。体育教师的管理工作包括课堂常规的建立、课的合理分组、场地器材的运用、安全措施的运用、做好思想政治工作、调度和运动密度强度的掌握、教学方法手段的运用、调动学生积极性以及教师本人和学生的服装要求等。

3. 课后管理

对于体育教师来讲，在体育教学课结束时，体育教师应提出下次课的任务，组织学生收回器材、整理场地，并按时下课。另外，体育教师还应总结本次课程的内容，让学生展开讨论，根据学生的意见和建议，有针对性地安排好下一次课。

4. 意外伤害事故管理

学校要根据国家和省、市有关规定，确保教育教学和生活的设施、设备符合安全标准，监督教师履行职责，根据实际情况采取必要措施，预防和消除可能在课堂或者活动期间造成学生人身伤害的危险。并按照学生不同年龄的生理、心理以及教育特点，建立健全各项管理和保护学生的规章制度，健全各项安全保障措施，活动场所和设施应当符合安全标准。

当意外伤害事故发生后，作为第一处理者，教师应做好以下工作。首先,针对轻伤者,可送医务室治疗,重伤者或者生命危险者应立即转送医院抢救;接着及时通报。其次,发生重大的意外伤害事故时,应立即通知家长、学校领导和当地派出所或有关部门,并详细汇报伤害事故发生的时间、地点、原因、后果与处理措施等具体情况,填写有关意外伤害事故报告。

(二)体育课外活动管理

1. 早操、课间操的管理

对课间操、早操的管理应视学校的具体情况而定,一般应包括以下内容。

(1)项目管理。在课间操、早操的项目内容的确定上,学校可运用统一安排和自选相结合的方法进行管理。

(2)器材管理。在课间操、早操的场地器材的安排上,学校可运用集体与分散相结合的方法进行管理。

(3)人员管理。现阶段,学校主要是运用学生干部、班主任、体育教师相配合的方法进行管理,在管理上,班主任、任课教师应互相密切配合;要注重发挥学生干部的作用;要做好课间操、体操的宣传教育工作,帮助学生充分认识"两操"的重要作用,并使其能成为一种自觉行为。

(4)活动效果管理。在活动效果管理方面,学校可运用平时考勤与抽查评比相结合的方法进行管理。

2. 个人体育活动的管理

针对学生的个人体育活动,体育教师可通过指导、咨询、协调等形式介入其间,鼓励、启发学生有计划地进行体育锻炼,启发学生结合自身情况有针对性地选择活动内容,制定锻炼计划。

3. 班级体育活动的管理

班级体育活动是以班级为单位分成若干小组进行的。一般来说,学校会对班级课外体育活动实践提出一些要求,如锻炼的时间、内容、组织和生理负荷等,因此,在进行班级体育训练的管理时,可将训练与体育课教学内容结合起来,以"标准"为中心选择具体的项目开展锻炼,也可以将体育活动与学校传统项目和学生感兴趣,且简单易行的项目结合起来,以提高学生的体育活动兴趣。

在对班级课外体育活动进行管理的过程中,还可以充分发挥学生体育干部的作用,通过班主任、体育教师的指导,由班级体育委员在征求全班同学的意见和建议后制定活动计划,组织落实班级体育活动。

4. 年级体育活动的管理

年级体育活动通常是由体育教研室或体育教研组负责整个年级体育教学的老师和年级主任或组长协同完成。具体来说,年级课外体育活动的管理应根据学校的具体实际以及学生身心发展的特点、体育基础、运动水平等进行。

5. 体育俱乐部活动的管理

校园体育俱乐部是国外比较流行的体育课外活动组织形式,近年来取得了一定程度的发展。目前,我国高校体育俱乐部的形式主要分单项俱乐部和综合俱乐部两大类。

学校体育俱乐部活动的管理应由专任负责人负责,根据学校体育工作的总体规划和课外体育活动计划确立活动目标、运营方式、人员安排,做好经费筹措、场地器材设备的合理配置等工作。

三、体育教学资源的管理

体育教学资源也称"体育财物",包括物力资源和财力资源两大类,科学地体育教学资源管理能为体育教学活动提供良好的物力和财力保证,有助于体育教学活动的顺利开展。

(一)体育物力资源管理

在国家颁布的《国家体育工作条例》中对体育物力资源的管理进行了相应的规定,指出学校及其上级主管部门"应当按照国家或者地方制定的各类学校体育场地、器材、设备标准,有计划地逐步配齐",学校应"制定体育场地、器材、设备的管理维修制度,并由专人负责管理。"这里主要对体育场地的购置、配置、使用及清查管理分析如下。

1. 购置管理

学校体育场地设施的购置过程较为复杂,但大体可归纳为采购和验收两个步骤。以体育设施为例,其购置管理具体如下。

(1)采购

采购之前,应由专门负责采购的工作人员提出采购项目、做出可行性分析,并呈报上级审批。通俗来讲,就是确定要购买什么,分析商家的价格水平、服务水平等,确定购买的必要性和购买数量、可用资金额以及确定采购人员,将需要购买的相应器材、设备设置列出清单,做出预算,呈报上级部门进行审批。

订购设备时,应仔细审查订货合同条款,并重点关注价格、数量、期限、售后服务、违约责任等方面。

(2)验收

对采购进来的体育设施进行数量、质量等的验收和登记,严格执行相应的验收手续,一旦发现问题,及时补足或调换。

2. 配置管理

以高校为例,我国高校场地器材的配置管理应根据《普通高等学校体育场馆设施、器材配备目录》的内容具体分为必配类、选配类以及两者的组合。由于高校的运动场馆的数量相对较少,高校运动场地的建造应以在校学生的总数以及体育课时数等为依据,尽可能地满足教师和学生体育活动需求。

3. 使用管理

(1)保管。学校体育器材的管理和实施应合理存放、妥善保管,保证其性能处于最佳的状态。

(2)使用。对体育场地和设备的使用应制定相应的责任制和操作规程,学生体育课过程中的使用以及其他的活动中器材设备的使用应严格执行使用和借用手续,如果损坏,应照章赔偿。

(3)维修。体育器材设备要定期进行维护和保养,使场地设备减少故障、消除隐患,保证并延长其使用的期限。

4. 清查管理

(1)盘点清查。由于体育课教学中,体育设施设备的流动性较大,因此应通过必要的盘点和清查使得账面数字与实际物资资源保持一致,以保证教学活动的正常进行。

(2)报废和报损。在清查过程中,如果发现已经损坏不能修复、失去使用价值的体育设备应办理相应的报废和报损手续;体育场馆的建造费用较高,其报废和报损要严格慎重,在保证体育教学过程中的师生安全的同时应避免资源的浪费,必要时可做专业的技术鉴定。

(二)体育经费资源管理

体育教学经费是教育经费的重要组成部分,对体育经费进行管理就是对体育教育经费的筹集、计划、使用以及监督检查等各方面的工作进行管理,目的在于为学校体育教学的实施和发展提供必要的经济保证。

1. 预算管理

预算是一种计划工作,是对未来一段时间内收支情况的预测。在体育教学管理过程中的经费预算属于财务预算的内容。一般地,学校预算由收入预算和支出预算两方面组成。在体育经费管理过程中,对预算的管理要遵循"量入为出,收支平衡"的管理原则,预算管理应当收支平衡,避免产生赤字。

2. 收入和支出管理

(1)收入管理

当前,我国学校的资金来源大致分为拨款、事业收入、自行筹款等类型。在体育经费的收入管理中,应做到积极主动扩大收入来源,同时保证资金来源的合法性,并根据不同的财务管理形式、拨款形式和资金的性质,分别开设不同的银行存款账户将其存入银行,以备使用。

(2)支出管理

体育教学的经费支出包括人员经费、公用经费、专项支出经费等基本形式。学校的支出应该纳入到财务预算之中,体育经费的支出和使用,应严格按照预算计划进行,严格遵循相应的开支范围和价格标准等,并做好记录,及时核对、整理支出凭证。

3. 结转和结余管理

体育教学经费的结转和结余资金是指学校在预算年度内,按照上级批复的预算方案,当年未列出的财政拨款资金。一般来说,结转资金是指在预算已执行但尚未完成或因故未能执行、下一年继续使用的资金;结余资金则是指在预算工作目标已完成或因故终止的前提下剩余的资金。体育教学的结转和结余资金管理应按照同级财政部门的规定严格执行。

第三节 体育教学管理的方法

一、行政方法

行政方法主要是依靠学校各级管理机构和领导者的权力,运用行政手段,按照行政系统规范进行管理活动的方法。它是由上级发布命令,下级则要服从上级,上下级之间的关系非常清晰。它主要的管理方法是通过行政管理系统采用命令、指示、规定、指令性计划和职责条例等行政手段,来对其不同子系统进行调节与控制。

(一)行政方法的基本特征

(1)强制性。行政方法具有鲜明的强制性,因为行政方法是通过各种行政指令来对管理对象进行指挥和控制,这些指令是上级组织行使权力的标志,下级必须贯彻执行。但这种强制的"非执行不可",与官僚主义的强迫命令有很大不同,它对人民的要求是在思想上和行动上服从统一意志,强调原则上的高度统一。

(2)权威性。权威性是行政管理方法运用过程中的一个重要特点,这主要是因为所采用的行政管理方法是否有效,上级所发出指令的接受率和各级关系的沟通,都取决于管理组织所采用方法的权威性。

(3)稳定性。管理系统具有严密的组织结构、统一的目标、统一的行动、强有力的调节和控制,对于外部因素的干扰具有较强的抵抗作用,因此具有稳定性,但这种稳定性是相对的。[①]

(4)纵向性。行政管理的纵向性是指行政命令的传达执行通常是通过垂直纵向逐层进行的。在整个管理系统中,下级只服从顶头上司,下一层次只听上一层次的指挥,对横向传来的命令、规定等,基本上可以不予以考虑。

(5)针对性。行政方法是不断变化的,其变化主要体现在实施的具体方式、方法上,变化的依据是对象、目的和时间在不断地变化。这也决定了行政方法具有一定的局限性,往往只对某一特定时间和对象有用。

(二)行政方法的合理运用

(1)要求上级对下级所下达的命令、指令或指令性计划等,一定要符合本部门的实际和管理活动的规律。

(2)要求上级领导者,除了要有责有权外,还必须具有较好的领导素质,即有较高的理论政策水平和较强的组织管理能力。否则,就会降低管理的质量,影响管理的功效和目标的实现。

① 胡爱本.体育管理学导论.北京:高等教育出版社,2004.

二、经济方法

以客观经济规律的要求为依据,通过经济手段的运用,对各种不同经济主体利益之间的关系进行调节,以实现管理目标的方法就是经济方法。工资、奖金、罚款等是学校体育教学管理经常采用的经济方法。

(一)经济方法的基本特征

(1)间接性。经济方法具有间接性,经济方法通过对人的价值取向和行为的引导、激励来实现调动个体的积极性和工作效率。在学校体育管理中,经济方法主要是通过对各方面经济利益的调节来控制和干预集体与个人行为的。

(2)有偿性。运用经济方法,不仅要求组织之间的经济往来应根据等价交换原则,实行有偿交换,如运动员(人才)的代培、科研成果转让、体育场地使用等,而且在对个体的管理上,十分强调劳动成果与获取报酬之间的关系。

(3)关联性。经济方法的影响面宽、涉及的因素多,而且每一种经济手段的变化都会影响到体育系统内部多方面的连锁反应。例如,对不同层次体育指导员的奖励问题,在学校寒暑假的体育场馆对外承包机制等。

(二)经济方法的合理运用

(1)在体育教学管理中,不能单纯地依靠经济方法来激励或惩罚学校体育工作者,应注意管理活动中人、财、物的科学投入和统筹安排,必须注重多种方法的综合运用,强化思想教育,使管理者和被管理者做到团结一致。

(2)在管理中运用经济方法,应把握具体管理对象的特殊性质,注重对未来发展的预测。

(3)作为管理的重要方法之一,合理的罚款能有效制止管理者不期望行为的发生。但罚款手段的运用应注意把握好尺度,切忌滥罚或当罚不罚。

三、法律方法

在学校体育教学管理过程中,运用法律、法令、条例、决议和章程等各种形式的法规来进行管理的方法就是法律方法。法律方法是维护学校体育管理秩序、调节体育管理大环境中各要素关系的有效方法。

（一）法律方法的基本特征

（1）强制性。法律具有强制性特点，体育法规具有必须遵守且不可违抗的性质，首先，体育法可规定体育人口的合法行为，其次，体育法律法规对违反体育法规规定的人给予惩罚和法律制裁，一旦产生违反性行为必须承担一定的后果。

（2）规范性。在语言描述方面，体育法律法规必须做到严禁、准确、具体，对法规所允许的和禁止的行为有明确、清晰的描述，并严格执行法律条文。

（3）稳定性。体育法规的适用对象是全体社会成员，法律面前人人平等，法律法规一经颁布就不能随便更改，具有一定的稳定性，不能朝令夕改。

（二）法律方法的合理运用

在与学校体育相关的不同职能和行政部门的管理大系统中，法律法规是学校体育教学管理中各种利益关系按照一定规范进行有效调节的依据，尤其是在规定和调节不同行政管理系统、不同管理层次关系等方面，法律方法更具有特殊的制约作用。对于学校体育教学管理中的各种行为的审查监督必须严格遵守相关法律法规条文的规定，不能有特权人物或机构的出现。

对于学校内部来讲，应重视维护和保障一般体育教师和广大学生的监督权。

四、宣传教育方法

采用宣传和教育等方式，使人们围绕着共同目标而采取行动，这种方法就是宣传教育方法。在学校体育管理系统中，为了使管理目标得以实现，灌输、疏导和对比等教育工作方法的应用是非常必要的。

（一）宣传教育方法的基本特征

（1）先行性。通过宣传教育，被管理者可以对管理方法和决策有充分的了解，同时可以思考自己如何配合行动；在管理过程中实施各项决策之前，通过宣传和教育，还可事先预测到人们可能产生的各种反应，制定相应的宣传教育措施予以预防，从而强化其正面效应，抑制可能产生的不良效应。

（2）疏导性。良好的宣传教育手段可以有效启发个人的自觉性和积极性。开展宣传教育，只有因势利导，才能真正达到宣传教育的目的，才能使社会体育管理工作更加有序、顺利地开展。

（3）滞后性。思想教育工作往往是在事情发生之后或有些苗头的时候进行的，这是因为人们的认识和思想是对客观事物的反映，因此，人们的行为是在教育方法行施之前就存在的。

（4）灵活性。学校的体育教学管理活动不是一成不变的，因此，宣传教育法的运用也具有一定的灵活性。人的思想基础、性格类型、价值观念和需求等方面存在着差异，因此，不同管理者开展的思想教育方式方法不同，而针对不同的管理者所使用的宣传教育方式方法也不同。

（二）宣传教育方法的合理运用

（1）宣传教育方法的滞后性特点要求管理者要从实际出发，科学地、正确地分析已经发生的问题，这样才能使思想教育真正落到实处。

（2）对思想问题采取回避或捂堵的方式是不可取的，甚至会激化矛盾。因此，开展宣传教育，要因势利导，动之以情、晓之以理，启发人们的自觉性。

第四节　体育教学管理的发展与完善

一、影响体育教学管理发展的主要问题

（一）教师队伍整体素质不高

当前，我国学校体育教师队伍整体素质不高是制约学校体育教学具体管理实务质量和效果的重要因素之一。具体来说，体育教师队伍素质的不足主要表现在以下几个方面。

（1）我国体育教师的培养模式比较单一，多是体育院校培养的师范类学生或由知名教练员兼任教师。这两种人员不能兼具教学技术能力与体育运动经验，因此在体育教学活动的组织管理中存在一定的不足。

（2）我国大部分学校的体育教师队伍在整体结构搭配上存在着不足。主要表现在性别、年龄和学历三个方面。性别方面，男性体育教师占据大部分比例，女性体育教师相对较少；年龄方面，体育教师整体年龄偏大；学历方面，高学历体育教师人数较少，如我国高校体育教师的职称多为助教、讲师。

（二）体育教学管理制度落后

我国高校职能部门中，学校的总教务部门与体育教学管理部门在管理方面存在着严重的脱节现象，这是导致我国体育教学管理制度落后的直接原因。

一方面，体育教学负责具体工作的部门需要遵循体育教育自身发展规律制定教学管理方案，在开展工作中还要特别注意体育院系的特性，在管理中力求"个性"。而同时要接受学校总教务处的领导与管理。因此，在管理方面存在一定的制约性。

另一方面，学校总教务处需要处理学校的各类工作，在教学计划、教学内容、教学工作量核定等方面容易忽视不同院校的差异性，会在一定程度上消减体育教学管理部门的积极性。高校体育教育管理制度落后正是在这种矛盾中所产生并加剧的。[①]

二、完善体育教学管理的主要途径

（一）提高体育教学管理人员素质

体育教学管理人员是从事体育教学管理工作的主体，因此提高体育教学管理人员的素质对于完善当前体育教学管理具有重要的意义和作用。

具体来说，提高体育教学管理人员的专业素质和管理素质应重视对体育教学管理工作人员的培训，不断开拓管理人员视野，为其提供了解、认识现代体育教学管理知识与工作的机会和途径，使体育教学管理人员的综合素质得到不断提高，以符合新时期、新形势下体育教学管理的工作需要。

（二）加强学校教师队伍的建设

在体育教学管理过程中，教师队伍的建设要格外引起学校体育部门方面的重视。优秀的体育教师应该身心健康、人格健全、专业知识技能丰富、富于创新精神等。这些素质会影响高校学生的学习和发展，并且对高校体育教学改革也有着重要意义。在具体的工作中，学校主管部门可有针对性地组织教师进行学术交流和专业技能学习，从而切实提高教师队伍的教学能力。

此外，应进一步优化教师队伍的结构，使不同性别、年龄、学历以及教学

---

① 邹继美．新时期优化高校体育教学管理发展研究．经营管理者，2014(34)．

和训练经验方面的教师能相互学习,共同进步。

(三)制定严格的教学管理制度

现代体育教学管理是研究日常有关体育教学的常规制度,调动积极能动性解决建立正常的教学秩序的问题,使学校体育教学更加科学化、规范化和现代化。目前,加强学校体育教学工作的科学化管理,就必须引进和运用现代化管理方法与手段,使得学校体育教育过程更加规范,有效提高体育教学工作的质量和水平,从而真正实现高校教学管理的科学化、规范化和现代化。

第九章 体育教学评价的革新与发展

体育教学评价是现代体育教学中的一个重要组成部分,其有着不可替代的作用。通过对体育教学进行评价,能对教学效果有充分的了解和认识,然后以此为依据,适当地对体育教学中的多种要素做出调整,从而使现代体育教学的科学性不断提高。本章主要对现代体育教学评价的基本理论、改革与发展以及规范与落实进行详细地分析和研究,进而使研究结果更好地为体育教学服务。

第一节 体育教学评价的基本理论

一、体育教学评价的概念与类型

(一)体育教学评价的概念

简单来说,对体育教学活动价值及优缺点做出评价的过程就是体育教学评价,在这一过程中,必须具有一定的教学目标和相应的标准作为其判断的依据。体育教学评价是在系统的调查和分析的基础上进行的,学校和教师以教学评价结果为依据,合理调整体育教学过程的各方面环节。

有学者将体育教学评价的定义界定为:体育教学评价,是按照一定的教学目标,运用科学的教学方法,依据相应的评价标准,对体育教学的过程和结果等给予的价值评判,其目的在于为改进体育教学的质量提供相应的信息和依据,最终实现学生的全面发展。还有的学者则认为,体育教学评价是依据体育教学目标和评价原则,对"教"和"学"两个方面进行的价值判断和测评。

通过对上述定义进行归纳可知,体育教学评价是对结果和过程的价值判断,它既包括对教师也包括对学生的评价,同时,它对教学活动的目标、内容、手段、方法等各方面诸多因素都会进行相应的评价。其评价的重点则在于体育教学的质量和学生的学业成就方面的评价。

体育教学评价的具体内容包括体育"教"与"学"两个方面的内容。在体育教学过程中,学生的学习能力、学习态度和学习成绩等方面的变化,都在一定程度上反映了体育教学的结果。对体育教学活动的结果进行评价和分析是对上述内容的评价和分析。因此,对学生的"学"进行评价和分析,也是体育教学评价的重要内容。

总而言之,体育教学评价既包括对体育教师的各方面工作、能力和态度的评价,也包括对学生的学习能力、效果和态度等方面的评价。

(二)体育教学评价的类型

除了过程评价和结果评价之外,按照不同的分类标准,可将体育教学评价分为多种类型。

1. 以评价分析方法为依据进行划分

(1)定性评价

定性评价侧重于对"质"的分析,是对优劣程度的评判,一般用评语或是符号表达。

(2)定量评价

定量评价即为从"量"的角度进行的分析。通过采用多种方法获得相应的资料和数据,然后做出客观、精确的评判。

2. 以评价功能为依据进行划分

(1)诊断性评价

诊断性评价是指以了解学生学习的基础以及查明制约学生学习进步的原因为目的而进行的有针对性的检测与评判。它包括验明问题和缺陷,确定学生在学习中是否存在困难,造成困难的原因有哪些,同时还包括对各种优点与禀赋、特殊才能等方面的识别。

(2)形成性评价

形成性评价是指为使体育教学效果更好而对学生学习的过程与阶段性结果所进行的检查和评判。它在一个新的体育教学方法实施后、一个新的体育教学内容初步完成后或一些新的身体锻炼手段使用后都可进行。

(3)总结性评价

总结性评价是在一学期或是教学阶段结束后对学生学习结果的检查和评判。检查学生的体育知识、身体活动能力以及技术技能取得了哪些进展。总结性评价注重的是教与学的结果。

二、体育教学评价的特点与价值

（一）体育教学评价的特点

体育教学评价的特点极其显著，其不仅表现在体育教学评价的总体上，在其目标、方法、主题等方面也体现出了鲜明的特点，具体来说，主要体现在以下几个方面。

1. 体育教学评价的动态性

体育教学改革处于不断更新与发展中，体育教学评价对结果较为重视，同时对体育教学过程评价的重视程度也相对较高。一切体育教学活动都服务于体育教学目的，体育教学评价也不例外。因此，体育教学评价的内容，不仅有对体育教学过程的评价，同时也有对体育教学结果的评价，两者有机统一起来，具体来说，就是在评价过程中，要看这一过程是否有利于达到预定的教学目的，能否取得良好的效果。在评价结果时则要对取得这一结果的方式、手段与过程进行全面充分的考虑。

2. 体育教学评价目标的发展性

体育教学活动以体育教学目标为根本出发点和落脚点，教学目标将体育教学主体的价值观念集中体现了出来，因此可以说，其也是评价体育教学活动成效的基本依据。传统的体育课程评价体系是以运动技能为核心的教育价值观，从这一点来说，一切体育教学活动的出发点和归宿就是对运动技能的掌握。这种认识上的误区会对课堂教学训练化的结果产生直接的影响，从而致使教师在课堂上只重视运动技能的传授，而将学生的健康、体育兴趣、态度、能力以及情感等其他方面的发展忽略掉。当前，逐步确立起以人格和谐发展为核心理念的文化价值观，其渐渐发展为被全社会普遍关注的、有前景的文化价值理念。这一理念使得体育教学评价的目标开始注重以人为本，在关注他们现实表现的同时，也开始对他们未来的发展表示高度的重视，将学生的长远发展与综合素质的提高视为体育教学评价的主要目的。

3. 体育教学评价主体的多元性

随着新课程的改革，作为体育教学评价主体的教师和学生不再处于消极的被动状态，他们都在积极主动地参与体育教学活动，这充分体现了体育教师与学生在教学评价中的主体地位。把体育教学评价变为学生积极参与、自我反思和逐步发展的过程,使教师与学生之间相互理解和支持,并形成平等、积极的评价关系,对于被评价者对被评价的过程进行有效监控以及被评价者认同评价的结果都将是较为有利的,并促使评价主体不断改进,从而获得积极主动的发展。评价过程对参与互动较为重视,通过使学生家长积极参与到体育教学评价活动中,使教学评价变为多主体共同参与的教学活动,从而更加突出体育教学评价工作的效果。在体育教学评价中,只有对评价主体的多元化引起重视,才能将学生的发展状况更加全面、准确地反映出来,也才能对学生综合素质的发展起到更好的促进作用。

在以往的体育教学评价中,采用的大都是以管理者为主的单一评价模式,对于评价,学生的态度只是消极被动地接受,因此,可以说,评价在一定程度上给学生的心理造成了相当的压力,从而导致其畏惧评价,甚至产生逃避评价的心理。正是由于被评价者积极参与的缺乏,才导致评价者往往不能将问题准确地发现,使评价的发现和改进功能不能得到很好的发挥。由此可以得出,包括教师、学生、家长、管理者共同参与的交互过程,才是科学的正确的评价。被评价者成为评价主体中的一员,这样对于评价者和被评价者之间互动的加强、被评价者的主体地位的提高都是较为有利的。

4、体育教学评价方法的过程性

体育课程的改革发展使得体育教学评价开始不断重视体育教学过程和教学结果。体育教学评价将对学生体育学习过程的全程跟踪与考察作为重心。教师对学生在学习过程中所表现出来的缺点进行分析,同时进行科学的指导,对所表现出来的优点予以肯定,同时也要为他们制定和改进计划提供一定的帮助,并督促其实施,使学生在体育学习过程中不断发展与完善自己。

教师要对学生学习过程中的点滴进步和变化给予密切的关注,对学生日常的学习与发展引起高度的重视,同时还要及时给予相应的评价。不断通过口头评价的方式,及时评价学生在学习和参与体育锻炼的过程中所表现出的具体状况,从而将学生对体育学习的积极性有效激发出来,这对于教师与学生之间交流的加强,使学生能够及时了解自己的进步与不足,从而促使学生更有效地达到体育课程要求是较为有利的。

通过记录体育学习过程能够使学生对自己的进步过程有更加详细的了解和认识,使学生将自己的缺点和不足及时发现,并通过作记录的方式来进行自我评价,促进自身评价能力的有效增强。将学生平时的成绩与期末成绩相结合,并在体育教学评价中各占一定的比例,使学生与家长不再只关注期末考试成绩,这种做法很好地将新课程改革下体育教学评价精神和"以评促学,以评促教,评教结合,教学相长"的评价要求充分体现了出来。

5. 体育教学评价方法的多样性

在体育教学实践中,由于在评价技术和评价方法方面受到一定的局限,以及其他因素的制约,每一种评价方法都有自己的长处和不足,也都有特定的适用范围,因此可以说,没有一种体育教学评价方法是万能的。这就要求教师在体育教学评价过程中应以实际需要为主要依据,合理地使用多种评价方法或采用各种方法进行综合评价,从而达到公正、客观评价的目的。比如教师可以通过成长资料袋对学生潜在的发展状况有一个持续的了解;通过仔细观察来对学生思想观点的变化进行了解。这样不仅能够将各种评价优势充分发挥出来,而且还能够通过互相弥补的方式改正自身的缺点,从而使学生的积极主动性得到更好的激发和发展,也使体育教学评价不断实现公正化与客观化。

(二)体育教学评价的价值

1. 促进学生体育学习兴趣的激发

体育教学评价使得学生对自身的学习状况有了合理的评价,激起其学习的兴趣和积极性,能够使得学生对自身的学习方法进行反思,进而做出更好的调整。另外,通过学生对教师的教学进行评价,能够促使教师对体育教学的各方面做出调整,从而能够更好地满足学生的需求,促进学生学习积极性的提高。

2. 促进体育教学水平的提高

通过体育教学评价,能够提高教师的教学水平,使得教师对教学过程的设计、教学方法的运用等方面进行科学的检查,促进体育教学不足方面的改进以及优势方面的发展。

3. 促进体育科研水平的提高

在进行体育教学评价时,需要对各项体育教学工作进行分析和研究,掌握相应的数据和资料,如学生的体质状况、教学方法的应用和革新以及体育教学新技术的效果等。而这些数据和资料为进行相应的体育科研提供了必要的支持,能够在一定程度上促进体育科研事业的发展。

4. 促进体育教学管理的完善

体育教学的过程涉及多方面的管理,如教学资源管理、教师管理、学生管理等诸多方面。通过对体育教学的各方面进行评价,能够更好地完善体育教学的管理体系,促进体育教学管理的优化发展。

三、体育教学评价的原则与内容

(一)体育教学评价的原则

1. 全面性原则

在进行体育教学评价时,全面性原则是必须坚持的重要原则之一。具体来说,主要表现在对组成教学活动的各个方面做到全方位、多角度评价,从而使以偏概全、以点代面的现象得到有效避免。体育教学系统的复杂性和教学任务的多样化,往往能够从不同的侧面反映出体育教学质量,表现为一个由多因素组成的综合体。鉴于此,就要求必须多角度、全方位地评价教学活动。另外,需要强调的是,在评价过程中,应善于把握主次,区分轻重,抓住主要矛盾,将重点放在决定体育教学质量的主要环节与主导因素上;与此同时,还要将定量评价和定性评价有机结合起来,使其相互参照,从而对客体的实际效果进行全面准确的评价。

2. 科学性原则

科学性原则是体育教学评价必须遵循的重要原则。具体来说,就要以客观规律为主要依据,实事求是,努力实现评价方法、标准以及程序的科学化。在进行教学评价时,要将经验和直觉的影响力降到最低,正确的做法是以科学为依据。只有科学合理的评价才能将体育教学的指导作用充分发挥出来。科学性的要求主要体现在两个方面,一个是评价目标、标准的科学化,另一个则是评价方法和程序的科学化。

在体育教学评价中贯彻科学性原则时,要做到以下几个方面的要求。

首先,应从教与学相统一的角度出发,以体育教学目标体系为依据,将统一合理的评价标准确定下来。

其次,还要对编制的评价工具进行认真的预试、修订与筛选,并且要求在达到一定的指标后,才能在实践中进行广泛运用。

最后,要将先进的统计方法与测量手段进行推广并使用,同时,还要认真严谨地对获得的各种资料和数据进行处理。

3. 指导性原则

在进行体育教学评价时，还要遵循指导性原则，具体来说，就是不能就事论事，而应把评价和指导有机结合起来，要使评价者对自己有了全面了解之后，能够有效指导自身以后的发展。换句话说，就是要认真分析评价的结果，从不同角度来将因果关系找出来，将问题产生的原因找出来，并通过信息反馈，使被评价者将今后努力的方向明确下来。

在体育教学评价过程中贯彻指导性原则，需要做到以下几个方面的要求。

首先，必须在一定数量的评价资料的基础上进行指导，从而使缺乏根据的随意评价和表态的现象得到有效避免。

其次，要做到及时反馈，指导明确，一定要使含糊其辞和耽误时机，使人无所适从的现象得到避免。

最后，要有启发性地做出评价，为评价者留下思考与发挥的余地和空间。

4. 客观性原则

体育教学评价的方法有很多种，学校在进行相应的体育教学评价时，应坚持从实际出发，选择相应的评价方法和评价标准。如果违背了客观性原则，则可能造成体育教学决策的错误。坚持客观性原则不仅要做到方法的客观和标准的客观，最为重要的是要做到态度的客观。

(二)体育教学评价的内容

1. 教师对体育教学过程的评价

体育教师对教学过程或结果的评价是教学质量提高的重要手段，一般可将体育教学评价分为两种评价形式，一种是教师对自身教学状况的自我评价；另一种则是教师之间的互评。教师的教学形式丰富多样，其一般的教学行为都包含在备课、课堂组织、练习指导、学生成绩考核等多种教学活动之中。

针对不同教学行为会有不同的评价标准，如对体育教师的备课情况进行评价时，要看其是否对教学内容和学生的具体情况进行了研究，是否对教学目标、教学内容和教学方法进行准确把握后形成科学的教学方案，其教学方案能否促进学生的全面发展；而对于体育教学的组织情况进行评价时，则应看教师是否能够选择正确的教学方法,调动学生学习的积极性,使学生取得良好的学习效果。

2. 教师对学生学习的评价

教师对学生的学习过程进行评价是体育教学评价的重要方面,也是较为传统的一种评价方式。教师对学生的学习进行评价有两种方式,分别能够起到不同的效果。

其一是对学生学习过程进行评价,从而激励学生努力学习,促使学生改进学习方法,它一般包括对学生的学习态度、投入程度、知识和技能的掌握和运用能力以及合作精神等方面的评价。

其二是对学生学习的结果进行评价,即对学习成绩进行评定,对一阶段之内学生的学习活动进行综合性评价,能够在一定程度上对学生所掌握的相应知识和技能的多少或熟练程度进行评价。

在对学生的学习成绩进行评价时,应结合多种方式进行,综合反映学生的学习成绩。同时,还应注意学生自我评定和学生他人之间的评定,使得成绩评定更为真实准确。

3. 学生对体育教师教学的评价

现代体育教学评价活动中,学生对体育教师的教学过程进行评价也是其中重要内容之一,一般可将其分为课堂教学内容和教学方法的实时反馈以及有组织的学生评教活动两种形式。

课堂教学内容和教学方法的实时反馈是非正式的评价活动,学生在学习过程中,通过对教师的教学活动做出相应的评价和反馈,能够使得教师更好地把握教学的重点和难点,并能够为教学选择更好的教学方法提供必要的依据。

学生的评教活动则能够在一定程度上反映教师的能力、教学态度、教学内容和教学效果等各方面的内容,形成对教师教学的综合性的客观评价。在进行评价过程中,一般会让学生从"责任心""知识讲解情况""关心学生"等方面对教师进行评价。通过这种方式的评价能够更好地促进教学的民主化发展,但是这种方法的弊端在于使得教师出现讨好和迁就学生的现象。

4. 学生对体育学习过程的评价

在体育教学中,学生的学习是一个动态的过程,通过学生对体育学习过程进行评价,能够使学生对自身的学习状况进行分析,还能够在一定程度上促成学生民主素养的培养。一般学生对体育学习过程进行评价包括两种形式，即为学生的自我评价和学生之间的相互评价。在体育教学过程中，一方面要强调和重视学生的评价；另一方面又不能完全依赖学生评价。

5. 其他评价

其他评价有多种形式，包括专家评价、家长评价、媒体评价以及社会各方面的评价等。在体育教学过程中，这些评价可作为一种重要的辅助性评价，为体育教学的改革和发展提供必要的依据。

四、体育教师教学与学生学习的评价

(一)体育教师教学评价

作为体育教学活动的直接参与及实施者，体育教师决定着体育教学活动的质量。对体育教师的教学效果进行评价是提高教学质量以及教师的专业素质的重要手段，具体包括对以下几个方面内容的评价。

1. 评价体育教师的专业素质

体育教师是体育课程的主导者，他们直接参与体育课程的教学。因此，体育教师素质的高低将直接影响着教学的质量以及学生的发展。一般可将教师的专业素养分为思想政治素质、教师自身发展的素质、知识结构素质和能力结构素质等几个方面。

(1)思想政治素质

政治思想素质是体育教师必须具备的基本素质，评价其政治素质是对教师素质进行评价的重要环节。体育教师思想政治素质包括政策的贯彻和执行、工作态度、道德修养、行为习惯等方面。教师的职业道德是思想素质的重要方面，它要求教师对工作积极负责，并且尊重学生，对学生一视同仁。对教师的思想政治素质进行评价时，可采用学生评价和教师自我评价等方式。

(2)教师自身发展的素质

教师自身发展素质即为教师接受和学习新知识、新技术、新思想的能力。体育教师只有不断提高自身的知识储备，不断学习和进步，才能够适应体育教学发展的要求，才能够推陈出新，不断深化教学研究和教学改革。教师的自我学习能力是其所应具备的基本能力，只有这样才能够不断满足学生的各项体育需求，才能促进体育教学向着更好的方向开展。

（3）知识结构素质

体育教师的知识结构素质即为教师的知识掌握的广度和深度，教师不仅要掌握基本技能和运动基础知识，还要具有高度的体育专业理论知识，并能够了解体育教学的基本规律和学生身心发展的基本规律。

（4）能力结构素质

能力结构素质即为教师完成相应的体育教学工作的能力，如教学的设计、组织以及教学内容的讲解等方面。体育教师的体育教学设计与组织较强，则其不仅能够科学、合理地安排相应的教学内容，还能够激发学生学习的积极性，促进体育教学活动更好地开展。教师的表达能力较强，则教师能够以形象、生动的语言叙述相应的知识和技能，从而使得学生能够更好地学习。教师的组织和管理能力较强，则能够协调师生之间的关系，并且能够更好地运用各种体育教学资源，促进体育教学活动更好地开展。

体育教师的能力结构素质还包括教师的身心素质。体育教师具有良好的身体素质是保证各项体育教学工作正常有序开展的基本条件。教师的心理素质则主要是指教师思维的敏捷程度、逻辑思维能力以及其洞察力等方面。

2. 评价体育教师的课堂教学

对教师在体育课堂中的表现进行评价，是对教师评价的重要方面。在教师的课堂教学评价中，既要注重对教学过程的评价，又要注重对其教学活动的有效性进行评价。具体而言，可从以下几方面进行评价。

（1）课程标准的贯彻

贯彻课程标准的评价，主要包括课堂教学是否紧紧围绕学习目标进行，教学是否符合课程标准的要求，教学是否完成了课程标准所规定的教学任务与教学内容等。具体而言，其包括教学定位是否准确，教学是否符合学生的身心发展特征，是否符合学生的实际情况等。

（2）教育教学思想

思想决定行为，体育教师应具备正确的教学思想，这样才能保证教学活动的科学性。我国现代体育教学的指导思想具体包括"健康第一"与"终身体育"等。体育教师应将这些思想作为体育教学活动的指导思想，促进学生的全面发展。另外，教师还必须具有创新精神，推动体育教学改革的深化开展。

（3）教学内容

体育教学的内容即为教师在体育课堂上讲授的内容。教学内容既要做到丰富全面，又要做到突出重点。在体育教学实践过程中，应注重体育教学内容安排与教学目标相适应,并且教学内容还要能够促进学生素质的全面提高,使得学生的体能、技能、心理素质、社会适应能力、意志品质等方面得到全面的提高。另外,在体育教学过程中还应注重合理安排负荷量。总之,教学内容应做到科学性与思想性的统一。

（4）教学方法和手段

体育教学手段和方法的评价统称为对教师教法的评价。整体而言,体育教学的手段和方法应符合体育教学原则,教法要具有新意。具体来说,在体育教学活动中,教师要严格贯彻因材施教的教学原则,选择有利于学生身心发展的体育教学方法,激发学生的学习兴趣;所采用的体育教学方法还应该注重发展学生分析问题和解决问题的能力,培养学生创新思维。另外,教师所采用的教学方法还应更好地促进教师和学生之间的沟通和互动。

（5）教学技能

作为体育教师,体育教学技能是其所应具备的最为重要的能力素质。在教学过程中,体育教师首先应能够科学设立教学目标,使教学目标与体育教学目标、学生实际情况相适应。同时,教学目标还应具有可操作性;体育教师应该充分整合利用多种教学资源,创设良好的教学环境,吸引学生积极参与其中;在教学过程中,体育教师还应该与学生形成良好的互动,并能够用规范、形象的语言进行讲解,示范动作也应做到规范、优美;对于教学过程中的突发事件,教师也应冷静、沉着应对,保证课堂教学的正常进行。

（6）教学效果的评价

对于教师的教学评价最为重要的是对其教学效果进行评价。评价教学效果具体包括教学目标的完成情况、学生的情感体验等方面。具体而言,包括是否能够促进学生知识和技能的掌握,是否能够培养学生的体育锻炼兴趣和习惯,以及学生心理素质和意志品质等方面是否能够得到相应的提升等。

（二）学生学习评价

对学生的学习情况进行评价是体育教学评价的重要方面,通过对学生的学习进行评价,能够使得教师对教学任务的完成情况进行更好的判定,不仅能够为教学活动提供必要的反馈信息,还能够对学生起到一定的激励作用。具体来说,对学生学习的评价主要包括如下几个方面的内容。

1. 体质健康

发展学生的健康体质,增强学生的体能是体育教学的重要目标之一。在对其进行体能考核时,可参考相应的《国家学生体质健康标准》中的各项考核指标,针对不同的年级采取不同的考核标准。具体考核内容见表 9-1。

表 9-1　初中、高中、大学各年级体质健康测量指标与权重

测试对象	单项指标	权重(%)
初中、高中、大学各年级学生	50 米跑	20
	坐位体前屈	10
	立定跳远	10
	引体向上(男) 1 分钟仰卧起坐(女)	10
	1 000 米跑(男) 800 米跑(女)	10

2. 学习态度

学生的学习态度在一定程度上决定了体育教学的效果,因此,应注重对学生学习态度的考核。通过对其态度进行考核,使学生形成积极向上的学习态度,促进教学活动更好地开展。一般对学生的学习态度进行考核时,可参考以下几方面的考核指标。

(1)是否能够积极主动地参与到体育教学活动中来。表现为学生的出勤数。

(2)能否积极主动地思考,为达到目标而反复练习。

(3)能够全神贯注地投入到体育学习中。

(4)对教师的指导是否能够虚心、认真接受。

为了科学地测量学生的体育学习态度,可通过亚当斯的体育态度量表来进行测量。学生通过对相应的题目表达"同意"或"不同意",每条题目确定了相应的加权数,将学生选择"同意"的题目相加,并除以其表示"同意"的题目数,最终确定学生的学习态度。

3. 知识技能

通过体育教学活动,学生需要掌握相应的知识和技能,这是体育教学的重要目标。学生的学习能力、既有知识和经验等方面具有一定的差异性。因此,在进行相应的知识和技能的评定时,也应具有一定的差异性。在对学生的理论知识进行评价时,应注重学生对相应的知识的理解和综合,注重其对知识的运用能力的考核。在进行技能考核时,一般根据相应的量化指标或是体育竞赛的形式进行考核,如对学生的篮球技能进行考核时,可通过规定次数的投篮进行考核;而对于其综合技战术能力,则可通过进行相应的体育竞赛进行考核。

4. 学生心理健康水平和社会适应能力

体育教学的重要目标之一是促进学生心理健康的发展与学生社会适应能力的提高。积极、乐观、自信,能够很好地进行自我调节和控制,这是学生心理健康状况良好的表现。学生良好的社会适应能力则表现为尊重他人、具有良好的人际交往能力、团队合作能力等。在评价和测量其心理和社会适应能力时,可参考相应的心理学量表进行测量,如症状自评量表(SCL-90)、大学生人格健康调查量表(UPI)等。

第二节 体育教学评价的改革与发展

一、体育教学评价的改革

(一)体育教学评价的现状

1. 体育教学评价内容重体育技能轻体育文化素质

许多体育教师在体育教学过程中只认识到体育技能教学的重要性,而没有足够地重视学生的体育文化素质。体育文化素质具体包括学生的体育思想、道德、行为、兴趣与习惯以及体育学习态度等内容。对学生进行全面的体育文化教育是学校体育课程革新与发展的重要趋势之一。全面的体育文化教育不仅注重将科学的体育知识与体育技能传授给学生,而且还重视学生身心素质、体育习惯和体育意识的培养与发展,在这些方面对学生进行培养的方法与手段是丰富多样的,具体有思维的方法、生活的方法以及行为的方法等。

随着体育教学的不断改革与发展,体育教学评价也应随之有所改变与创新,这样才能适应体育课程改革的需要。然而在体育教学评价活动中,体育教师对体育技能的评价表现得过分注重,而不对学生的体育文化素质做出及时的观察与评价,导致评价的片面与偏颇,这样片面的评价无法将学生培养成为全面发展的体育人才,也无法适应社会对全面型体育人才的需要。

2. 参加体育教学评价的主体官方化与单一化

体育教学过程是一个全面系统的过程,体育教学评价是其中一个主要环节,教学评价在教学过程中表现出多种有效的功能,具体有检验、诊断、反馈、导向以及调控等。通常,体育教师应该自觉主动地组织并实施体育教学评价。然而在体育教学及评价实践中,被评价者的地位大部分是消极的,多元评价主体(体育教师、学生、家长以及管理者等)共同参与体育教学评价的理想评价模式几乎没有实现。与此同时,学校与教育部门还把体育教学评价当作是一种管理体育教学活动的手段与方法。当然,将体育教学评价当作一种管理体育教学的方法无可厚非,这种评价与管理方法有利于对体育教学情况进行客观了解与合理调控。然而体育教学评价毕竟是一种评价行为,完全把它当作一种管理手段,就会变成一种官方行为,会使教学评价的功能无法充分发挥出来。而且体育教师也会在评价中无法坚持自己的价值观,评价的价值与意义也就大打折扣了。

体育教学评价的目的和评价主体参与教学评价的积极主动性会大大影响教学评价功能的发挥。通常,体育教学评价一旦作为学校的行政管理方法就会偏向于评价教学结果,而忽略教学过程的评价。而且在评价过程中,体育教师是十分被动的评价对象,他们几乎不能参与确立评价方案、构建评价指标体系的工作,只能按照规定执行已经确定的评价方案,运用已经设计好的评价指标,很少可以发表自己的意见。具体评价中,教师为了自己的利益而表现出一定的敷衍行为,只关注影响自己利益的评价结果。所以,体育教学评价要加强自我评价方法的运用,官方评价只可以充当一种辅助评价的方法。而且官方评价是片面的,这种方式的评价结果科学性与准确性较差。

3. 过分注重评价指标体系的全面性

我国体育教学评价十分注重评价的系统性与全面性,因此教学评价指标体系的建立也注重其在各个方面的实际运用。全面系统的评价指标体系要求指标可以运用到不同大小的评价范围上,因此就需要确定种类繁多而且十分具体的评价指标。这样的评价指标体系貌似具有全面性与较大的可操作性,是几近完美的。但它的缺陷也是显然的。体育教学评价指标的主要功能之一就是导向功能,体系中的每一条具体评价指标都会很大程度上影响教学评价的结果,所以评价主体不可以忽视每个具体的指标,评价主体必须全神贯注于指标体系要求的满足与完成问题上,必须做好全方面的准备工作才可以达到每一条指标,才可以取得更好的评估结果。然而,体育教学这样的评价体系要求体育教师在进行教学工作时一定要遵循统一教学与评价模式,从而体育教学的整个框架被固化,这对体育教师创造性的发挥及学生个性的培养具有很大的消极影响。所以,体育教学的评价指标体系的全面性要合理,不应该过分强调,否则会适得其反。

4.对量化的评价指标过于注重

体育教学十分重视量化评价,而且对评价指标的操作性和可比性反复进行强调。通常,评价主体认为,定量化的评价有利于操作与实施,评价结果具有很强的直观性,而且与其他评价之间具有很强的可比性。所以,评价者过分注重定量评价,而不去钻研评价目的与相关的理论知识,对定量评价的过分关注带来的直接后果就是评价结果带有片面性。评价主体在做出评价时,他们需要选用一定的评价指标来作为评价的标准,为了方便观察评价结果,大多数评价主体会选择用可以量化的指标作为评价标准。例如,学生的达标比例与成绩、学生的训练密度以及运动负荷等。有一些评价指标是不可以进行直接量化的,这时评价主体就把这些评价指标进行分等级,然后在每个等级上配有对应的分数,至于一些无法直接量化也无法进行分级量化的指标就被评价主体忽略了。例如,学生的体育思想与意识、学生的体育习惯与爱好以及学生的体育学习态度与能力等重要的评价指标。

很明显,上述体育教学的评价指标体系具有片面性,以这种指标为依据得出的评价结果是不科学的。从一定程度上来看,这种片面的评价指标体系会导致评价主体盲目追求显性效应的消极影响。所以,要关注无法量化的指标在体育教学评价中的运用,尽管这些指标有着极其微弱的可测性,运用起来有一定的难度,但也要竭尽全力地去探索、去发现、去创造,从而促使体育教学评价科学性的不断提高。

5.过分注重评价结果

体育教学评价活动在实践中表现出对评价结果过分关注,从而把评价客体在不同阶段的进步与发展状况忽略了,只重视评价结果而不重视过程的评价就无法实现形成性评价,也无法充分发挥体育教学评价的诸多功能。

通过对客观标准的应用来检查体育教学活动,并对评价结果进行认真分析与积极反馈,从而促进体育教学的发展是体育教学评价的基本出发点和落脚点,也是体育教学评价的指导思想。这一思想指导评价主体以评价指标为依据,对体育教学过程做出客观的评价,对教学中的积极行为做出肯定的评价,对教学行为的缺点及时发现,并且提出合理的纠正建议,最终形成科学的评价结果。然而如果体育教学评价结果直接关系到体育教师的切身利益时,评价就表现出功利性的特点,评价结果的客观性与准确性也会随之受到影响。评价主体在做出评价时会将一些涉及切身利益的因素考虑在内,对教学中好的行为大加赞扬与肯定,而对教学的缺陷与问题有所规避,这样的教学评价所反映出来的教学行为并不真实,评价结果也并不准确,体育教学评价的功能也就无法发挥出来,体育教学评价的固有价值与意义也就不存在了。

(二)体育教学评价的改革措施

体育教学评价标准会对体育教师的上课内容产生直接的影响。要完善体育教学评价,就要进行改革,而改革也必须从用体育成绩来衡量体育教学入手,对从目前的基础上提高的幅度引起重视。具体来说,可以从以下几个方面入手。

1. 改进评价体制,实施多方位评价

在传统教学评价模式中,评价是教师的"专利",而学生则往往处于被动,其评价的权利往往被忽略。教师作为主导者,需要对学生的身体素质基础、运动能力状况等进行充分地了解,以学生的学习、锻炼表现为主要依据进行多种针对性的评价活动,从而将学生的积极性充分调动起来,使课的目标尽快得以实现。随着"水平目标"的设立,教师每个阶段的教学任务都会发生一定的变化,鉴于此,体育教学的内容选择、方式、方法的应用等方面也都会相应地朝着多样化方向发展。因此,这就要求在体育教学中,主要依据五个学习领域(运动参与、运动技能、身体健康、心理健康、社会适应)来对评价内容进行设立。从而保证评价的客观性和科学性。

2. 通过"学习小组"促进学生协作能力增强

以"学习小组"为被评价单位对于很多项目来说,都是适用的,其中,较为适用的项目内容主要有:队形队列练习、小组篮球、排球、足球等比赛、早(课间)操、各种距离的接力等。促进小组内成员合作能力的发展,促进学生社会适应能力的提高是评价"学习小组"的主要目的。由于学习小组内的学生的成绩具有统一性,每个人的学习表现都会对整个小组的学习情况造成影响,所以,每个小组内的学生都会自觉地去监督其他不自觉学习的成员,从而促进积极健康的班级学习氛围的形成,这对于学生集体的学习积极性的提高和协作能力的提高都是较为有利的。

3. 评价学生的标准由单一向综合转变

在体育教学中,往往会出现这样的情况,一部分学生的先天条件比较好,不用积极进行锻炼,就能够在体育测试中取得理想的成绩。这会对一些先天条件较差而积极进行体育锻炼的学生造成一定的影响。因此,一定要改变以往以单一的锻炼为评价标准的情况,这是非常重要且必要的。在确定体育课的成绩时,应该进行综合考虑,仅仅以锻炼标准为唯一的评价标准是不科学、不全面的,正确的做法是应该根据课程改革评价精神,对新颁布的学生体质健康标准进行充分的运用。这不仅能够作为测量学生体质强弱的一个标准,而且还能够作为学生进步程度的一个参照。

4. 对体育课特有的教学环境资源进行积极开发

相较于其他学科来说,体育课的弱势是比较明显的,导致这种弱势的原因是多方面的。但是,体育课也有着一定的优势,就是其有着得天独厚的课程资源优势来应对课程改革。课程改革提出的要求主要表现为提高学生的社会适应能力、相互协作与人际交流能力。对于体育课来说,教学的环境、教学的载体并不是单一的,而是多样化的,甚至可以与其他年级的体育教师合作,从而使学生的社会适应能力、相互协作与人际交往能力等都得到有效提高,进而使学生学会走出自我,积极参与到其他各类体育活动中;与此同时,还能够使学生学会从他人的体育活动与学习中获取健身知识,学会应用"体育运动"为载体使自身的人际交往能力得到有效提高。

5. 综合运用过程评价与结果评价

之前,体育教学评价注重的只是对学生学习结果的评价,关注的重点也只限于学生各项运动的最终成绩,从而使对学生学习过程的评价被忽略,体育教学评价就无法发挥自身的积极反馈作用,而且也无法激励学生学习,体育教学的效果也无法提高。因此要学会对多种评价方法和手段加以充分利用。对体育教学的各个方面做出科学合理的评定,并及时把评价结果向学生反馈,以使学生及时发现学习中的不足的评价方法就是过程评价。现在不仅要调整评价内容,而且还在平时的评价中直接评价学生的"练习过程"。这样,有利于端正学生对整个练习过程态度,提高学生的练习积极性与主动性,而且还能够使一些学生过分依赖先天良好的身体素质而缺乏参加体育练习的积极性的现象得到合理避免。除此之外,这也能够积极鼓励那些先天身体素质较差但很努力练习的学生。

二、体育教学评价的发展

作为教学管理的重要手段,体育教学评价受到的重视程度越来越高,并且呈现出了较为显著的发展趋势,具体来说,主要体现在以下几个方面。

(一)评价内容不断扩展

体育教学评价的实施是为体育教育目标的实现服务的。体育教学目标一旦明确,体育教学评价的内容也就会随之确定。当前,整个学术界和教育界普遍认为,不同学校具有不同的多样化的体育教学目标。所以,体育教学评价内容也逐渐趋向于多元化的趋势,具体来说,其已经不单单是技术技能考评或健康测验,不仅包含着新课标所规定的五个学习领域的目标内容,而且心理情感态度的评价也受到了一定程度的重视。

(二)评价理念不断更新

体育教学评价理念必须要科学,而且还要符合素质教育发展的要求。将学校体育在素质教育中的地位与作用加以明确,将学校体育的具体培养目标进行制定,从而使体育教学评价目标与体育教学目标达到高度统一,并以体育教学目标为依据来进行体育教学评价指标体系的设计。与此同时,还要注意要保证教学评价指标要具有科学性,教学评价办法要有很强的操作性,从而充分发挥体育教学评价体系的正确导向功能。另外,需要注意的是,必须对素质教育加以推广,但并不意味着要将考试取消,也不意味着体育课只是单纯地流于形式,而是要从根本上对体育教育评价的指导思想进行科学建立。正确的做法主要体现在两个方面:一方面,是要用多角度多方法的综合质量评价取代单一的评价视角;另一方面,则是要逐步淡化考评的选拔价值与作用,同时不断强化全面教育、检验、反馈以及激励的综合意义与价值。

(三)个体化相对评价的逐步实施

目前,大多数学校中都存在学生厌倦体育课的现象。青少年应该是比较喜欢体育运动的,然而,越是在高年级的学生就会表现出对体育运动的厌倦情绪。这主要是因为体育教学目标设置不合理、体育教学方法采用不恰当、体育教材内容安排不合理等。其中,体育教学评价中对统一评价指标体系的错误运用是导致这一现象的主要原因之一。例如,学生的先天条件就存在差异,使得条件好的不用努力就能够取得好的成绩,而条件差的学生加大锻炼的时间和强度,取得的效果也往往不理想,这就会对学生参与体育锻炼的积极性造成影响。鉴于这种情况,要求实施个体化相对评价。通过运用评价结果来有效激发学生参与体育学习的热情与兴趣,这一评价也有利于促进全体学生的共同发展。

(四)评价方式的综合运用

体育教学评价的这一发展趋势主要从以下三个方面得到体现。

1. 有机结合定性评价与定量评价

在体育教学评价中,选择定量评价方法有利于提高教学评价的科学性与准确性,有利于改变以往定性评价占据主要地位的局面,从而大大提高了定量评价的地位。然而,有一点需要特别指出,体育教育是一个庞杂的系统,而且大量的人文因素存在于这一系统中,而这些人文因素的评价是无法运用定量评价进行评定的。比如,心理因素指标特别是素质教育的提出,对人才的全面性提出了更高的要求,要求不仅要发展学生的身体素质、增强学生的健康体质,更要使学生不断健全自身的人格、发展良好的心理素质。因此,这就要求要将定量评价与定性评价结合起来使用,从而使体育教学评价的准确性和科学性得到有力保障。

2. 诊断性评价、形成性评价和终结性评价的综合运用

传统的体育教学评价注重运用终结性评价。终结性评价方式有明显的缺点,具体是其无法充分发挥体育教学评价的反馈功能,不利于对学生的体育学习起到激励作用,也不利于学生学习效果的提高与教师教学方法的改进,因为往往是在单元学习或阶段学习结束之后才进行终结性评价,所以才会导致上述缺点的产生。从这一点来看,体育教学评价就要改变以往单一的评价方式,实行综合评价,即有机地将诊断性、形成性和终结性评价结合起来进行评价。这三个评价方式各具特征与优势,诊断性评价有利于检查学生对某一教材的学习准备状态;形成性评价有利于及时发现体育教学过程中存在的这样或那样的问题,并在发现之后及时进行反馈,反馈结果有利于完善体育教学工作;终结性评价有利于检查某一阶段的教学情况,从而对这一阶段的教学水平有一个清楚的认识。有机结合这三种评价方式,有利于促进体育教学评价的发展与完善。

3. 充分结合自评与他评

以往的体育教学评价比较重视评价主体对他人的评价,经常忽略体育

教师与学生的自我评价。然而,当把体育教师作为评价对象时,需要体育教师对自己做出客观评价,主要是因为体育教师重点从事体育教学工作,对体育教学活动最为熟悉,对体育教学质量也有一个比较清晰的认识。所以要适当地实行教师的自我评价。在运用自我评价的同时也要注重他人评价的积极意义。主要是因为教师对自己很难做到真正的客观评价,他们往往会考虑一些与自身利益相关的因素对自己做出不符合客观实际的过高的评价,评价的客观性会有所欠缺。鉴于此,他评也是体育教学中必须要采用的重要方法。将他评与自评有机结合起来,才能得出正确的评价结论。

另外,作为教学目标的实践者,学生要想对体育教学进行准确的评价,就必须重视亲身体验。尤其是情感、意志、态度、兴趣等无法用定量评价表现的内容,只有通过自我评价才能获得真实的信息。自我评价对于学生来说是非常重要的,学生要懂得如何正确运用自我评价的方式评价自己,自我评价时要以体育教学目标为主要评价依据,因为体育教学目标有利于正确指导学生的学习。除了要依据教学目标之外,还要把学习目标当作评价的依据,学生学习目标的制定要充分考虑教师的教学目标。依据体育教学目标与学习目标实施自我评价有利于学生正确评价自我的能力的提高。

第三节　体育教学评价的规范与落实

体育教学处于不断改革与发展中,在这一改革与发展过程中,人们也逐渐开始关注体育教学评价的有关问题。体育教学评价的指标体系、方法与模式在新课程改革之后逐渐增多,甚至有一些依靠计算机操作的评价软件也开始出现,这一点充分表明,体育教学评价的科学化、精确化与系统化在不断增强。然而,不能只在理论层面上来研究体育教学评价的指标与方法,更要从实践上来运用这些评价指标与方案,这样才能提高体育教学评价的实践意义。具体来说,体育教学评价的规范与落实主要要做好以下几方面的工作。

一、科学建立体育教学评价指标

体育教学目标从系统论的方向来看,其应该具有科学性、简便性与易操作性,但因为体育教学评价是对体育教学目标完成程度进行考核的一个方法,所以,体育教学评价也要像体育教学目标的特征一样,简明、科学并有利于操作。尽管最近几年有体育教学评价指标的研究逐步被重视起来,然而有很大一部分评价指标依旧存在着大量的缺陷,例如评价指标比较复杂繁多、不易于操作或操作起来要花费很多的时间与精力。所以,建立体育教学评价面临着一个艰巨的任务,就是科学建立体育教学评价指标,建立时要充分考虑我国的国情。评价指标的建立主要要做好两方面的工作,一方面,要从理论上加强对体育教学评价体系的研究;另一方面,要从实践上对体育教学评价进行有效改革。在建立评价指标的过程中,不仅要立足我国国情,而且还要对外国体育教学评价的成功经验加以借鉴,使体育教学评价指标体系既具有中国特色,又具有"国际风范"。

下面主要详细分析科学建立体育教学指标的主要环节与步骤。

（一）对指标进行初步拟定

对指标进行初步拟定是研究者以体育教学评价目标为依据,通过自身对体育教学的理解与实践教学来进行的。具体的拟定方法如下。

对因素进行分析,逐级分解评价指标,分解时要以评价内容的内在逻辑结构为依据,逐级分解后的因素就是对评价指标进行初步拟定的方法。评价指标的分解顺序是高层到低层。级别越低的因素越具体,直到能够观测被分解的因素后停止分解,一个从第一级开始逐步往下排列的指标体系就形成了。

（二）对拟定指标加以筛选

体育教学评价指标在初步拟定后还不够简单、明确,因此,为了保证评价指标的简约性与科学性,要合理筛选初拟指标。经验法是对评价指标进行筛选的主要方法。

以个人或集体的经验为依据归类与合并评价指标,对评价指标进一步加以确定的方法就是所谓的经验法,具体包括个人经验法与集体经验法。

1. 个人经验法

个人经验法是指,对评价指标进行设计的个体以自己的经验为主要依据,运用思维的方式（比较、排列、组合）加工初步拟定的指标,决定评价指标的去留。个人经验法方便操作,但受到个人经验的影响,被筛选的评价指标通常具有片面性,这是个人经验法的主要不足之处。

2. 集体经验法

集体经验法也就是运用问卷调查的方式进行统计的方法。与个人经验法相比,集体经验法有利于克服个人经验的片面与局限,相对具有更高的科学性,因此,在对拟定指标进行筛选时要注重对集体经验法的使用。

（三）对指标分量加以权衡

确定体育教学评价指标之后,要对评价指标在体育教学评价中的重要性进行科学、正确的衡量,也就是对评价指标的分量加以权衡,从而使评价指标的重要性和地位确立下来。权衡评价指标重要性的方法主要有如下两种。

1. 依靠集体的力量加以权衡

依靠集体的力量加以权衡,这里的集体主要包括学校体育研究人员、教育部门的相关工作人员、学校体育部门领导以及体育教师等,依靠这些人员的经验与力量,对评价指标在评价内容中的重要性进行了解,从而为评价指标的权衡提供依据。依靠集体的力量加以权衡的比较全面、科学,但很容易因为意见不同而影响权衡结果的统一性。

2. 两两比较加以权衡

将评价指标进行分组,两个指标为一组,有关工作人员对比和评判同一组两个指标的某一特征,运用矩阵形式表示比较与判断结果,从分析结果中对指标的优先顺序进行明确,评价指标的重要性也就一目了然了。

（四）对评价标准进行确定

前三个环节做好之后,就要对体育教学评价标准进行最终确定了。体育教学评价标准的设计过程如下。

1. 标度的设计

定量与定性是表示标度的两种方法。通常用具有描述性的语言（熟悉、不熟悉,了解、不了解）来表示定性标度。

2. 标号的设计

对标度加以区别的符号就是标号。确定标度后,要用一些区别性的符号（优秀、良好、中等、合格、不合格等）来表示标号。

二、对体育课堂教学质量表示关注

学校体育教学离不开课堂教学这一形式。体育课堂教学的质量随着新课程的改革越来越多地受到关注。

在有关体育课堂教学评价的研究中,一些成功的经验与具有实质性意义的建议被我国的研究人员纷纷提出,然而,这些经验与建议在体育教学实践中并不具备很高的操作性。因为体育课堂教学的评价主体存在着或多或少的差异,很难运用量化标准对课堂教学质量做出定量评价,因此也就很难反映出体育课堂教学的实际情况。所以,研究人员与有关学者一定要重视对体育课堂教学质量的评价,积极研究科学合理并具有可操作性的评价方法,促进体育课堂教学质量的有效提高。

三、促进体育教学评价反馈与指导功能的发挥

体育教学评价具有两个基本的功能,即反馈与指导功能。评价主体在对体育教学做出评价的过程中,不仅要考虑体育教学评价的相关因素,同时也要考虑与体育教学相关的一些要素,因为评价是为完善体育教学服务的。在对体育教学做出评价之前,首先要确立体育教学目标,并以此为依据进行教学评价。体育教学评价的结果能够比较准确地反映出教学目标的设定是否合理。一般会出现如下两种评价结果。

第一,体育教学评价的结果是良好的,这就说明之前制定的体育教学目标是较为合理的。

第二,体育教学评价没有取得理想的评价结果,这就说明之前制定的教学目标与为教学而做的准备工作不合理,需要重新对体育教学工作的各个环节进行有效的调节。

四、针对体育教师与学生的评价体系分别进行建立

体育教学包含两个方面,即教师的"教"与学生的"学",所以体育教学评价要从两方面入手,一方面是教授评价,另一方面是学习评价。当前,研究学生学习评价的比较全面,研究教师教授的评价较为片面,其主要注重对教师课堂上教授情况做出评价,从这一点来看,体育教学两个方面的评价目标就难以实现了。鉴于此,有关专家与学者要对教师的教授评价与学生的学习评价进一步加强全面研究,对体育教师与学生的评价体系分别进行建立,实现体育教学评价的全面性与科学性。

第十章 体育教学改革创新的成果研究

有效教学与正当教学是现代体育教学改革创新的研究成果之一。体育有效教学与正当教学已成为近年来人们在体育教学领域中比较关注的问题。本章将就体育有效教学、体育正当教学的一些理论与实践以及体育教学的有效性和正当性等方面进行阐述。

第一节 体育有效教学

体育有效教学是指根据体育教学目标、体育教学思想、体育教学方式、方法和手段，以及体育教学评价，对体育教学所取得的效果进行综合考量的一个综合性指标。体育有效教学是现代体育教学改革创新研究中较为抽象的理论研究，为了使其能够更好地对体育教学实践提供必要的指导，因此，对体育有效教学进行研究和讨论是非常有必要的。

近几年来，教育界各个学科都对"有效教学"给予了高度的关注，并围绕"有效教学"进行了有针对性的研究和讨论。而在现代体育教学中，"有效教学"是作为新词语被引入的。随着我国体育教学课程改革的不断深化，广大体育教师对"体育教学"给予了极大的关注。但就目前关于体育有效教学的研究来看，对体育有效教学的研究并不是那么深入。由此可知，现代体育教学课程改革中仍非常欠缺体育课堂教学中有效教学的理论研究。

一、体育有效教学的概念

20世纪上半叶，西方在教学科学化理论中对于教学效能核定的强调是有效教学这一理念的来源。对于有效教学的含义，西方学者对其的解释可以概括为：成就取向、技能取向和目标取向。而我国国内的学者对有效教学的含义有着不同的解释，大致可以总结为以下几种。

（1）根据经济学中的效率、效益和效果的概念来对有效教学进行解释。从这个角度来看，有效教学就是在遵循教学活动客观规律的前提下，教师通过用投入尽可能少的物力、精力和时间，来最大程度地获得良好的教学效果，从而更好地实现所要达到的教学目标，使社会和个人教育价值需求得到满足而进行组织实施的活动。

（2）根据"有效"与"教学"的概念来对有效教学进行界定。这种观点认为，有效教学就是使教师的工作效率和效益提高，使过程评价和目标管理进行强化的一种现代教学理念。

（3）从学生发展的角度来对有效教学进行界定。这种观点认为，有效教学就是指所有能够有效地促进学生的发展和实现预期教学目标的教学活动。[①]

（4）从结构（表层、中层、深层）层面来对"有效教学"进行分析。就这种观点角度来看，从表层来讲，有效教学是教学形态之一；从中层来讲，有效教学是一种教学思维；从深层来讲，有效教学是一种教学思想。而有效教学这一理念的运用实践，就是将有效的"理想"向有效的"思维"进行转化，然后再转化成一种有效的"状态"。通过上述分析，可以将有效教学界定为：通过树立较为先进的教学思想，并将所有的教学策略和教学艺术进行综合利用，从而将这种先进的教学思想转化为能够促进师生的协调发展和不断超越的教学形态，以达到好的教学目标的教学过程。

通常情况下，所说的"有效"即活动的有效，它是通过判断活动的结果而做出的结论，是对实现预期教学实践结果程度的反映。也就是说，一项活动在实施完以后，取得了预期的结果，预期目的也成功实现，并且在获得这些预期结果的过程中所投入的各方面资源（时间、财力、物力、精力等）较少，那么这项活动就是有效的活动；反之，则是无效的或低效的活动。

一些研究将有效教学界定为两大类，内容如下。

（1）根据教学中投入与产出的关系来对有效教学进行界定。从这个角度来看，有效教学是在一定的时间、精力、努力等教学投入范围内，所能够达到的最好的教学效果的教学；或者是在遵循教学活动客观规律的基础上，教师通过投入尽可能少的精力、物力和时间，来获得尽可能多的教学效果，使社会和个人的教育需求得到满足，实现所预期的教学目标的教学。

（2）从学生的学习出发，来对有效教学进行界定。在这一层面上，有效教学就是促进学生进行有效的学习，将让学生学好作为教学目标；教学目标的成功实现，学生愿意主动学习和通过教学学生能够从事在教学前所不能从事的学习，教学的有效性是通过学生的学习来体现出来的，学生的进步或发展是对教学有效性的最好体验。

---

① 周兴国．论有效教学的正当性．教育研究，2008(11).

通过上述有关有效教学的不同概念和内涵来看,其争议的焦点主要在于教学是以"教师为中心"还是"以学生为中心"。"以教师为中心"对有效教学进行界定的人主要是根据教师在教学过程中的行为来对有效教学进行刻画的,他们常常更多地关注教师对教学目标的把握、教学程序的安排、教学方法和教学手段的运用、教材的处理、教师所具有的教学功底及教学效果等;而"以学生为中心"对有效教学进行界定的人更加注重"以学论教",他们侧重于从学生的角度来对课堂教学进行考察,如学生是否理解知识;学生的思维是否积极;学习资源是否适合;学生是否能够主动、积极地参与学习,是否能够与其他同学进行良好的、有效的互动与交流;学生是否形成了良好的习惯,是否能够进行学习反思;学生在学习过程中是否获得积极的情感体验等。

综上可知,有效教学在现代体育课堂教学中应该体现出"以学生为中心"理念下的教与学的统一,相反,如果割裂教与学来对有效教学进行讨论是不恰当、不准确的。因此,应该从体育教师教学行为的实施与学生的运动行为的改变两个方面来对体育有效教学的概念进行界定。

体育有效教学是指在体育教学过程中,在体育教师的教学策略、教学管理与组织、教学方法与手段的实施和学生对运动技术的学习与练习两个方面都达到良好的教学效果的教学。

二、体育有效教学的影响因素

如表 10-1 所示,根据对体育课堂教学效果产生影响的因子,可以总结出影响体育有效教学的因素及其具体的含义,各个因素之间相互关联,从而构成了一个比较完整的整体。

表 10-1　影响体育有效教学的因素

影响因素	具体含义与解析
教材分析	对教材进行分析是教师做好备课工作的重要内容,它是教师对教学进行设计、制定教学计划、编写教案的基础,也是教师备好课、上好课和实现预期教学目标的关键和前提。教材分析对教师顺利完成教学任务有着非常重要的意义。教师一般依据课程标准、学生和教材,以及其他必要的教学参考书来进行教材分析
学情分析	所谓学情分析就是对学生的兴趣、爱好、习惯、学习方法、学习成绩和学习特点等进行分析。其设计理念主要有学法指导、教学方法和教学设想

影响因素	具体含义与解析
教学目标设置	教学目标主要是指学生在认知、技能、体能和情感等方面所要达到的目标,具体如下。 认知目标是指与教学内容相关的知识与原理、技术要领与技术环节。 技能目标就是运动技能目标,主要包括本课程、本单元具体的运动技术。 体能目标是专门属于体育学科所特有的目标,它主要是指运动对身体各个方面所产生的效应,主要包括身体基本活动能力的提高和身体素质的发展
教学方法配备	教学方法是指在教学过程中教师和学生为了完成一定的教学任务而采取的教学方式、途径和手段。 在体育教学中,常用的教学方法主要有语言法、示范法、分解法、完整法、直观法、启发法、合作学习法、纠错法、游戏法、比赛法等
教学手段使用	狭义的教学手段是指在体育教学中,为了实现一定的体育教学目标,体育教师所利用的物质,如场地设施、器材、设备、仪器等。 在体育教学中,常用的体育教学手段主要有多媒体、口哨、各种器材、录音机、模型、挂图等
场地器材布置	场地器材的布置是体育课堂教学中所特有的教学环节。学校场地的大小与学校的规模有着很大的关系,所以,学校场地具有一定的局限性。而器材与体育课堂教学中具体的教学内容有着直接的联系,不同的教学内容对于器材的要求也有着很大的不同。例如,有的体育课堂教学内容本身需要一定的器材,如球类、跳箱、单杠、双杠、标枪、铅球等;也有一些体育项目本身不需要器材但同样需要一些体育器材来进行辅助性学习和练习,如在跳远的教学中,为了提高学生的腾空高度可以设置低箱或橡皮筋;也可以通过在空中设置气球或橡皮筋来帮助学生顶头立腰等,在练习快速跑时,可以将标枪、橡皮筋、线条等作为标志物
练习形式组织措施	教学形式即组织教学的形式,它是教学活动的结构方式,根据师生交往来分,可分为师生直接交往和间接交往两种形式;根据组织的构成来分,可分为全班的、小组的和个别的三种形式

续表

影响因素	具体含义与解析
运动负荷与练习密度预计	运动负荷是指在体育课中,学生进行身体练习时所承受的运动强度和量的总称,它是机体对身体练习刺激程度的反应。运动量和运动强度是运动负荷的两个方面,练习时间、练习次数、总重量等是负荷量的主要影响因素。 运动情境不同,其对运动负荷的要求也不相同。 (1)根据教学目标来看,在安排运动负荷时应注意:以发展体能为主时,应安排较大的运动负荷;而以运动技术为主时,安排的运动负荷应较小。 (2)根据教学内容,运动负荷的安排应注意:力量类、耐力类、速度类的教学内容,应安排较大的运动负荷;而以灵敏类、柔韧类为主的教学内容,所安排的运动负荷应较小。 (3)根据课型的不同,运动负荷的安排应注意:新授课应安排中等负荷;复习课应安排中等以上的负荷;考核课安排的负荷变数应较大。 (4)根据性别的不同,运动负荷的安排应注意:男生应安排较大的负荷;而女生的运动负荷应相对较小。 (5)根据年龄的不同,运动负荷的安排应注意:水平 1、2,应安排较小的负荷;水平 3 的应加大负荷;水平 4、5,应安排中等以上的负荷;体质较差的应安排较小的负荷,体质较好的应安排较大的负荷。 (6)根据季节的不同,运动负荷的安排应注意:夏天安排的负荷较小,冬天安排的负荷较大。 练习密度是指在体育课中练习的时间占总时间的比例。通常来说,在一节体育课中,由于学生练习之后需要一定的休息,所以安排的练习密度不能太高,但也不能太低。一般将练习密度控制在 30%～50%
课堂教学气氛调节	课堂教学气氛是指在体育课堂教学中,体育教师和学生共同创造的情感、心理和社会氛围,它是在体育课堂教学中,体育教师和学生所表现出来的一种心理状态,是班级气氛的重要组成部分。 课堂教学气氛的基本特征主要表现为整体弥散性、无形感染性、民主公平性、迭代控制性(重复好的因素,事物的整体就会变好)、多边合作性

三、体育有效教学策略

(一)提高"学情分析"的有效性

由于没有对教案的设计做出统一的要求,也没有制定统一的格式,我国各地的教案有很大的区别,形式多样。关于一些教学设计和教案的"学情分析",有的写得较为详细,有的则没有对这部分内容做出描述。在体育课堂教学中,"学情分析"是设计课堂教学所必不可少的重要内容。这是因为体育教师在体育课堂教学中所运用的教学策略在很大程度上与学生对教学内容的了解程度,掌握程度,以及对教学内容的兴趣等有着很大的联系。而很多情况下,体育教师都是站在自己的角度来对体育教学进行设计的,并没有对学生的真实情况进行深入的了解来安排相应的教学手段和教学方法,因此所获得的教学结果是非常低效的,甚至与课前教学所预期的结果差别很大。

从学习原理的角度来看,学情主要包括以下几个方面的因素:不同年龄的学生所具有的心理特点;不同年龄学生的身体素质差异和生理特点;学生学前的运动技术基础;班级课堂教学的氛围;不同性别的学生在体育活动兴趣方面的差异等。

以"某年级篮球运球与接力跑"教材内容为例,在对学情进行分析时主要内容如下。

(1)了解该校、该年级学生(男生和女生)的身体素质情况(主要是与篮球和接力跑相关的身体素质,如速度、反应、灵敏性和弹跳力等能力)。

(2)了解该年级某班学生(男生和女生)对篮球运球和接力跑的兴趣情况,若学生对于接力跑教学内容不感兴趣,那么教师要通过对教学方法和手段进行创新来激发、调动学生的兴趣。

(3)了解该年级某班学生(男生和女生)的原地运球情况。

(二)提高"教材分析"的有效性

在体育课堂教学中,教师有效地对所用的体育教材进行分析是非常必要且重要的,但在实际的操作过程中,很多体育教师在编写教案时往往会忽视这一重要的环节。通过与体育教学过程相结合,对教材进行分析时要考虑以下几方面的因素。

1. 单元教材分析

单元教材分析,即对上课所用的教材进行一个整体的分析。以挺身式跳远为例,助跑、起跳、腾空、落地是挺身式跳远的四个主要环节,每一个环节之间都有着非常紧密的联系,如助跑为起跳奠定基础,起跳的主要目的就是为了获得一个垂直向上的速度,而腾空的主要作用就是为了达到一个最远的远度,尽量将身体伸展开,落地的主要作用是为了避免受到损伤,在落地的过程中增加身体缓冲。

2. 分析教材在本课教学中的课次和重难点

大部分的体育教师为了"简便",在教案中往往只说这是新授课(第一次课),但这样做的结果不但将单元的总课时模糊化,而且对于教学中的重难点也不好把握。一般来说,单元总课时不同,每次课堂教学中的重难点也是不同的,如足球运球过人技术单元教学 4 课时与 3 课时,在制定教学目标,确定教学重难点、选择和安排教学方法和手段等方面都有所不同。这就要求体育教师在编写教案的过程中,既要对本单元教学的总学时进行明确,同时也说明某课的课时。通常情况下,为了更为简明地进行表述,教材单元教学的总学时和课次通常用"4-2"的形式来进行表示,其中 4 表示该教材的单元教学总学时,2 表示该教材单元教学的课次,即第 2 次课。以蹲踞式起跑为例,如果本单元教学总学时为 6 课时,那么各个课时的教学内容可以进行如下安排。

(1)第 1 课时:可以安排助跑练习,并对起跳方式进行介绍。

(2)第 2 课时:助跑与起跳技术环节相结合。

(3)第 3 课时:助跑与起跳技术环节相结合。

(4)第 4 课时:腾空技术环节的教学。

(5)第 5 课时:落地技术环节的教学。

(6)第 6 课时:进行完整的蹲踞式起跑练习。

通过以上各次课的教学内容安排,在这 6 节教学课中,应该将第 2、4 课时作为该教材的技术核心内容进行重点教学,第 2、3 课时是同样的教学内容,第 4 课时"腾空"能够对"助跑与起跳的结合"的成效进行检验。这些所说的重点就是指该教材单元教学的重点。如果某教材单元教学只有一节或两节课,也就是说该教材单元教学内容较为简单,容易学习,那么就可以对每节课的教学重点与难点进行确定。

(三)提高体育教学目标设置的有效性

在现代体育课程教学四大目标(认知目标、技能目标、体能目标、情感目标)中,运动技能目标是最为重要,最能体现体育教学学科特点的目标,而认知目标、体能目标、情感目标、参与目标、心理健康目标、社会适应目标等其他目标都是围绕运动技能目标来展开的。

通过对体育教学目标的整个体系进行分析,体育教学目标有着较大的复杂性,也就是说在制定体育教学目标时,需要对该目标其他各个层面的目标进行考虑,如学校体育目标、体育课程目标、领域目标、水平目标、单元教学目标、课堂教学目标,在这些目标中,课堂教学目标是各个层次教学目标中的最小单位。体育教学目标应该将体育教材的性质和课的类型作为逻辑的起点。

1. 根据体育教材的性质制定体育课堂教学目标

从体育教材的性质来看,体育教学目标的制定主要考虑运动技术的含量和教学的深度两个重要的因素。体育教学的最本质的特征就是进行运动技术教学。运动技术含量的高低不同,所制定的教学目标也是不同的。对于运动技术含量较高的体育教材来说,教学目标应该主要指向运动技能目标,如足球、网球等运动项目中有的运动技术含量较高;而对于运动技术含量较低的教材来说,教学目标主要是诸如锻炼学生的身体、体验运动乐趣等其他目标,如跑步、基本体操等运动项目运动技术含量较低。

在制定体育课堂教学目标时,运动技术含量仅仅是需要考虑的一个层面,此外,还要兼顾到教学的深度。对于一些教材来说,只需要作简单的介绍;而对一些教材来说,需要对其进行深化教学。毛振明根据教材内容的不同,将教学内容分为简学类、体验类、锻炼类、精美类等教学内容。对于简学类、体验类的体育教材,由于学时所限,只需要进行简单地教、粗略地学就可以了;对于锻炼类的体育教材,一般来说,没有技术含量,可以一边教一边学习,也可以自学;对于精美类的体育教材,运动技术含量相对较高、教学难度较大、要求学生掌握教学内容,这类的运动技术项目有着非常充足的学时,在教学时应教深、教透、教细。

2. 根据课的类型对不同的教学目标进行分析

课的类型主要有新授课、复习课、考核课、理论课等,其中理论课的教学目标应该介绍、讲述一些关于体育与健康的知识和故事;新授课的教学目标应主要对运动技术进行介绍并对该运动技术进行初步尝试;复习课的教学目标要以运动技术的改进与提高为主;考核课的教学目标主要是对学生掌握运动技术的质量进行检查。

3. 设置体育教学目标还应与学生的特点、学校的条件与硬件设备、单元教学的课次相结合

学生的特点、学生所具有的硬件设施与条件,以及单元教学的课次都与体育教学目标的设施有着非常直接的联系。在制定学校体育教学目标时,如果与学校的实际情况相脱离,就会陷入主观主义。因此,作为一名体育教学工作者,要对学校的实际情况、学生的实际情况、前期基础等进行深入的研究,这样才能做到有的放矢,最后促进体育教学有效性的提高。

4. 要关注体育教学评价的可行性

体育教师对学生学习和掌握的运动技术情况做出即时评价有着非常重要的作用，同时这也是体育学习的特殊性的直观体现。通过体育教师和同学对正确信息的反馈过程，学生的学习效果才得以实现，因此对于学生在学习过程中的行为，体育教师要及时地给出判断、评价和指点，并做到评价与反馈信息的真实、准确、及时。体育课堂教学目标要具有可操作性和可评价性，这也是目前体育教师在制定教学目标时所遇到的最大问题。只有做到教学目标具体化、明确化和细化才能解决这个问题。而要做到这一点，体育教师就必须要对体育教材进行正确的分析与理解，并对体育教材中的重难点运动技术、关键技术及运动技术的要领进行把握。

（四）提高体育教学方法配备的有效性

体育教学方法常常被拿来与教法、学法、教学手段、练习方法等混为一谈。而从教学理论的层面来看，教学活动是教师和学生的共同活动，如在体育课堂教学过程中，首先体育教师要进行讲解和示范；其次，学生进行徒手模仿练习和初步练习，然后教师根据学生的练习情况进行直观的演示；再次，经过直观演示后，再让学生进行练习；学生对正误动作进行集中的观看、对比；体育教师继续更进一步的示范等，以上这些教学过程都贯穿于教师和学生的各种活动之中。

在设计体育教学时，不可能，也没必要将所有的教学方法都罗列到体育课堂教学中。这就要求体育教师根据所要教授的教学内容特点、自身的特长、学生的实际情况、教学用具等来选择相适应的教学方法，将这些教学方法穿插在体育课堂教学中，并根据不同的教学进程来实施这些教学方法。

在体育教学中，练习方法与教学方法容易相互混淆。在体育教学的过程中，需要将多种练习方法穿插其中，而在安排各个练习时需要注意一定的顺序，这个次序就构成了"练习步骤"，即教案设计中的学生练习环节。练习步骤包括很多种练习，并且不同的练习可以采用不同的练习方法或同一练习可以采用不同的练习方法，而这些练习方法不能简单地理解成教学方法。

为了更好地提高教学方法配备的有效性，在体育教学中应注意根据以下几个方面来选择教学方法。

1. 根据不同的运动技术学习阶段选择

对于运动技术的不同学习阶段，体育教师应采用不同的教学方法。在选择教学方法时,遵循的总原则是在运动技术学习的前期阶段要以教师的教法为主,所采用的教学方法应该是直观的、具体的、生动的、形象的,这样才能更好地帮助学生建立正确完整的运动技术感知觉,而在运动技术学习的后期阶段或学生的自我练习阶段要以学生的学法为中心。

2. 根据学习内容的性质选择

学生所要学习的内容性质的不同,所采用的教学方法也应不同。而学习内容的性质主要有运动理论知识、运动技术和发展体能的练习等,学习内容的性质不同,体育教师所采用的教学方法也有着较大的差别。

3. 根据体育课堂教学中学生出现的问题选择

在体育课堂教学中,常常会出现以下无法预料的问题,如学生意志上的问题、思想上的问题、运动技术上的问题等,当这些问题出现时,体育教师要根据问题的性质,灵活地应变,并采用正确的方法及时应对,这样才能变被动为主动,变无序为有序,从而获得良好的体育教学效果。例如,在学生出现怕苦、怕累、不愿练习的情况时,体育教师不能采用强硬的态度,如谩骂、训斥等,要耐心地与学生进行沟通,只有这样学生才愿意与体育教师合作,配合完成教学,从而顺利地完成具有较大难度的教学任务;若学生对所学运动技术细节产生困惑时,体育教师要运用一些技术教法来帮助学生解决这些技术难点。

4. 根据课内和课外的不同要求选择

体育教学方法除了可以在体育课堂教学中运用外,还可以在体育课外活动和其他形式的体育活动中进行广泛的运用。在体育课堂教学中,所采用的教学方法应以"教师的教授方法"和"学生的学习方法"为主,而在体育课外互动中要以学生的自我锻炼和自我学习为主。

5. 根据不同的教学对象选择

从年龄的层面来看,就年龄较小的学生来看,由于他们比较缺乏抽象思维能力,所以在体育课堂教学中要采用以"教师为主"的教学方法。随着学生年龄的不断增大,其抽象思维能力和自我能力也会逐步建立和加强,体育教师在体育课堂教学中所采用的教学方法应从以"教师为主"逐渐过渡到发挥学生主体作用的学法上来。

6. 根据体育教师所擅长的教法选择

体育教师不可能是各个方面都十分了得的能手,但就是由于每个教师的差异性而构成了体育教师的独特性。如有的体育教师非常精通对学生进行思想工作;有的体育教师特别擅长激发和调动学生的学习兴趣,有的体育教师在运动技术教法方面十分了得等。因此,在具体的体育教学实践中体育教师不必按部就班地进行教学。正所谓"教无定法",只要体育教师能够充分发挥自己的才能,运用自己的经验、方法和特长,使体育教学方法的独特功效得到充分发挥。

(五)提高体育教学手段使用的有效性

在体育教学中,体育教学方法与体育教学手段也经常被混为一谈,这在基层体育教师编写的教案中表现得尤为突出。从教学理论层面来分析,"手段"是一种可以看见的物质性的标示,而"方法"是在使用手段以后的操作程序,由此可见,"手段"要在"方法"之前。由于体育课堂教学的重点是运动技术教学,体育教学手段只是完成了运动技术教学目标在物质方面的要求,但由于不同的运动技术在难度方面存在着很大的不同,这就使得教学手段有着不同程度的复杂性。体育教师必须要对运动项目技术的细节进行挖掘,对运动技术的重点和难点进行充分的了解,进而构思和设计出一些特殊的教学手段,这样才能更好地完成有着较大难度的运动技术教学目标。

体育手段运用的特殊性也是对体育教师的教学效果、教学经验、教学水平进行衡量的重要的评价因素。对于那些有着丰富教学经验的体育教师来说,他们会根据现有的场地器材和自制的简单器械来对教学手段进行设计,这些教学手段往往比较新颖,让人耳目一新,所获得教学效果也较好。例如,在练习前滚翻时,一些体育教师会通过运用下颚夹纸片、红领巾的教学手段,来解决学生低头含胸的问题;通过双膝夹纸片的教学手段来解决学生的双腿并拢问题。再如,在学习排球垫球的技术时,体育教师通过自制"套手套脚"的橡皮筋,让学生能够对垫球的准确位置与肌肉的本体感觉有一个真实的体会等。在学生练习的过程中,这些教学手段在解决学生所遇到的特殊问题方面能否发挥独特的作用。

(六)提高身体练习形式组织的有效性

在确定明确的体育教学目标,并配置良好、有效的教学手段与教学方法后,接下来便是组织学生进行有效的身体练习。体育教学组织形式涉及体育教学的管理。从体育教学的组织形式来看,全班教学和班内分组教学是体育教学较为传统的组织形式,其中班内分组教学又可分为两种,即分组轮换教学和分组不轮换教学,分组轮换教学又包括先合组后分组、先分组后合分组、两组一次等时轮换、两组一次不等时轮换、三组两次轮换等。另外,还有一些其他分组的教学形式,如帮教型分组、同质分组、异质分组、友情分组等。

教学组织形式主要是指体育课中分组教学的情况、学习和练习的次序、队伍调动的形式与线路等。应根据具体的教学内容、练习要求、场地器材的特点、学生对运动技术的掌握情况、班级人数等来确定体育教学的组织形式。对学生的练习进行合理的组织是体育教学组织的主要目的。通过合理的组织,减少队伍调动的时间,为学生参与到运动技术的学习和练习中争取更多的时间,从而使学生更好地掌握运动技能。

在体育教学中,选择以何种形式进行分组时要遵循以下几个原则。

1. 根据现有的场地器材进行分组

在选择分组的形式时,学校现有的场地器材是其中不容忽视的重要影响因素,它会对学生的运动负荷和练习的密度产生影响。当学校的场地器材比较充足时,可以将学生分为多个小组来进行练习;当学校的场地器材不足时,可以采用多人小组的形式,同时减少调动队伍的次数和时间的浪费,提高练习的速度,以此来更好地提高练习的次数和效果。

2. 根据课的结构进行分组

在进行分组时,课的结构对其形式有着决定作用,如在课的开始阶段和准备阶段,为了更好地传达教师的指示,让学生更快地明确本次课教学的意图,就必然要采用集中练习的方式;而在课的基本部分,由于该部分学生要进行各种练习,教师要将学校现有的场地器材充分地利用起来,让学生在短时间内投入到运动练习的过程之中,这就需要体育教师进行合理的分组,巡回指导。

3. 根据教学能力的差异进行分组

在体育教学中,要将以学生为中心的思想充分地贯彻到教学过程中,就必须对学生的实际情况进行充分考虑。而贯彻"以学生为中心"这一思想与原则的最好途径就是在体育教学过程中,根据学生的特点来进行合理分组。这主要是由于学生在体质、学习进度、学习能力等方面存在差异,倘若不进行合理的分组,这对于那些学习体育较为困难的学生来说是不公平的。

(七)提高场地器材布置的有效性

在体育教学的过程中,对场地器材进行布置是非常容易被忽视的环节。场地器材的布置虽然不会对体育有效教学产生重要的影响,但在体育有效教学实施的过程中,它是一个非常重要的因素。场地器材的布置过程,就是与现代的时尚装修一样,通过将线条、颜色、各种材料等进行合理的运用,从而学生的学习场所变得焕然一新,从而达到使学生产生学习兴趣,提高学生注意力的目的。

在布置体育教学场地器材的过程中,应遵循以下几个原则。

1. 场地器材的布置要符合美学效果

对物体的空间特性进行反映的知觉,即空间知觉,主要有大小知觉、形状知觉、方位知觉、距离知觉、立体知觉等。

(1)大小知觉:通过视觉、触摸和动觉来对物体的大小进行判断。

(2)形状知觉:通过视觉、触摸和动觉来对物体的形状进行判断。

(3)深度知觉:通过视觉、触摸和动觉来对相对距离进行判断。

(4)方位知觉:对物体所处的位置,如前后、左右、上下、东、南、西、北等进行判别。

在体育教学过程中,所使用的各种体育场地和器材都涉及合理设计与布局的问题。如果场地器材的布置能够使学生在视觉上产生良好的直观印象,就能够起到无意识地激发学生学习兴趣的作用。

2. 场地器材的布置要符合体育课堂教学内容的特点

有效地实现体育教学内容、完成教学目标是场地器材布置的最终目的。因此,教学内容不同,场地器材布置的要求也会有所不同。

首先,要有必备的场地器材来满足体育教学内容的需要,如足球教学内容需要有足球场、球门、足球等;篮球教学内容需要有篮球场地、篮球架、篮球等;网球教学内容需要有网球场、网球拍、网球、网球网等。其次,在必需场地器材满足的情况下,还要有一些辅助性的场地与器材。这些辅助性的场地与器材没有固定的格式,主要与体育课堂教学中教师所采用的教学方法和教学手段密切相关,如在排球垫球技术的教学中,在基本的场地器材满足后,有的教师需要一面墙壁,而有的教师则需要数个箩筐来提高垫球的准确性;再如跳远教学,除了基本的场地器材满足外,有的教师需要高处场地(空中动作所需),有的教师需要气球、带颜色的线条、标枪与橡皮筋、低跳箱等。

在对体育场地器材进行合理布置上,还应将学生的安全放在重要的位置上,在练习的过程中要确保学生的安全与卫生。体育教师要熟知场地器材布置的安全卫生原则,这也是体育教学中"健康第一"指导思想的最基本的要求。不管如何布置和利用场地器材,都要满足这个条件,这也是以人为本、安全第一的根本要求。因此,在开始体育课堂教学之前,体育教师要对教学过程中所用到的全部场地器材进行认真检查,看是否存在破损的情况,并对破损的场地器材进行及时的修理或更换,以避免发生伤害事故。另外,还要重视体育课堂教学的卫生条件,这主要是因为体育活动的本身就是为健康服务的,倘若把教学现场弄得尘土飞扬,不仅不能促进学生的健康,反而会对学生的健康产生不利的影响。

(八)提高运动负荷与练习密度预计的有效性

通过体育课程改革,对于运动负荷与练习密度的重要性有了重新的认识,在认识的层面上产生了质的飞跃。在运动负荷与练习密度实施的具体过程中,需要对以下几个方面的内容进行明确。

1. 对运动负荷与练习密度进行合理安排

通过合理地安排运动负荷与练习密度,来更好地促进学生身体的有效持续发展。有关实验表明,人进行心率超过 180 次/分的运动会对增进健康产生不利影响。因此,运动生理学家将 180 次/分作为人体运动强度价值阈的上限。对于那些尚处于身体发育阶段的学生群体来说,体育课运动负荷的安排必然要低于 180 次/分。这就需要对学生的生理负担量进行评定来制定合理的运动负荷与练习密度。根据体育课生理负担量等级评定的 K％值计算公式:K％＝(体育课平均心率－课前安静心率)×100％/(180－课前安静心率)。例如,某个学生的安静心率为 60 次/分,那么该学生的中—大强度(40％～70％)的运动心率指标参考值为 108～144 次/分。由此可知,将 110～150 次/分作为参考值不仅能够实现学生学习运动技术的需要,同时也能起到促进学生的体能持续发展的作用。

2. 对固有的运动负荷与练习密度进行调整

运动负荷大小的影响因素很多,并且在不同的课型、教学目标、教学内容、年龄、性别、体质状况、气候条件等情况下应安排不同的运动负荷。但为了使学生能够掌握必要的运动技能,促进学生身体的可持续性发展,就需要在进行教学设计的过程中对原有的运动负荷进行调节。其调节方法主要有单教材和双教材两种,具体如下。

(1)单教材

单教材调节法主要是单教材+辅助专门练习。当该教材的运动心率较低时,可以安排一些与此教材相关的运动心率较高的辅助练习、专门性练习,并通过改变练习条件来对运动负荷进行调整;当该教材的运动心率较高时,则不安排辅助练习。

(2)双教材

双教材调节法较为注重教材的搭配,在兼顾其他搭配条件的前提下,运动心率较低的教材应与运动心率较高的教材进行搭配,也可通过改变练习的条件来对运动负荷进行调整。

3. 关注和重视学生的差异性

首先,体育教师要对全班学生的情况进行详细的了解,对于那些有疾病隐患的学生,尤其是血压偏高、心脏异常的学生,更要进行详细的调查,并做好记录,做到心中有数。其次,在体育教学实践过程中,体育教师要对这类学生的运动负荷给予适当的降低,以避免出现不必要的伤害事故。

4. 采用定性与定量相结合的方式进行评价

心率是衡量体育课运动负荷的重要指标,但并不是唯一的指标。体育教师还可以通过观察学生的神情、面色、呼吸、出汗量、注意力、行动等其他途径来对学生的运动负荷进行调节,这些途径对于运动负荷的反馈与调节可以起到非常重要的作用。

(九)提高体育课堂教学气氛调节的有效性

体育教学是体育教师与学生共同参与的双边活动,在教学活动中,体育教师和学生都是教学的主要参与者,是教学的主体,如果缺少任何一方都不能构成课堂教学行为。因此,建立融洽的师生关系,加强师生之间、学生与学生之间的情感交流,营造良好、和谐的课堂教学氛围,能够更好地促进教学效果的提高。此外,学生是否对体育课感兴趣,学生对体育教师的喜爱程度在其中起着很大的作用。一个幽默风趣、自信乐观、富有激情、有强烈事业心、善于关心和关爱学生的体育教师,必定善于调节体育课堂教学气氛,从而营造出愉悦、融洽、和谐的体育课堂氛围,这也是"有效教学"实施的重要保证。

第二节　体育正当教学

一、体育正当教学的概述与内涵

(一)体育正当教学的概述

就有效教学的正当性来说,肯尼斯·斯特赖克认为课堂教学除了保证有效性外,还应当是道德的或正义的。但由于将发展放在首要地位所带来的效益、效率和效能取向,对于"有效的教学是否就一定是正当的教学"这个问题很少被人们提及,这就使得体育教学的正当性也因此而未被人们给予足够的关注。例如,在教学过程中,教师通过采用强制或压制的方式来向学生施加有效的影响,这样的教学有可能是有效的,但是否能够被称为是正当的呢? 或者当教师为了在课堂上使学生能够有效地获得其所期望的教育结果而采用对学生身心健康造成损害的方式,这种有效的教学是否能够被称为是正当的呢? 在体育课堂教学中,体育教师对运动成绩较好的学生给予了很多的关注,而对运动成绩较差的学生,则关注较少甚至干脆不管,这样的教学对于提高整体效率来说可能是有效的,但是否是正当的呢?

以上几种现象都说明,有效的教学并不一定是正当的,而正当的教学也并不一定是有效的。由于体育课程教学有着鲜明的特殊性,这就使得教学正当性的问题在体育课程教学中显得非常重要。要想进行有效的体育课程教学,就必须对体育有效教学与体育正当教学的关系进行正确的处理。也就是说,在追求有效的体育教学的同时,还要让体育教学尽可能地与人文关怀和人文精神相符合。

在体育教学过程中,对体育正当教学给予重视和关注的原因主要有以下几个方面。

1. 体育教学的有效性对人主观能动性的忽视

在体育教学有效性的概念中主要侧重于对体育教学经济学价值的追求,却忽视了人在参与体育教学活动中的主观能动性。众所周知,参与体育教学活动的主体不仅仅是"一个",而是"几个",即一个体育教师和多个学生。在体育教学活动过程中，体育教师与学生、学生与学生之间的交往、互动存在其中，在这些互交的过程中，对于活动的结果来说，人的主观能动性会在其中发挥很大的作用，对活动结果产生影响。而如果仅仅只是站在经济学角度来对体育教学的效果进行认识，就会否定人在体育教学实践过程中所起到的巨大作用。这就要求我们在对体育教学有效性进行考虑的同时，还要对人的情感、意志、行为、思想等活动进行考察。也就是说，这些具有人气息的活动是否能够与以人类经济为基础而建立的社会伦理道德相符合。由此可见，对于体育教学有效性的问题要站在体育教学伦理性的角度来进行考察，即体育教学的正当性。

2. 体育教学并不是完全预设的

体育教师在对体育教学进行设计时，预设因素在其中发挥着重要的作用，如体育教师的备课及一些课前准备工作等在整个的体育教学过程中有着不可替代的作用，但这些完全是不够的。体育教学是"生成的"，其生成性就在于"预设只是一种可能，只是一个构想，也就是说这种预设可能在体育教学实践中出现，也可能不会出现"。这主要是因为无法完全并准确的对将要发生的体育教学情境进行设计，而已经发生了的教学情境也不可能完全恢复到原来的面貌。由此可知，体育教学的有效性对于体育教学的预设性过于注重，而会忽视了体育教学过程中正在发生的教学情境，这就导致了机械教学观的产生。

3. 体育教学活动具有复杂性

与以前的"师徒传授"形式有着本质的区别，体育教学活动有着很大的复杂性。在体育教学实践活动中，它由以往简单的"一人对一物"逐渐转化为"多人对多物"。仅仅只是站在"经济学角度"来对体育教学的有效性进行认识，教师的作用在其中得到重点突出和强调，这是以"教师中心论"为模板的教学思想，它忽视了体育教学实践活动的特殊性。在整个的体育教学实践活动中，体育教师与学生在进行语言交流的同时，也会通过身体语言进行直接或者间接的交流。学生与学生之间同样有着频繁的互动与交流，他们之间既通过相互观察来进行模仿和学习，同时也有身体之间的直接接触。在体育活动中，这些特殊的交往形式直接导致了体育教学过程中不可预测性和多变性。这就要求我们必须在对体育教学正当性进行考察的前提下，来对体育教学的有效性进行强调。

（二）体育正当教学的内涵

体育正当教学是指在体育教学中，体育教师的教学行为和实践应与人类的基本道德相符合的一种属性。

从体育正当教学的内容来看，其内涵主要包括以下几个方面。

（1）要在符合法律要求的前提下进行正当的、有效的体育教学，合法性是进行体育有效教学的最低要求，如果不符合法律的要求就不能算是正当的。这就要求体育教师在教学过程中要对学生的各项受教育的权利给予充分的尊重。

（2）要在符合伦理道德要求的前提下进行正当的体育教学。每一个社会都对其成员制定了特殊的要求，这些要求主要是通过一些道德原则的形式来表现出来。其基本的道德原则，如诚实守信原则、公平公正原则、向善原则、尊重生命原则等，这些原则都应当成为体育教学在道德上的基本准则。在道德方面，体育教学要很好地促进学生的发展，使学生发展成为一个有道德的人。

（3）正当的体育教学应是公平的。公平的体育教学是指在体育教学过程中，对于那些运动基础不同、运动成绩不一的学生，体育教师都能够给予平等对待，做到一视同仁。这些所说的平等对待、一视同仁并等同于同等对待。体育教师不能因为学生的运动成绩不好而放弃对其进行教育，也不能因为学生的品行不好而对学生进行差别对待。

（4）正当的体育教学应将学生作为目的。学生应当是正当的体育教学的目的，而不是被作为实现其他外在目的的手段。基于此，正当的体育教学应当给予学生充分的尊重，要使学生的主体性地位在整个的体育教学过程中得到真正体现。

二、体育正当教学的策略

（一）确保每一个学生参与体育教学权益的正当性

体育是学校教育中的一门重要学科，它通过与德、智、美等教育密切配合，从而实现促进人才全面发展的总目标。因此，体育课程是学校教育中的必修课程，换句话说，每一个学生都有权利参加体育课，体育教师也没有权利来禁止学生参加体育活动，一些体育法规就此也做出了明确的规定。但实际的学校体育教学过程中，由于体育教师的专业化程度不高或并没有对此类问题给予足够的重视和关注,甚至有的人认为体育教师对于学生能否参加体育课的问题有着决定作用,尤其是对于一些经常调皮捣蛋的学生来说,体育教师为了提高教学的有效性而无故剥夺了他们参与体育活动的权利。

禁止学生参与体育活动不是体育教师的职责,其职责应该是对学生参与体育活动给予积极的鼓励。另外,还要对那些对体育活动不感兴趣、不愿上体育课的学生做好思想工作,对那些因身体原因而无法上体育课的学生,应安排好见习。此外,对于那些在体育活动过程中不遵守活动纪律的学生,体育教师要对其进行耐心的劝解,循循善诱,通过自己的智慧和良好的教法来影响和感染学生。

(二)确保实施差异性体育教学的正当性

在任何一门学科的教学中,因材施教都是其中最为基本、最重要的教学原则,在体育教学中同样如此。由于在体育教学中同一班级、同一层次的学生可能在智力方面差异不大,但在运动技术、身体素质方面的能力与水平却可能相差很大,这就很容易造成学生学习运动技术快慢的问题。由此可知,体育教学是实施因材施教的特殊学科。为了提高体育教学的有效性,体育教师往往只是给予那些学习较快的学生更多的关注和重视,而对那些学习较慢或学习有困难的学习没有给予重视,这样的有效教学是不正当的。为了解决这种问题,体育教师应当进行差异性教学,给予那些学习较慢或学习困难的学生足够的重视。这样做可能会对体育教学效率产生影响,体育教师应当把握好体育教学有效性与正当性的尺度,使之在提高体育教学有效性的同时,也能保证体育教学的正当性。根据学生的身体素质、技术水平、兴趣爱好、运动能力等进行合理的分组,实施分层次教学,这也是差异性教学实施的主要策略。

在体育教学过程中,同样的技术错误与问题并不是所有的学生都会遇到。在体育教师用同样的教学手段和方法向全体学生施以影响时,学生在运用了体育教师提供的方法后,有的学生在运动技术的改进方面起到了良好的效果,这种教学是正当的;但有些学生的运动技术可能没有改进,反而在对运动技能进行理解和操作的过程中出现了很多错误,那么这种教学就是不正当的。

(三)确保体育教师领导作风的正当性

在家庭教育中,家长的行为和作风会对学生产生一定的影响,如表 10-2 所示,父母的教养态度在一定程度上会对儿童的性格产生影响。

表 10-2　父母的教养态度与孩子性格的关系

父母的教养态度	孩子的性格
保护的	情绪稳定,亲切,无神经质,智慧,缺乏集体观念
过分照顾的	被动性,神经质,幼稚,胆怯,依赖性
民主的	独立的,亲切,天真,交际的,协力的
服从的	不听话,无责任感,粗暴,攻击的
娇养的	反抗性,任性,幼稚气,神经质
忽视的	情绪不稳定,创造性,团结的,冷酷,攻击的
拒绝的	注意力不稳定,神经质,粗暴,冷淡,反社会性
残酷的	固执,冷酷,逃避,独立的,神经质
支配的	自发性,依赖性,消极,服从,温和
专制的	情绪不稳定,胆大,依赖性,自我中心,反抗性

　　德国心理学家勒温是团体动力学的创始人,他以实验研究为基础,并根据行动权利和影响力发挥的方式不同,将领导分为放任型、专制型、民主型三类。美国心理学家李克特将领导方式分为协商式民主领导、慈善式集权领导、参与式民主领导、剥削式集权领导四类。根据领导者所具有的特征可以将领导分为以上几种类型,这也说明了领导所具有的人格的不同,其管理方式与作用也会不同。

　　就体育课程教学来看,体育教师就是其中的领导者,体育教师除了具有企业领导者相同的特征外,还有着一些独特的特征。体育教师虽然是体育教学的组织者、实施者和管理者,但他们所具有的职权是受到限制的。另外,体育教学活动是一个双向的过程,体育教师与学生每时每刻都处于这种双向互动的过程之中。作为体育教学的设计者和实施者,体育教师的言行会对学生的身心发展产生重要的影响,而这种影响有可能是良好的,也有可能是消极的、负面的。因此,体育教师必须要调整好自己,加强自身的道德修养,调整好自己的心态和师德,不能对学生施以粗暴的言行,使学生感到害怕,望而生畏,这样的教学即使再有效,也是不正当的。此外,体育教师也要加强自己的威严和影响力。总地来说,体育教师只有在体育教学中做到松紧有度、宽严有法,才能为进行正当的、有效的体育教学提供保障。

　　(四)确保教学比赛与运动游戏的公平性、公正性

　　就体育竞技运动的本质来看,所有的竞技比赛都应该是公平的、公正

的,这也是体育精神要求之所在。但是,与体育竞技运动不同的是,体育课堂教学往往是在一种非正式化的情境中来组织和开展比赛的,每个运动员(学生)对于比赛规则都不是非常了解,常常会出现违反规则的行为,如在接力跑的比赛中,有的学生没有等教师发令就抢跑,没有过线就往回跑,接下来的同学未与前一名同学击掌就开始跑等。对于这些教学比赛行为,体育教师如果不进行及时的纠正,往往会导致比赛场面与次序出现混乱,使得教学比赛丧失公平性和公正性。

另外,在体育教学分组方面也能体现出体育教学的公平性。例如,在小学水平 2 的教学比赛中,体育教师按照常规的教学分组将学生分为四组,男女生各两组,那么比赛的结果就一定有了定论,即男生比女生要快,男生素质相对较好的一组一定能拿第一。这种现象在现代体育教学中较为常见,但并不是正当的,因为对于已经知道结果的比赛,比赛变得索然无味,学生也很难提起兴趣。相反,如果在比赛中,体育教师能够加入一个"或然性因素",如在队伍的前面增加一个猜拳的环节,只有赢了对手才能通过关卡,这就使得比赛结果有了悬念,这不仅能够极大地激发和调动学生的兴趣,而且还能进一步加强体育教学的有效性。

第三节 体育教学的有效性与正当性

在现代社会中,各个行业都将"质量与效率"作为追求的目标。而在整个人类社会中,教学作为一个特殊的实践活动,同样具有提高教育质量与效率的性质。近年来,有效教学得到了教育界各学科教学领域的广泛关注。在体育教学中,随着体育课程改革的不断深入,有效教学同样也得到了广大体育教师的极大关注。由于有效体育教学理论非常欠缺,导致在体育教学实践中出现了一些偏差,这就需要对体育课堂中有效教学的理论问题和实践思路进行探究。

一、进一步明确体育教学有效性的内涵

有效性这一概念是从经济学中产生并沿用而来的。但是,体育教学的有效性概念与经济学中的有效性概念有着本质的区别,在体育教学中我们不能利用公式非常精确的计算出教学有效性的具体数字。这是因为在物质世界中,物质是人所面对的主要对象,但在体育教学过程中,人(学生)是人(教师)所面对的主要对象。因此,对教学与其他人类的物质活动进行合理

的区分,对于体育教学有效性的研究有着非常重要的意义。在体育课堂教学中应在"教"与"学"相统一的条件下来对体育教学有效性进行讨论,反之,如果将教与学割裂开来讨论有效教学是不准确的。这就要求从教师教学行为的实施和学生运动行为的改变两个方面来对有效教学进行认识。主要包括教师在进行教学组织管理、实施教学手段、教学方法和教学策略等方面的有效性和学生在学习运动技术的过程中"学会、学懂、学乐、健身"。

提高体育教学有效性的要求主要有以下几个方面。

(1)提高教材分析的有效性。

(2)提高学情分析的有效性。

(3)提高体育教学目标设置的有效性。

(4)提高体育教学方法配备的有效性。

(5)提高体育教学手段使用的有效性。

(6)提高身体练习形式组织的有效性。

(7)提高场地器材布置的有效性。

(8)提高运动负荷预计的有效性。

(9)提高体育课堂教学气氛调节的有效性。

二、进一步明确体育教学正当性的内涵

体育教学的有效性在体育教学中被提到的次数很多,而体育教学的正当性则相对较少。在体育教学中,由于某一个指向某一目的的教学行为往往会影响学生的其他方面,体育教师在教学过程中的任何举动都会对学生产生一定的积极作用或消极作用。这就使得体育教学的正当性成为一个不容忽视的事实。有效的价值取向常常会使体育教师过多地关注教学本身对实现体育教学目标的意义,而忽略了它所产生的种种影响,从而使得一些有效的教学转化成了不正当的教学。由此可见,对体育教学有效性与正当性问题的讨论是非常必要且重要的。

一般来说,有效的体育教学并不一定是正当的,而正当的体育教学也不一定是有效的。体育课程教学相比于其他课程教学有着较为明显的特殊性。教学的正当性问题在体育教学中重要性就显得尤为突出。从教学正当性的角度来看,体育课程教学的特殊性主要体现在以下几个方面。

(1)体育课程教学中,在参与体育学习方面学生参与权益的正当性。

(2)体育教师领导作风的正当性。

(3)尊重学生的个体差异,实施差异性教学的正当性。

(4)体育教学比赛与运动游戏的公正性、公平性。

三、体育教学有效性与正当性的关系

体育教学的有效性与体育教学的正当性是一种辩证统一的关系。体育教学的正当性是体育教学有效性的前提,而体育教学的有效性是体育教学正当性的核心。仅仅重视体育教学的有效性或正当性都是不合理的。

在具体的体育教学实践过程中,体育教学的有效性与正当性通常会表现为以下几种情况:教学有效但不正当、教学正当但低效、教学有效且正当、教学不正当且低效。

（一）将体育教学正当性作为体育教学有效性的基础和前提

在体育教学中,教学有效性的概念过于对教学的经济学价值进行强调,却忽略人参与教学实践活动的主观能动性。参与体育教学活动的主体不是"一个",而是"几个",即一个体育教师、多个学生,这里就存在着师生之间的交往和生生之间的交往。在众多的相互交往过程中,人的主观能动性得到了最大限度的发挥。如果只是从经济学的角度来对体育教学的效果进行认识,就会否定"人"在实践过程中的巨大作用。因此,在对体育教学的有效性进行考虑的同时,还要对人的行为、思想、情感意志等活动的问题进行考察,也就是说,这些具有人气息的活动是否与建立在人类经济基础之上的社会伦理道德相符合。体育教学的正当性就是站在体育教学伦理性的角度来对体育教学的有效性进行考察。人的"互交"作用在体育课程教学的实践过程中表现得尤为明显。教师与学生之间在进行语言交流的同时,还会通过身体语言进行直接或间接的交流;学生与学生之间同样有着非常频繁的交流,他们不仅通过相互观察进行学习,而且也会有身体之间的直接接触。这些特殊的体育活动交往形式会对整个的体育教学过程的多变性和不可预测性产生影响。因此,在强调体育教学有效性的同时,还要对体育教学的正当性进行考察。

（二）在体育教学有效性的层面实施体育教学的正当性

在体育教师、学生、体育教学内容、运动器材等众多因素相互作用的过程中,首先,体育教师要对体育教学的正当性进行考虑,也就是从学生主体性的角度对体育教学活动与体育教学的伦理性规律是否相符合进行考察。其次,要在此基础上对体育教学的有效性进行考虑。这是因为正当的体育教学行为不一定是高效的。这就需要在对体育教学正当性给予关注的前提下,来最大限度地提高体育教学的有效性。体育教师在贯彻体育教学思想、

制定体育教学目标、选择体育教学内容、选择体育教学方法与评价方法等方面是否与学生学习的基础、学习兴趣、学习动机相符合进行考虑,在体育教学过程中,在实施体育教学正当性的前提下,要使体育教学的效率得到充分发挥,进而提高体育教学的有效性。

(三)把握体育教学正当性的达成途径

体育教学的正当性与体育教学的伦理价值有着直接相关的关系。因此,体育教学正当性的逻辑起点就是师生交往的互动性与学生的主体性。首先,在体育教学实践活动中,学生所表现出来的不同情绪与情感,往往会对体育教学的效果起到不同的甚至是相反的作用。因此,在体育教学过程中,体育教师要根据学生的特点来安排正当的教学行为。其次,体育教师与学生的交互作用在整个的体育教学活动中每时每刻都在进行着,体育教师在对学生进行指导和反馈的过程中,要特别重视自身的言谈举止,既不能放松学生,让学生为所欲为,进行"放羊式"的课堂教学,也不能对学生进行侮辱、谩骂和殴打,使学生遭受身心摧残,甚至产生心理阴影。

在体育课堂教学中,体育教学的有效性和正当性是其中两个必不可少的因素,体育教学的正当性是进行体育有效教学的前提,而体育教学有效性是体育教学正当性的核心。两者之间辩证统一的关系,为目前体育教学中只关注和重视体育教学有效性的现象提出了警示:要在不违背体育教学伦理性原则的前提下,追求体育教学的经济学效益。体育课堂教学的最高境界就是要贯彻正当的、有效的体育教学。

参考文献

[1]毛振明.体育教学论(第 2 版).北京:高等教育出版社,2011.

[2]蔺新茂,毛振明.体育教学内容论.北京:北京体育大学出版社,2014.

[3]毛振明,毛振钢.体育教学内容改革与新体育运动项目.北京:北京体育大学出版社,2002.

[4]毛振明.体育教学论.北京:高等教育出版社,2005.

[5]龚坚.现代体育教学论.重庆:西南师范大学出版社,2009.

[6]邓星华,谭华.新编体育教学论.上海:华东师范大学出版社,2008.

[7]龚正伟.体育教学论.北京:北京体育大学出版社,2004.

[8]史兵.体育教学论.西安:陕西师范大学出版社,2006.

[9]周登嵩.学校体育学.北京:人民体育出版社,2004.

[10]李启迪,邵德伟.体育教学基本理论研究.北京:北京师范大学出版社,2014.

[11]刘昕.现代国外教学思想与我国体育教学.北京:教育科学出版社,2011.

[12]叶海辉.排球垫球辅助带的制作与运用.中国学校体育,2010(3).

[13]李琳琳.高校体育教学创新方法及改革途径策略研究.辽宁教育行政学院学报,2007,24(12).

[14]彭鹰,谢艳林.浅析信息化教育中的体育教学.信息技术,2008,16(1).

[15]张萍,付哲敏,李维国.术科教学训练中现代化技术手段的运用.沈阳体育学院学报,2008,27(3).

[16]杜雷.串连技术在高校排球教学中的探讨.齐齐哈尔大学学报(哲学社会科学版),2007(5).

[17]陈晓华,李峰.多媒体电子教案在健美操教学中的应用.成都大学学报(教育科学版),2008,22(1).

[18]肖林鹏.现代体育管理.北京:北京体育大学出版社,2009.

[19]胡爱本.体育管理学导论.北京:高等教育出版社,2004.

[20]邹继美.新时期优化高校体育教学管理发展研究.经营管理者,2014(34).

[21]王崇喜.体育课程与教学改革研究.郑州:河南大学出版社,2014.

[22]周兴国.论有效教学的正当性.教育研究,2008(11).